Canva für Dummies

Schummelseite

SCHNELLE CANVA-TASTATURKÜRZEL

Steigern Sie die Canva-Designproduktivität durch zeitsparende Tastaturkürzel:

Tastenkombination auf einem PC	Tastenkombination auf einem Mac	Was sie bewirkt
Strg+D	⌘+D	Elemente duplizieren
Strg+G	⌘+G	Ausgewählte Elemente gruppieren
Strg+⇧+G	⌘+⇧+G	Gruppierung von Elementen aufheben
Alt+Ziehen	⌥+Ziehen	Eine Kopie eines beliebigen Elements erstellen, während es verschoben wird
T	T	Textfeld hinzufügen
R	R	Rechteck hinzufügen
M	M	Zeile hinzufügen
Strg+Z	⌘+Z	Die letzte Aktion rückgängig machen
Strg+[]]	⌘+[]]	Ein Element in der Ebenenreihenfolge nach vorne verschieben
Strg+[[]	⌘+[[]	Ein Element in der Ebenenreihenfolge nach hinten verschieben

Mit Vorlagen schneller zum perfekten Canva-Design starten

Holen Sie das Beste aus den vorgefertigten Vorlagen von Canva heraus und nutzen Sie ihre Vorteile:

- ✔ Wählen Sie aus über 500.000 Vorlagen, indem Sie auf der Canva-Plattform nach einem Projekttyp (zum Beispiel Social-Media-Beitrag, Präsentation oder Flyer) suchen.
- ✔ Passen Sie Farben, Schriftarten und Bilder der Vorlage für Ihre Marke oder Ihre Botschaft an. Wenn Sie mit einer Vorlage beginnen, sparen Sie Stunden an Designzeit, weil Sie nicht bei null beginnen müssen.
- ✔ Verwenden Sie die Markenunterlagen-Funktion von Canva, um Markenelemente (Farben, Schriftarten, Logos und so weiter) für die sofortige Anwendung in allen Vorlagen zu speichern.

Canva für Dummies

Schummelseite

Tastenkombination: Suchen Sie eine Vorlage und duplizieren Sie Elemente mit Strg+D (⌘+D auf dem Mac), um sie schnell anpassen zu können.

Bei Canva-Vorlagen müssen alle enthaltenen Elemente (Bilder, Schriften, Grafiken) auf kommerzielle Nutzbarkeit geprüft werden. Canva bietet Lizenzinformationen direkt im Editor an.

Schnelle Fotobearbeitung mit Magic Eraser

Beschleunigen Sie die Fotobearbeitung und entfernen Sie mit dem Magic Eraser in Canva Pro ganz einfach unerwünschte Objekte aus Bildern.

1. **Klicken Sie auf ein Bild, das im Canva-Editor geöffnet ist, und wählen Sie die Schaltfläche BEARBEITEN in der Symbolleiste über dem Bild.**
2. **Wählen Sie in der linken Seitenleiste unter MAGIC STUDIO die Schaltfläche MAGIC ERASER, fahren Sie mit dem Mauszeiger über den Bereich mit dem unerwünschten Objekt und sehen Sie zu, wie es verschwindet.**

Tastenkombination: Drücken Sie nach Auswahl eines Bildes Strg+E (⌘+E auf dem Mac), um schnell ein Dropdown-Menü mit den Bildbearbeitungsfunktionen zu öffnen.

Das Entfernen von Personen mit dem Magic Eraser kann eine Verarbeitung personenbezogener Daten darstellen. Stellen Sie sicher, dass keine geschützten oder personenbezogenen Inhalte entfernt werden, wenn keine Einwilligung der betroffenen Personen vorliegt (DSGVO-konform arbeiten).

Tipp: Sparen Sie Geld für Bildbearbeitungssoftware durch die integrierten Tools von Canva.

CANVA FÜR SOZIALE MEDIEN VERWENDEN

Die Canva-Designoberfläche eignet sich perfekt zum Erstellen und Veröffentlichen von Social-Media-Inhalten. Canva bietet Tools zum Optimieren des Designs eines Beitrags für verschiedene Social-Media-Plattformen, zum Duplizieren von Designs und zum Automatisieren von Social-Media-Posts.

Magic Resize für plattformübergreifende Designs

Dieses Tool ist wie der Magic Eraser nur in Canva Pro verfügbar. Erstellen Sie Designs einmal und passen Sie deren Größe sofort für mehrere Plattformen an:

1. **Gestalten Sie den Originalbeitrag (zum Beispiel einen Instagram-Beitrag).**
2. **Klicken Sie oben links im Canva-Editor auf die Schaltfläche GRÖẞE ÄNDERN.**

Schummelseite

3. **Wählen Sie aus der angezeigten Liste im Dropdown-Menü die gewünschten Plattformen aus (zum Beispiel Facebook, LinkedIn oder X).**
4. **Klicken Sie unten im Dropdown-Menü GRÖẞE ÄNDERN auf die Schaltfläche GRÖẞE DIESES DESIGNS ÄNDERN. Canva passt die Abmessungen automatisch für die gewünschte Plattform an.**

Zeitersparnis: Dank dieser Größenänderungsfunktion müssen Sie nicht mehr für jede Social-Media-Plattform separate Designs erstellen, wodurch bei Multi-Channel-Kampagnen Stunden gespart werden.

Mehrere Designs erstellen für schnelle Kampagnen

Wenn Sie mehrere Canva-Designs mit leichten Variationen erstellen (zum Beispiel Anzeigen mit unterschiedlichen Slogans), gehen Sie wie folgt vor:

1. **Erstellen Sie das Hauptdesign.**
2. **Klicken Sie in der linken Navigationsleiste auf das Symbol APPS und dann in der Seitenleiste auf MEHRERE DESIGNS ERSTELLEN.**
3. **Laden Sie eine Tabelle hoch, die die Variationen enthält (zum Beispiel unterschiedlichen Text oder Produktbilder).**

Die Daten für mehrere Designs werden üblicherweise per CSV-Datei hochgeladen. Diese Datei sollte Spalten enthalten, zum Beispiel für Textvarianten oder Bild-URLs.

Zeitersparnis: Die gleichzeitige Erstellung Hunderter visueller Elemente ist ideal für Social Media oder Werbekampagnen.

Automatisieren Sie Social-Media-Postings

Mit dem Inhaltsplaner von Canva können Sie Beiträge direkt von Canva aus posten. Gehen Sie wie folgt vor:

1. **Nachdem Sie ein Design erstellt haben, klicken Sie auf die Schaltfläche TEILEN, klicken Sie unten im Dropdown-Menü auf die Option ALLE ANZEIGEN und suchen Sie dann in der Suchleiste oben im Dropdown-Menü nach ZEITPLAN.**
2. **Wählen Sie im daraufhin angezeigten Popup-Feld PLANEN Datum und Uhrzeit für die Veröffentlichung des Beitrags aus, klicken Sie auf die Schaltfläche WEITER und wählen Sie die Plattform aus (zum Beispiel Instagram, Facebook, Pinterest, LinkedIn, TikTok und Threads).**

   Planen Sie Beiträge Wochen im Voraus, um den Veröffentlichungskalender für Social-Media-Inhalte zu optimieren. Bei allen geplanten Posts sind die gesetzlichen Vorgaben zur Werbekennzeichnung, Impressumspflicht und Urheberrecht einzuhalten. Canva überprüft diese Punkte nicht automatisch – dies liegt in der Verantwortung der Nutzenden.

Canva für Dummies

Schummelseite

IN CANVA EINEN PROFESSIONELLEN TOUCH ERZEUGEN

Designkonsistenz mit den Markenunterlagen

Erstellen Sie eine einheitliche Markenidentität mit der Markenunterlagen-Funktion von Canva:

- ✔ Laden Sie Logos hoch, wählen Sie Markenfarben aus und speichern Sie bestimmte Schriftarten.
- ✔ Wenden Sie die Markenunterlagen mit nur einem Klick auf jede neue Vorlage an, um sofortige Konsistenz für alle Designs zu gewährleisten.

Zeitersparnis: Wenn Sie Markenunterlagen eingerichtet haben, sparen Sie sich die Mühe, für jedes neue Design manuell Markenelemente zu beschaffen und hinzuzufügen.

Gestalten wie ein Profi mit Canva Pro

Die kostenlose Version von Canva ist großartig, aber ein Upgrade auf Canva Pro schaltet wichtige Funktionen für Unternehmen und fortgeschrittene Benutzer frei:

- ✔ Unbegrenzter Speicherplatz für Designs
- ✔ Zugriff auf Premium-Vorlagen und Stockfotos
- ✔ Magic Resize und Inhaltsplaner zur Optimierung des Workflows
- ✔ Markenunterlagen für ein einheitliches Branding über alle Projekte hinweg

Investitionstipp: Canva Pro zahlt sich aus – viele Funktionen sparen Zeit und machen teure Software oder externe Designer oft überflüssig.

Ideen zur Erweiterung des Canva-Erlebnisses

Profitieren Sie von der KI-Integration und den Teamfunktionen von Canva:

- ✔ **Experimentieren Sie mit KI-Tools:** Verwenden Sie beispielsweise **Magic Write**, um Social-Media-Inhalte wie Bildunterschriften oder Einleitungen für Blogbeiträge zu generieren.
- ✔ **Nutzen Sie die kollaborativen Tools:** Teilen Sie Designs mit einem Canva-Team und sammeln Sie Feedback und Ideen zur Designverbesserung für die Zusammenarbeit in Echtzeit.

Bereit, Ihre Canva-Kenntnisse auf die nächste Stufe zu heben? Kontaktieren Sie Jesse Stay für ein Coaching und sehen Sie sich das Buch *Canva für Dummies* an, um noch mehr Möglichkeiten zur Optimierung von Designprozessen oder zum Ausbau eines Unternehmens zu entdecken.

Magic Write und ähnliche KI-Tools können kreative Prozesse unterstützen, ersetzen aber keine rechtliche Prüfung der erstellten Inhalte – insbesondere bei automatisch generierten Texten mit Markenbezug oder Werbeaussagen.

Canva für Dummies

Jesse Stay

Canva für dummies®

Übersetzung aus dem Amerikanischen von Sebastian Muhr

Fachkorrektur von Daniel Levitan

WILEY-VCH GmbH

Canva für Dummies

Bibliografische Information der Deutschen Nationalbibliothek

Die Deutsche Nationalbibliothek verzeichnet diese Publikation in der Deutschen Nationalbibliografie; detaillierte bibliografische Daten sind im Internet über http://dnb.d-nb.de abrufbar.

1. Auflage 2025

Coverillustration: stockphoto-graf - stock.adobe.com
Korrektur: Petra Heubach-Erdmann
Satz: Straive, Chennai, India
Druck und Bindung:

Print ISBN: 978-3-527-72295-2
ePub ISBN: 978-3-527-85155-3

Über den Autor

Jesse Stay ist Social-Media-Stratege, Berater und Autor. Mit seiner Erfahrung in den Bereichen Social-Media-Architektur, Geschäftsförderung, Automatisierung und Marketing-Strategien schließt er die Lücke zwischen Technologie und Marketing. Jesse Stay hat mit Unternehmen aller Größen zusammengearbeitet und Plattformen wie Facebook, Instagram und Canva genutzt, um ihre Markenposition auszubauen und mit ihren Kunden zu interagieren.

Jesse Stay hat 13 Bücher geschrieben, die in mehrere Sprachen übersetzt wurden, darunter *TikTok For Dummies* und *Facebook All-in-One For Dummies* (als Co-Autor). Von Mashable wird er als einer der zehn Unternehmer genannt, denen man auf Twitter folgen sollte. Er setzt sich leidenschaftlich dafür ein, Technologie- und Designfunktionen für alle zugänglich zu machen. Seine Arbeit befähigt Einzelpersonen und Unternehmen, atemberaubende Designs zu erstellen, die Ergebnisse liefern und unabhängig machen.

Neben dem Schreiben bietet Jesse Stay Coaching, Schulungen und Live-Workshops an, um Privatpersonen ebenso wie Unternehmen dabei zu helfen, Prozesse unter Verwendung von Plattformen wie Canva zu automatisieren. Wenn Jesse Stay nicht schreibt oder unterrichtet, erkundet er die neuesten Trends im digitalen Marketing oder entwirft neue Vorlagen, um seiner Community dabei zu helfen, attraktive visuelle Elemente zu erstellen. In seiner Freizeit verbringt Jesse Stay so viel Zeit wie möglich mit seinen Kindern oder spielt Trompete in Orchestern und Jazzensembles.

Widmung

Für meine bunten Kinder, alle sieben – Louis, Tom, Joseph, Crystal, Alex, Emily und Juliet. Mein Dank geht an euch alle, weil ihr meine wahren Lehrer seid!

Und für all die lebendigen, glitzernden und wunderbaren Farben des Regenbogens in meinem Leben: Ihr habt mir beigebracht, die Welt in all ihrer Schönheit zu sehen.

Und schließlich für Danny Keith, der mir in *TikTok For Dummies* Cheech und Chong vorgestellt hat. Ich weiß nicht, wie es hat passieren können, dass ich vergessen habe, dich zu erwähnen, also einen wohlverdienten Gruß an dich!

Danksagungen des Autors

Wie immer möchte ich zunächst dem unglaublichen Team von Wiley für seine anhaltende Unterstützung und sein Fachwissen danken. Sie alle haben dieses Buch entstehen lassen. Ein besonderer Dank gilt meiner Lektorin Leah Michael und meinem technischen Lektor und langjährigen Freund, DEM Dave Taylor (`www.askdavetaylor.com`), für ihre Anleitung, all die harte Arbeit und jede Ermutigung. Sie haben so viel zu diesem Buch beigetragen!

Ein großer Dank geht an das Team von Canva für die Entwicklung eines Tools, das Design für alle zugänglich macht, und insbesondere an Fenot Tekle und Grace Langford vom Canva-Kommunikationsteam, die mir geholfen haben, dieses Buch so Canva-getreu wie möglich zu gestalten! Vielen Dank an die gesamte *Für Dummies*-Familie und alle, die an der Erstellung dieses Buches beteiligt waren, für die Bereitstellung der perfekten Plattform zur Wissensvermittlung in einem unterhaltsamen und leicht verständlichen Format.

Und zum Schluss möchte ich meinen Lesern für ihre Neugier danken, für ihr Vertrauen in mich, ihnen Canva näherzubringen, und dafür, dass sie mich inspirieren, weiter zu lernen und zu teilen.

Auf einen Blick

Inhaltsverzeichnis

Einführung

Willkommen bei *Canva für Dummies* – Ihrem Schritt-für-Schritt-Handbuch, das Ihnen hilft, die Leistungsfähigkeit von Canva unabhängig von Ihrem Vorwissen zu nutzen. Wenn Sie bisher der Meinung waren, dass man zum Erstellen schöner Designs einen Abschluss in Grafikdesign oder jahrelange Erfahrung braucht, werden Sie überrascht sein. Canva macht professionelles Design für jeden zugänglich.

Bevor es losgeht, möchte ich ein wenig über mich erzählen. Ich bin kein Grafikdesigner von Beruf. Tatsächlich begann ich meine Karriere in der Softwareentwicklung. Immer wenn ich damals Marketingmaterialien oder visuell ansprechende Inhalte brauchte, beauftragte ich Grafikdesigner, mir zu helfen. Im Laufe meiner Karriere begann ich, mich dem Marketing zuzuwenden und meine eigene digitale Marketingagentur zu betreiben. Dabei wurde mir schnell klar, dass ich sowohl Zeit als auch Geld sparen würde, wenn ich meine eigenen visuellen Elemente erstellen könnte. Dann entdeckte ich Canva, das meine Herangehensweise an Design völlig verändert hat.

Wenn Sie sich überfordert fühlen, vertrauen Sie mir – ich kenne das. Die benutzerfreundliche Oberfläche von Canva ermöglicht es jedem – auch ohne formale Designausbildung –, schnell und einfach atemberaubende visuelle Elemente zu erstellen. Egal, ob Sie Inhaber eines Kleinunternehmens sind, ein Lehrer, der Wissen über Canva für sich selbst oder seine Schüler sucht, oder einfach jemand, der seine Social-Media-Präsenz aufpolieren möchte – dieses Buch zeigt Ihnen alles, was Sie wissen müssen, um die leistungsstarken Tools von Canva optimal zu nutzen.

Wenn Sie dieses Buch als Leitfaden verwenden, werden Sie mit Canva Designs erstellen, die Aufmerksamkeit erregen und Ihre Marke aufwerten. Und dank der KI- und Automatisierungstools von Canva werden Sie jede Menge Zeit sparen!

Mein Mantra in diesem Buch lautet: Sie müssen kein Grafikdesigner sein, um Canva zu nutzen! Aber dieses Buch könnte Sie zu einem machen.

Über dieses Buch

Dieses Buch ist vollgepackt mit praktischen Anleitungen, die Ihnen helfen, Canva zu meistern. Ich teile es in Teile und Kapitel auf, die unterschiedliche Themen behandeln. Folgendes erwartet Sie in den verschiedenen Teilen des Buches:

- **Teil I – Erste Schritte mit Canva:** In diesem Teil vermittle ich Ihnen die Grundlagen – wie Sie sich anmelden, durch die Benutzeroberfläche navigieren, Vorlagen verwenden und Ihr erstes Design in Canva erstellen. Teil I bietet Ihnen alle Informationen, die Sie brauchen, um Canva sicher einzusetzen, auch wenn Sie noch nie zuvor ein Designtool genutzt haben.

- **Teil II – Canva für jeden Zweck erkunden:** Egal, ob Sie Designs für soziale Medien, geschäftliche oder persönliche Projekte benötigen, dieser Abschnitt zeigt Ihnen, wie Sie maßgeschneiderte, professionelle Visualisierungen erstellen. In diesem Teil erfahren Sie, wie Sie Vorlagen anpassen, mit Text und Bildern arbeiten und professionelle Designprinzipien anwenden, um Ihre Projekte ins beste Licht zu rücken. Ohne einen Abschluss in Grafikdesign!

  Außerdem erfahren Sie in Teil II, warum Canva ein Traum für Unternehmer und Marketingleute ist. Ich zeige Ihnen, wie Sie beeindruckende Social-Media-Beiträge, Geschäftspräsentationen, Logos und ein Branding für Ihre Marke erstellen.

- **Teil III – Erweiterung des Canva-Abenteuers:** Hier geht es um erweiterte Funktionen, wie die Erstellung von Videos, Animationen, KI-gestützte Tools und Kollaborationsfunktionen, die Ihre Canva-Kenntnisse auf die nächste Stufe bringen. Canva entwickelt sich ständig weiter und seine leistungsstarken Tools sind bahnbrechend. In diesem Teil erfahren Sie, wie Sie mithilfe von KI Inhalte generieren und Ihre Designs automatisch an verschiedene Formate anpassen (um beispielsweise den Anforderungen bestimmter Social-Media-Plattformen zu entsprechen). Sie erfahren auch, wie Sie Aufgaben automatisieren, zum Beispiel das Veröffentlichen von Social-Media-Posts, sodass Sie Ihren Arbeitsablauf optimieren und Stunden an Zeit sparen können.
- **Teil IV – Der Top-Ten-Teil:** Wie in jedem *Für Dummies*-Buch bietet dieser letzte Teil Listen mit jeweils zehn Einträgen (zum Beispiel schnelle Tipps und Tricks), die Ihnen besondere Einblicke geben und Ihnen helfen, Ihre Ergebnisse mit Canva zu optimieren.

Beachten Sie beim Lesen des Buches die folgenden Konventionen zur Darstellung der darin enthaltenen Informationen:

- **Die hierarchische Kapitelstruktur:** Jedes Kapitel verwendet zwei bis drei Überschriftenebenen, um den Text in überschaubare Abschnitte zu unterteilen.
- **Kursivschrift:** Wenn Sie ein Wort oder eine Phrase in Kursivschrift sehen, finden Sie im zugehörigen Text eine Definition des Begriffs. Kursivschrift kann auch einen Suchbegriff zur Verwendung in Canva kennzeichnen.
- **Nummerierte Listen oder Punktelisten:** Nummerierte Listen sind schrittweise Anleitungen, die Sie durch den Prozess des Designs, der Übermittlung Ihrer Botschaft und so weiter führen. Punktelisten unterteilen ein Thema Punkt für Punkt.

Törichte Annahmen über die Leser

Der Zweck dieses Buches besteht darin, Ihnen, den Lesern, zu helfen. Beim Schreiben habe ich die folgenden Annahmen über Sie getroffen, die sich auf Ihren Wunsch nach Wissen über Canva beziehen:

- **Sie sind Anfänger** in der Verwendung von Canva oder haben ein Konto eingerichtet und suchen Hilfe bei der Navigation innerhalb der Canva-Benutzeroberfläche.

- **Sie sind kein Grafiker** und haben auch keine besonderen Erfahrungen mit Designtheorie – wie etwa dem Einsatz von Farben und Kontrasten, der Platzierung von Designelementen und visueller Konsistenz.
- **Sie möchten Sicherheit** im Umgang mit Canva gewinnen und haben einen zwingenden Grund, großartige Materialien entwerfen zu müssen.
- Aufgrund des von Ihnen genutzten Browsers und anderer Unterschiede bei der von Ihnen verwendeten Hardware oder Software **kann es sein, dass Ihnen Canva etwas anders angezeigt wird.**

Symbole, die in diesem Buch verwendet werden

Überall im Buch finden Sie bunte Symbole, die auf Informationen hinweisen, die auf irgendeine Weise besonders nützlich sein könnten.

Dieses Symbol hebt Informationen hervor, die Sie unbedingt im Gedächtnis behalten sollten. Wenn Sie sich diese besonderen Punkte merken, werden Sie schnell zum Canva-Zauberer!

Dieses Symbol soll Ihre Aufmerksamkeit auf Tipps und Tricks lenken, mit denen Sie Ihr Canva-Erlebnis weiter verbessern können.

Wenn Sie dieses Symbol sehen, lesen Sie unbedingt die damit gekennzeichneten Informationen! Wenn Sie die hier bereitgestellten Ratschläge beherzigen, können Sie unangenehme Fehler vermeiden.

Über dieses Buch hinaus

Während Sie dieses Buch lesen, können Sie gerne auch die englische Begleitwebsite `https://jessestay.com/canvabook` besuchen. Dort finden Sie zusätzliche Ressourcen, die Ihnen dabei helfen sollen, Canva erfolgreich zu erlernen und einzusetzen:

- **Herunterladbare Vorlagen:** Es gibt für jedes Kapitel passende Vorlagen und Abbildungen, die Sie direkt in Ihren eigenen Canva-Designs nutzen können. Diese Vorlagen eignen sich perfekt, um die hier gezeigten Designs nachzuvollziehen, oder als Starthilfe für Ihre eigenen Projekte.
- **Exklusive Ressourcen:** Hier finden Sie zusätzliche Inhalte, die im gesamten Buch erwähnt werden, wie zum Beispiel meine fortgeschrittenen Kurse zu Canva und den Erwerb einer zusätzlichen, inoffiziellen Zertifizierung in Canva von mir, die Sie in Ihren Lebenslauf, auf interaktive Whiteboards und in Designbeispiele aufnehmen können. Ich biete auch Live-Events wie Workshops mit Insidertipps und Frage-und-Antwort-Runden an.

Die Website enthält auch Links zu meinen Social-Media-Handles auf TikTok, Facebook, Instagram, YouTube und X (früher Twitter), Sie können sich also gerne mit mir in Verbindung setzen, um Updates, exklusive Angebote und Tipps zu erhalten. Ich biete auch Coaching und Schulungen für Einzelpersonen und Teams an. Wenn Ihr Unternehmen sein visuelles Branding verbessern oder Canva in Ihre täglichen Abläufe integrieren möchte, kann ich Ihnen helfen. Egal, ob Sie gerade erst anfangen oder die Canva-Plattform noch besser beherrschen möchten, ich habe diese Site erstellt, um Ihnen zum Erfolg zu verhelfen. Vergessen Sie nicht, sie als Lesezeichen zu speichern und beim Lesen des Buches immer wieder dort nachzulesen.

Das Abbildungsverzeichnis dieses Buchs finden Sie auf der Website zum Buch unter `www.wiley-vch.de/isbn9783527722952` oder unter `www.downloads.fuer-dummies.de`.

Wie es weitergeht

Sie können dieses Buch vom Anfang bis zum Ende durchlesen. Oder Sie können im Inhaltsverzeichnis nachsehen, einen Abschnitt finden, der Sie interessiert, und direkt dorthin springen. Oder Sie können im Index nach Themen suchen und zu den Abschnitten springen, der relevante Informationen für Sie enthält.

Egal, wo Sie anfangen, Sie finden überall verständliche, praktische Hilfe, um Canva optimal zu nutzen.

Teil I
Erste Schritte mit Canva

IN DIESEM TEIL ...

- Lernen Sie die Funktionen von Canva kennen und erfahren, wie Canva den Benutzern dabei hilft, mühelos schöne visuelle Elemente zu entwerfen.
- Erstellen Sie Designs mit vorgefertigten Vorlagen und einfachen Tools.
- Tauchen Sie tiefer in professionelle Techniken ein und entdecken, wie Sie eine Marke aufbauen und Designprinzipien anwenden.

IN DIESEM KAPITEL

Herausfinden, worum es bei Canva geht

Ein Konto bei Canva einrichten

Den Canva-Editor kennenlernen

Canva-Ressourcen entdecken

Einen Blick in die Canva-Community werfen

Kapitel 1

Die ersten Schritte mit Canva

Willkommen bei Canva, Ihrem neuen Lieblings-Designtool! Canva eignet sich für alle – vom Einsteiger bis zum Profi – und ermöglicht es Ihnen, in wenigen Minuten beeindruckende visuelle Inhalte zu erstellen. Brauchen Sie einen Flyer? Eine Präsentation? Oder möchten Sie Ihre Social-Media-Grafiken auf ein neues Level bringen? Kein Problem – Canva bietet Ihnen die passenden Vorlagen und Werkzeuge. Egal, welche Anforderungen Sie an Ihr Design haben, die einfache Benutzeroberfläche von Canva – kombiniert mit der umfangreichen Bibliothek der Designplattform mit über 4,5 Millionen Vorlagen – macht professionelle Designs für jeden zugänglich.

In diesem Kapitel zeige ich Ihnen die Grundlagen, wie Sie ein Canva-Konto einrichten. Sie erfahren hier, wie Sie innerhalb der Benutzeroberfläche von Canva navigieren, und erhalten einen ersten Einblick in den Canva-Editor. Ich gehe auf verschiedene Komponenten des Canva-Editors ein, damit Sie sofort loslegen und mit Ihrem ersten Design beginnen können!

Die Vorteile von Canva entdecken

Mit seiner benutzerfreundlichen Oberfläche verwandelt Canva komplexe Designaufgaben in einfache, schnelle Aktionen. Das Tool ist perfekt für Benutzer aller Kenntnisstufen, von Kleinunternehmern bis hin zu Lehrern, Einzelpersonen, die ihre digitale Präsenz verbessern möchten, und sogar für Kinder!

Hier einige Beispiele für die Vorteile, die Ihnen Canva bietet:

- ✔ **Einfachheit:** Sie haben Angst, den Umgang mit einer weiteren komplexen App lernen zu müssen, weil Sie kein Designer sind? Ich bin auch kein Designer, und Sie brauchen sich wirklich keine Sorgen mehr zu machen! Canvas benutzerfreundliche Drag&Drop-Oberfläche macht die Arbeit mit dem Tool ganz einfach. Sie klicken oder tippen auf das Element, das Sie in Ihrem Design verwenden möchten, und ziehen es dann auf eine vorgefertigte Vorlage. In diesem Kapitel zeige ich Ihnen, wie das geht. Weitere Informationen darüber finden Sie in Kapitel 2.

- ✔ **Eine umfangreiche Bibliothek mit Vorlagen und Designelementen:** Canva bietet über 4,5 Millionen Vorlagen und eine umfangreiche Bibliothek mit Fotos, Videos, Grafiken und Animationen. Beachten Sie dabei, dass nicht alle Inhalte automatisch für die kommerzielle Nutzung freigegeben sind. In wenigen Minuten können Sie alles entwerfen, was Sie sich nur vorstellen können. Benötigen Sie einen Lebenslauf? Canva hat eine Vorlage dafür! Einladungen zu einer Geburtstagsfeier? Canva hat auch dafür passende Vorlagen. Ein Instagram- oder Facebook-Reel oder ein TikTok-Video? Auch hierfür bietet Canva Vorlagen. Wenn Sie diese Vorlagen sofort durchsuchen möchten, blättern Sie weiter zu Kapitel 3 und ich zeige Ihnen, wie das geht!
- ✔ **Kollaborative Funktionen für Ihr Team:** Canva kann die Produktivität steigern, indem es die Zusammenarbeit zwischen Teams in Echtzeit ermöglicht. Benutzer können Projekte gemeinsam bearbeiten, über Kommentare direkt Feedback zum Design geben und sogar Teamrollen und -berechtigungen verwalten (lesen Sie in Kapitel 9 nach, wenn Sie wissen möchten, warum das wichtig ist). Bei Teamprojekten sollten Sie sicherstellen, dass alle Teammitglieder über die erforderlichen Rechte an den verwendeten Inhalten verfügen. Dies gilt insbesondere bei Stock-Fotos, Musik oder Markenlogos.
- ✔ **Kosteneffizienz:** Auch mit dem kostenlosen Plan von Canva erhalten Sie ein robustes Paket mit Funktionen, die die meisten Ihrer grundlegenden Designanforderungen erfüllen. Für erweiterte Funktionen ist Canva Pro zu einem erschwinglichen monatlichen oder jährlichen Preis erhältlich (den viele Arbeitgeber, Schulen und andere Organisationen übernehmen) und bietet Funktionen wie

  - einen Brand-Kit-Builder, der Ihnen dabei hilft, ein bestimmtes Erscheinungsbild von Designprojekten für Ihr Unternehmen oder Ihre Schule für alle Teammitglieder beizubehalten (weitere Informationen finden Sie in Kapitel 6)
  - einen Hintergrundentferner, mit dem Sie die Hintergründe Ihrer Fotos bereinigen können (siehe Kapitel 10)
  - Zugriff auf eine umfangreiche Foto- und Videobibliothek, um Ihren Designs mehr Schwung zu verleihen (siehe Kapitel 3)

  Diese (und andere) Pro-Funktionen sind im Vergleich zu herkömmlicher Designsoftware (wie Adobe Illustrator, Photoshop oder sogar Adobe Express) kostengünstige Lösungen. Nicht zuletzt enthalten sie auch einige recht beeindruckende KI-Funktionen. Preise und Funktionsumfang von Canva Pro können je nach Land und Währung leicht abweichen. Die aktuellen Preise finden Sie unter `www.canva.com`.

Das Beste daran ist, dass Canva seine Pro-Funktionen in den ersten 30 Tagen kostenlos anbietet! Canva hat das Potenzial, viele ansonsten kostspielige Aspekte beim Aufbau eines Unternehmens abzudecken, indem es Ihnen hilft, Prozesse zu automatisieren (wie das Erstellen von Massen-Posts für Social Media), die normalerweise Tausende von Euros kosten würden! Wenn Sie mehr darüber wissen möchten, lesen Sie in Kapitel 12 weiter, wo Sie ganz spezifische Tipps finden.

Canva demokratisiert Design durch Tools und Vorlagen, die für jede Person, in jeder Rolle und mit jedem Kenntnisstand einfach geeignet sind. Das Ergebnis? Perfekt gestaltete Materialien, mit denen Sie überall Eindruck machen!

Die Reichweite von Canva verstehen

Das Schöne an Canva: Praktisch jeder (nicht nur ein Grafikdesigner), der ein optisch ansprechendes Design erstellen möchte, kann von Canva profitieren. Betrachten Sie es als »den Grafikdesigner in Ihrer Tasche«. Mit Canva haben Sie jederzeit einen virtuellen Grafikdesigner zur Verfügung, wie beispielsweise in den folgenden Rollen:

✔ **Unternehmer:** Als Unternehmer können Sie mit Canva Marketingmaterialien erstellen, die die Aufmerksamkeit der Betrachter fesseln. Oder verwenden Sie es, um Ihren Geschäftsplan auf visuell ansprechende Weise darzustellen.

✔ **Bewerber:** Später in diesem Kapitel lernen Sie die Benutzeroberfläche des Canva-Editors kennen. Canva ist ein großartiges Tool zum Erstellen von Lebensläufen und Anschreiben oder einfach, um Ihre neu erworbenen Canva-Kenntnisse in Designportfolios oder sogar Pitch Decks zu präsentieren.

✔ **Lehrer und Schüler:** Wenn Sie Lehrer sind, können Sie mit Canva Unterrichtsmaterialien entwerfen, die das Lernen spannend und visuell anregend machen. Sogar Schüler – wie meine Kinder – nutzen Canva in ihren Klassenzimmern, um Präsentationen zu erstellen und visuell attraktive Berichte und Aufgaben vorzubereiten.

  Das sagt meine Tochter Emily über den Einsatz von Canva in ihrer Schule:

  - »Ich verwende Canva zum Erstellen von Videos, Präsentationen und Dokumenten für Hausaufgaben und Schulprojekte. Wenn ich der Eigentümer einer Präsentation in Canva bin, kann ich dafür sorgen, dass keiner meiner Klassenkameraden die Inhalte der Präsentationen, die ich mit ihnen teile, bearbeiten kann.
  - Außerdem enthält Canva viele lustige Apps, zum Beispiel eine KI zum Generieren von Bildern oder zum Einfügen mathematischer Gleichungen. Mit Canva werden alle meine Schulprojekte zum Vergnügen!«

✔ **Social Media Manager:** Vielleicht sind auch Sie Social Media Manager oder Digital Marketer (wie ich) und möchten Ihren Social-Media-Inhaltskalender für Ihren Arbeitgeber oder Ihre Kunden vereinfachen. Abbildung 1.1 zeigt ein Beispiel für einen solchen Kalender. Mit Canva verfügen Sie über ein praktisches Tool mit integrierten Vorlagen, die bereits darauf ausgelegt sind, Beiträge zu erstellen, die das Engagement erhöhen und Ihre Followerzahl vergrößern. Wenn Sie Canva für Social-Media-Grafiken verwenden, beachten Sie bitte die Kennzeichnungspflicht für Werbung nach den aktuellen Vorgaben in der EU (zum Beispiel bei Kooperationen oder Sponsored Posts).

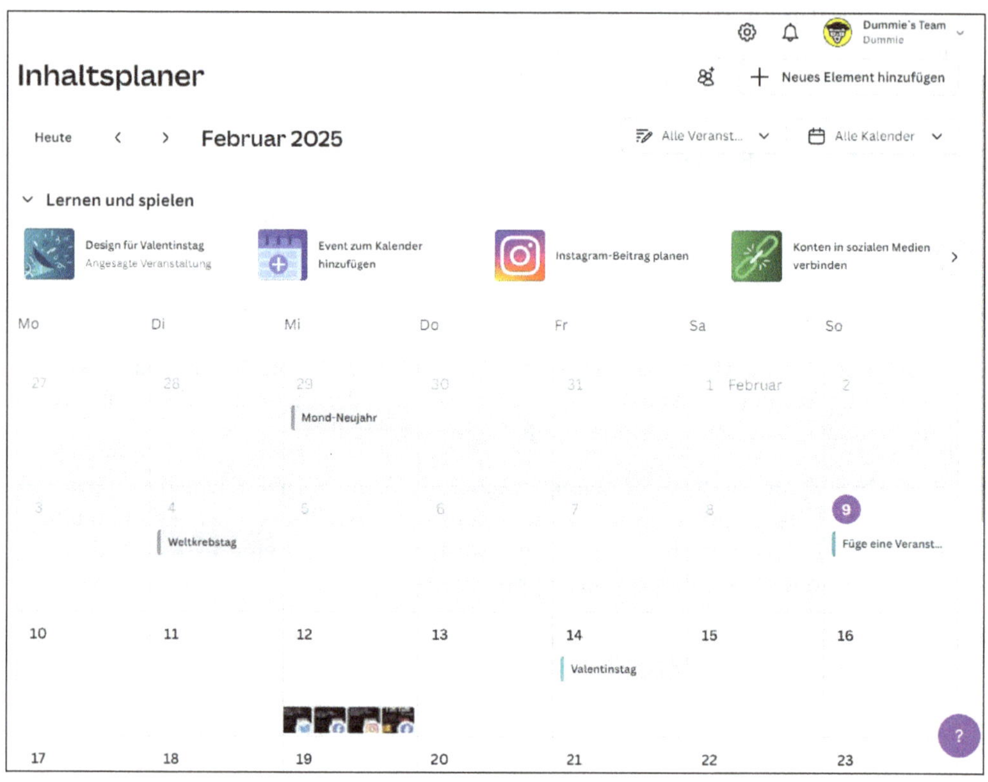

Abbildung 1.1: Ein Beispielkalender für Content-Beiträge in Social Media

Canva-Funktionen für Ihre Designerrolle

Egal, welche Rolle Sie in Ihrem Unternehmen, Ihrer Schule oder gemeinnützigen Organisation spielen, Canva kann Ihnen in jeder dieser Rollen Mehrwert bieten. Mit Millionen von Vorlagen und Grafiken, die Ihnen zur Verfügung stehen, kann Canva Ihre Designaufgaben einfacher und effizienter machen.

Tabelle 1.1 zeigt einige der Designrollen, für die Canva hilfreich sein kann, und erklärt, welche Funktionen und Vorlagen Canva bereitstellt, um die Arbeit innerhalb dieser Rollen zu vereinfachen.

Canva ist so konzipiert, dass jedem professionelle Designs zugänglich sind, auch Personen ohne Vorkenntnisse im Grafikdesign.

Rolle	Allgemeine Aufgaben	Canva-Vorlagen
Kleinunternehmer	Erstellen von Branding-Kits und Printprodukten, Größenänderungen für plattformspezifische Designs	Visitenkarten, Flyer, Poster, Produktetiketten, Geschenkgutscheine, Menüdesigns, Social-Media-Beiträge und Anzeigen
Marketing-Manager	Automatische Veröffentlichung von Social-Media-Inhalten; attraktive Animationen, Grafiken und Videos; Website-Design und -Hosting	Marketingpräsentationen, E-Mail-Header und Kampagnendesigns, Infografiken und Berichte, Social-Media-Kits und Einladungen zu Veranstaltungen und Events
Grafikdesigner	Anwendung erweiterter Pro-Tools; anpassbare Vorlagen; Website-Design und -Hosting; Tools für die Echtzeit-Zusammenarbeit mit Team und Kunden	Logo- und Branding-Designs, Broschüren, Visitenkarten, Pitch Decks, Kundenpräsentationen, Website-Banner, Layout und Grafiken
Lehrer	Verwendung von Vorlagen für Bildungsinhalte, Unterrichtspräsentationen, Unterrichtsmaterialien, interaktive Arbeitsblätter für Schüler	Unterrichtsgestaltung und Präsentationen, Unterrichtsplakate und Infografiken, Zeugnisse, Themengestaltungen
Schüler	Verwendung von Berichtsvorlagen, Tools für die Gruppenzusammenarbeit, Lernhilfen und -materialien, Infografiken	Projektberichte und Grafiken, Studien- und Präsentationsleitfäden, Präsentationen, Portfolios und Lebensläufe
Gemeinnützige Organisationen	Verwendung von Designs für Spenden- und Sensibilisierungskampagnen, Grafiken für soziale Medien, Flyer zur Anwerbung von Freiwilligen	Spendenplakate und -einladungen, Flyer für Freiwillige, E-Mail-Kampagnen, Layouts für Jahresberichte, Social-Media-Kampagnen
Social Media Manager	Verwendung von professionellen Posting-Vorlagen, GIFs und Animationen zur Steigerung des Engagements, integrierte Analyse der Leistungsmetriken, Planung von Social-Media-Posts	Social-Media-Beiträge (Instagram, Facebook, TikTok), Stories und Videos, Content-Kalender und Planer
Veranstaltungsplaner	Erstellen von Einladungen, Postern und Flyern, Design individueller Event-Menüs	Veranstaltungseinladungen, Save-the-Dates, Veranstaltungsplakate und -flyer, Menüs, Programme und Zeitplanlayouts
Immobilienmakler	Gestaltung und Druck von Listing-Flyern, Gestaltung und Druck von Visitenkarten, Social-Media-Anzeigen	Immobilienflyer, Visitenkarten, Einladungen zu Tagen der offenen Tür, Informationsblätter und Stadtviertelprofile
Blogger und Content-Ersteller	Erstellen von Datenbanken mit Blog-Grafiken, benutzerdefinierten YouTube-Vorschaubildern, Coverdesigns für Leitfäden, E-Books und Berichten	Blog-Banner und -Beiträge, Infografiken, Anleitungen, E-Book-Cover, Inhaltsvorschauen, Miniaturansichten und Kanalbilder

Tabelle 1.1: Unterstützung für Designrollen in Canva

Ein Canva-Konto einrichten

Wie ich bereits im Abschnitt *Die Vorteile von Canva entdecken* weiter vorn in diesem Kapitel erwähnt habe, stehen Ihnen hinsichtlich der Interaktion mit Canva kostengünstige Optionen zur Verfügung. Canva bietet drei Kontostufen – Free, Pro und Teams –, mit denen Sie Zugriff auf unterschiedliche Funktionen erhalten, die ich in den Kapiteln 2 und 10 näher erläutere.

Canva bietet auch eine Enterprise-Stufe an, über die Sie sich informieren können, indem Sie Canva direkt kontaktieren. Oder Sie können einen Berater (wie mich) engagieren, der Sie bei der Implementierung der Enterprise-Stufe in einer größeren Organisation unterstützen kann. Eine vollständige Beschreibung dieser Stufe geht über den Rahmen des Buches hinaus, aber ich erwähne einige der Vorteile der Enterprise-Versionen in Kapitel 9.

Zum Zeitpunkt der Drucklegung dieses Buches liegen die Preise zwischen kostenlos und mindestens 30 Euro pro Monat für eine festgelegte Anzahl von Teammitgliedern (und zusätzlich 10 Euro pro Teammitglied über dieser Zahl), abhängig von den Funktionen, auf die Sie zugreifen möchten.

Für die Zwecke dieses Buches gehe ich davon aus, dass Sie mindestens ein Pro-Konto haben. Ich schlage daher vor, dass Sie sich bei Canva Pro anmelden, um sich mit dem Besten von Canva vertraut zu machen (unter `https://jessestay.com/canvapro` stelle ich einen Link bereit, unter dem Sie eine 30-tägige kostenlose Testversion von Canva Pro erhalten).

Um mit der Erstellung von Designs zu beginnen, richten Sie zunächst ein Canva-Konto ein. Das dauert nur ein paar Minuten.

Der Anmeldevorgang

Gehen Sie wie folgt vor, um Ihr Canva-Konto von Ihrem Computer aus zu erstellen:

1. **Öffnen Sie einen Webbrowser auf Ihrem Computer.**

   Starten Sie Ihren bevorzugten Webbrowser, beispielsweise Google Chrome oder Microsoft Edge.

2. **Geben Sie `www.canva.com` in die Adressleiste des Browsers ein und drücken Sie die ↵, um zur Canva-Website zu gelangen.**

3. **Klicken Sie auf der Canva-Homepage auf die Schaltfläche REGISTRIEREN, um den Anmeldevorgang zu starten.**

4. **Wählen Sie im angezeigten Popup-Fenster eine Registrierungsoption aus.**

   Sie können sich mit Ihrer E-Mail-Adresse, Ihrem Google-Konto oder Ihrem Facebook-Konto anmelden. (Die vollständige Liste finden Sie in Abbildung 1.2.) Achten Sie bei der Nutzung externer Logins auf die Datenschutzbestimmungen dieser Anbieter.

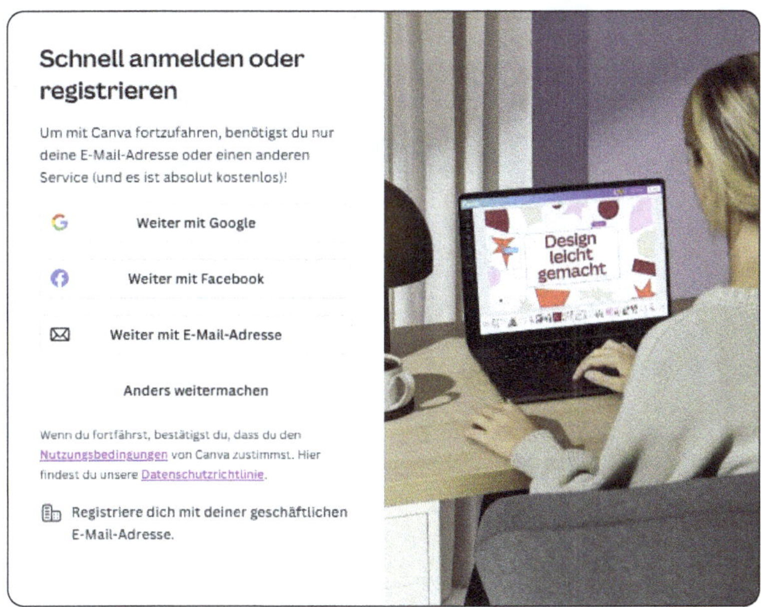

Abbildung 1.2: Liste der angezeigten Anmeldeoptionen (Ihre Optionen können abweichen)

5. **Geben Sie die für Ihre Registrierungsmethode erforderlichen Details ein.**

   Wenn Sie E-MAIL verwenden, geben Sie Ihre E-Mail-Adresse zusammen mit Ihrem Passwort ein. Folgen Sie bei Verwendung von Google oder Facebook den Anweisungen für die Anmeldung. Möglicherweise werden Ihnen noch ein paar Fragen angezeigt, die Sie beantworten müssen. Beantworten Sie diese nach bestem Wissen und Gewissen.

6. **Suchen Sie in Ihren E-Mails nach einer Bestätigungsnachricht von Canva und klicken Sie dann auf den Bestätigungslink (sofern vorhanden) oder geben Sie den in der E-Mail bereitgestellten Code ein, um Ihr Konto zu aktivieren.**

Nachdem Sie die Anmeldung abgeschlossen haben, leitet Canva Sie zu Ihrer neuen Canva-Startseite weiter, die die Kommandozentrale für alle Ihre Designaktivitäten ist.

Navigation auf der Startseite

Die Canva-Startseite ist das Erste, was Sie sehen, wenn Sie sich bei Canva anmelden. Diese »Homebase« der Canva-Oberfläche ist der Ort, zu dem Sie jederzeit zurückkehren können, um Zugriff auf alles zu erhalten, was Sie zum Erstellen von Designs in Canva benötigen. Die Startseite enthält links eine Liste mit Registerkarten und rechts einen Anzeigebereich (siehe Abbildung 1.3). Wenn Sie auf eine Registerkartenliste links klicken (oder darauf tippen), ändert sich die Anzeigeseite je nachdem, welche Registerkarte Sie ausgewählt haben.

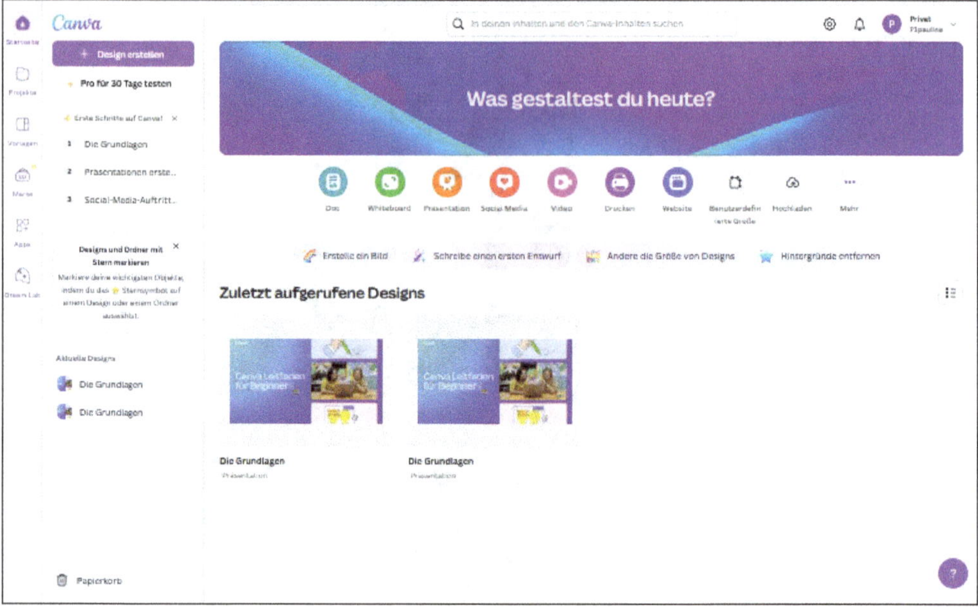

Abbildung 1.3: Wenn Sie sich bei Canva anmelden, gelangen Sie auf eine Startseite mit vielen Optionen.

- ✔ Auf der **Startseite** sehen Sie oben im Anzeigebereich eine Suchleiste für den Zugriff auf Ihre (oder Canva-)Inhalte und – direkt unter der Suchleiste – Vorschläge für die Produkttypen, die Sie entwerfen können (Dokumente, Whiteboards, Präsentationen und so weiter; siehe Abbildung 1.3). Sie können jederzeit auf diese Registerkarte oder das Canva-Logo oben links klicken, um zu dieser Seite zurückzukehren.
- ✔ **Projekte:** Hier sehen Sie Ihre letzten Projekte, verwalten Ihre gespeicherten Designs und starten neue Projekte auf der Grundlage vorhandener Projekte.
- ✔ **Vorlagen:** Hier können Sie eine umfangreiche Liste mit Designvorlagen durchsuchen.

Wenn Sie sich nicht sicher sind, suchen Sie einfach nach dem, was Sie möchten! Auf der Canva-Startseite finden Sie eine große Suchleiste. Klicken Sie auf die Leiste, geben Sie ein, was Sie suchen, und drücken Sie die ↵. Canva wird wahrscheinlich das anzeigen, wonach Sie suchen. Auf der Startseite gibt es viele Bereiche zu erkunden, von denen einige in Abbildung 1.3 gezeigt sind. Die Suchfunktion zeigt nicht nur Vorlagen an, sondern auch Elemente wie Fotos, Videos oder Grafiken. Diese Inhalte können unterschiedliche Lizenzen haben – prüfen Sie vor der kommerziellen Nutzung die Lizenzbedingungen.

Wenn Sie andere Registerkarten wie MARKE, APPS oder MAGIC STUDIO sehen, machen Sie sich keine Gedanken. In Kapitel 9 erzähle ich Ihnen mehr darüber.

Das Benutzerprofil anpassen

Mit einem neuen Canva-Konto können Sie sofort loslegen. Um Canva optimal zu nutzen, sollten Sie sich jedoch einen Moment Zeit nehmen, um Ihr Profil durch Ihren Namen und ein Profilbild zu ergänzen, und das gesamte Erlebnis ein wenig persönlicher gestalten (dieser zusätzliche Aufwand ist besonders nützlich, wenn Sie auf die Teamfunktionen von Canva zugreifen, die ich in Kapitel 9 beschreibe).

Um Ihr Profil von der Startseite aus anzupassen, gehen Sie wie folgt vor:

1. **Klicken Sie ganz rechts in der oberen Leiste auf die Schaltfläche für Ihr Konto.**
2. **Klicken Sie im angezeigten Dropdown-Menü auf die Option EINSTELLUNGEN.**

   Sie gelangen auf die Seite mit den Kontoeinstellungen beziehungsweise zur Registerkarte DEIN KONTO, die ungefähr so aussieht wie in Abbildung 1.4 gezeigt.

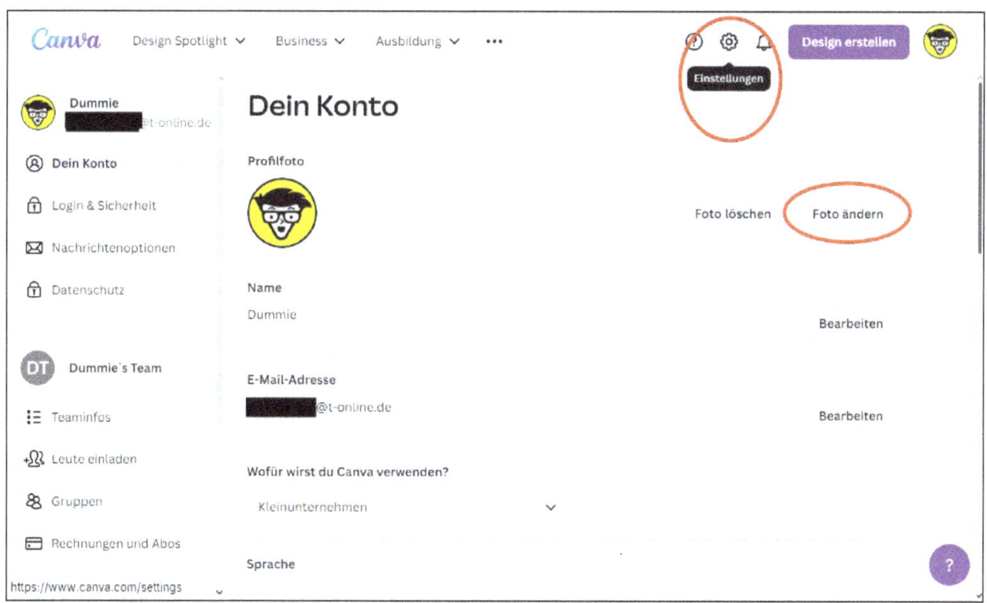

Abbildung 1.4: Ihre Kontoeinstellungen sehen ungefähr so aus wie auf dieser Seite.

   Alternativ können Sie dieselbe Seite durch einen Klick auf das Symbol EINSTELLUNGEN in der oberen Leiste der Startseite erreichen (das Symbol sieht aus wie ein Zahnrad).

3. **Klicken Sie oben rechts auf der Seite auf die Schaltfläche FOTO HOCHLADEN oder FOTO ÄNDERN.**

Wenn Sie noch kein Foto in Ihr Canva-Konto hochgeladen haben, wird die Schaltfläche FOTO HOCHLADEN angezeigt. Wenn Sie bereits ein Foto hochgeladen haben, wird die Schaltfläche FOTO ÄNDERN angezeigt.

4. **Durchsuchen Sie Ihren Computer, um ein auf Ihrer Festplatte abgelegtes Foto auszuwählen, und drücken Sie die ↵ auf Ihrer Tastatur, um das Foto hochzuladen oder zu ändern.**

Ihr neues Profilfoto sollte oben in Ihrem Profil angezeigt werden. Jetzt können Sie die restlichen Profileinstellungen anpassen. Auf der Registerkarte DEIN KONTO können Sie außerdem Folgendes auswählen:

- ✔ **Ihre Umgebung.** Wählen Sie die für Sie am besten geeignete Design-Umgebung aus, indem Sie auf den Abwärtspfeil im Dropdown-Menü unter der Frage WOFÜR WIRST DU CANVA VERWENDEN? klicken. Das Dropdown-Menü bietet Ihnen eine Liste zur Auswahl, wie in Abbildung 1.5 gezeigt.

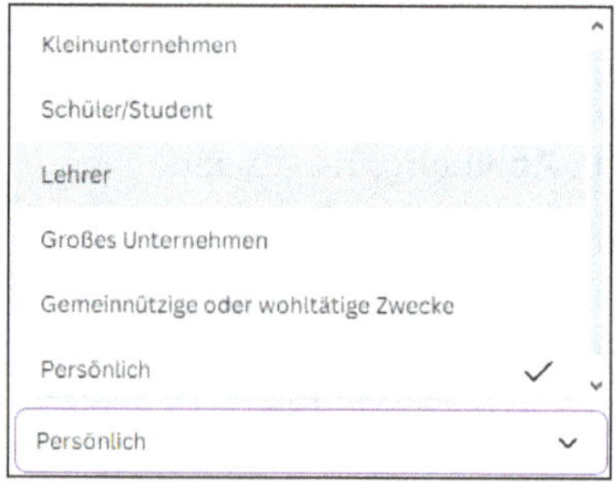

Abbildung 1.5: Sie können aus mehreren Bereichen wählen, um Ihr Canva-Erlebnis anzupassen.

- ✔ **Themen, Optionen für die Barrierefreiheit und mehr.** Auf dieser Seite finden Sie viele weitere Auswahloptionen. Beispielsweise können Sie eine Sprache auswählen oder ein Thema für Ihr Canva-Erlebnis. Darüber hinaus gibt es Funktionen für die Barrierefreiheit und andere Einstellungen. Wählen Sie diese nach Bedarf aus – sie sind optional.

Der Canva-Editor

Es wird Zeit, loszulegen und Ihr erstes Design zu erstellen! Aber vorher müssen Sie sich mit der Hauptdesignoberfläche von Canva vertraut machen, dem Canva-Editor. Ich stelle den Editor im nächsten Abschnitt vor und zeige Ihnen dann in Kapitel 2 Schritt für Schritt, wie Sie Ihr erstes Design erstellen.

Der Canva-Editor ist der Arbeitsbereich, in dem Ihre Kreativität in der Canva-App oder auf der Canva-Website zum Leben erweckt wird. Die Editoroberfläche ist intuitiv und einfach zu navigieren, sodass Sie sich darauf konzentrieren können, Ihre Ideen in eine visuelle Realität umzusetzen.

Die Oberfläche des Canva-Editors

Canva hat die Editor-Oberfläche so organisiert, dass Sie problemlos auf alle Tools zugreifen können, die Sie zum Erstellen attraktiver Designs benötigen. Dieser hilfreiche Ansatz regt dazu an, Neues zu erkunden, und verleiht Ihrer Designarbeit ein spielerisches Gefühl! Ich stelle den Editor in diesem Abschnitt durch die Erstellung eines einfachen Lebenslaufs vor.

Um zum Canva-Editor zu gelangen, gehen Sie wie folgt vor:

1. **Klicken Sie oben links auf der Canva-Startseite auf die große, bunte Schaltfläche Design erstellen. (Siehe linke Seite in Abbildung 1.6.)**

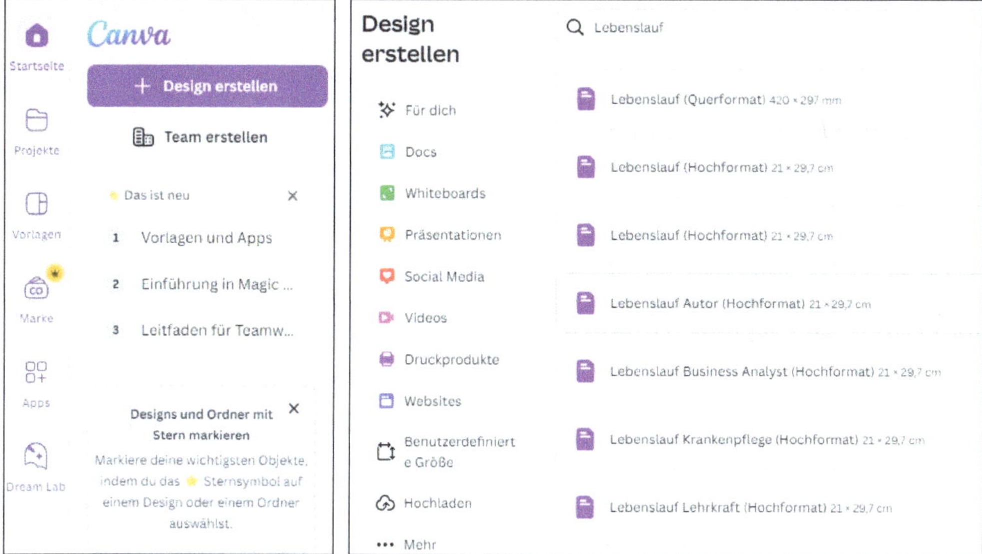

Abbildung 1.6: Greifen Sie auf den Editor durch einen Klick auf die Schaltfläche Design erstellen zu.

Ein Popup-Menü wird geöffnet, wie rechts in Abbildung 1.6 gezeigt. Hier sehen Sie das aktuelle Design oder Vorschläge für Vorlagen oder Kategorien, die Sie verwenden können.

2. **Geben Sie in das Suchfeld des Popup-Menüs ein, was Sie erstellen möchten – in diesem Beispiel `Lebenslauf` –, und wählen Sie die Ergebnisoption aus, die Ihrer Suche am besten entspricht.**

Nachdem Sie erste Projekte angelegt haben, können Sie den Editor auch einfach von der Startseite aus aufrufen, indem Sie in der Seitenleiste rechts neben den Registerkarten Startseite, Projekte und Vorlagen unter der Option Zuletzt aufgerufene Designs auf eines Ihrer vorherigen Designs klicken oder indem Sie unter den Registerkarten Projekte oder Vorlagen eine der Vorlagen auswählen. Immer wenn Sie auf ein Projekt oder eine Vorlage klicken, gelangen Sie über die Benutzeroberfläche zu einer Vorschau des Canva-Editors. Um den Editor aufzurufen, klicken Sie dann irgendwo in den Editor.

Wenn alles gut geht (und wenn es Ihr erster Zugriff ist), wird eine Registerkarte oder ein Fenster mit einer leeren Editor-Oberfläche angezeigt, ähnlich wie in Abbildung 1.7 gezeigt. Nachdem Sie den Editor erreicht haben, können Sie die verschiedenen Komponenten seiner Oberfläche erkunden.

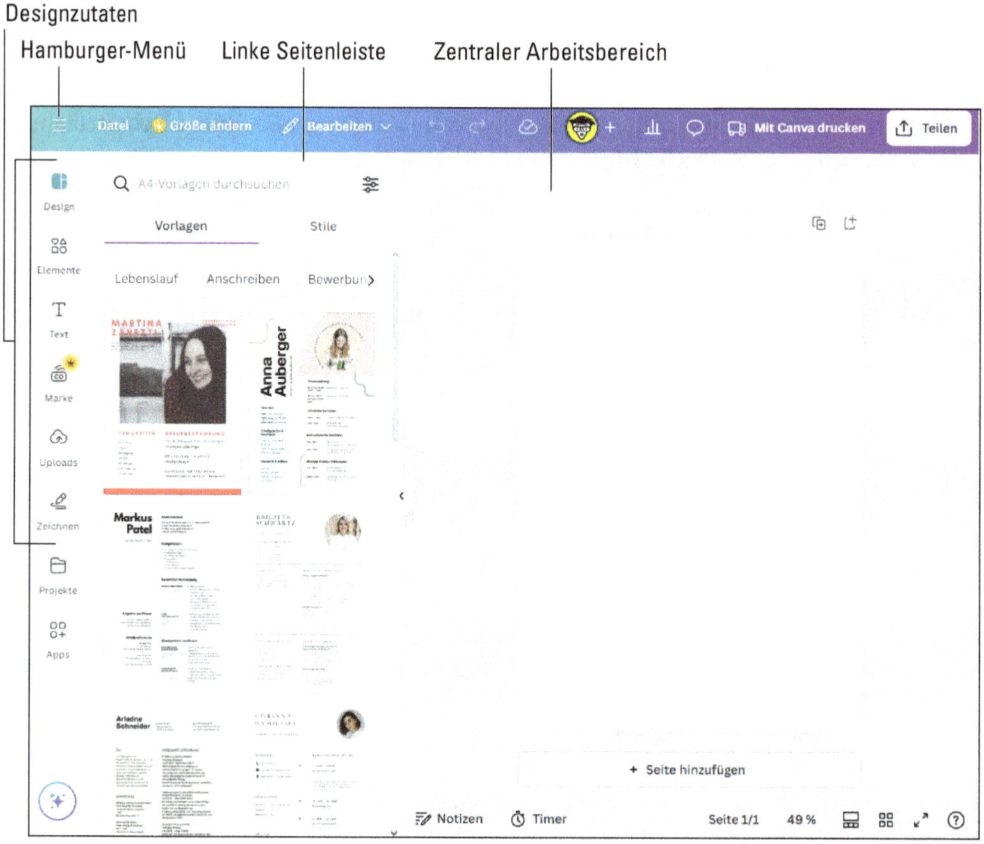

Designzutaten

Hamburger-Menü   Linke Seitenleiste   Zentraler Arbeitsbereich

Abbildung 1.7: Der Canva-Editor beim ersten Starten einer neuen Vorlage

Sie können dieses und alle Beispiele im Buch auch kapitelweise unter `https://jessestay.com/canvabook` herunterladen, wenn Sie damit experimentieren möchten!

Ich verwende die folgenden Begriffe, um in diesem Buch auf die einzelnen Bereiche des Editors zu verweisen:

- ✔ **Hamburger-Menü.** In der oberen linken Ecke sehen Sie drei parallele Linien. Dies ist das *Hamburger-Menü*. Klicken Sie darauf, um die Liste der Registerkarten der Startseite erneut zu öffnen und den Canva-Editor wieder in den Vorschaumodus zu versetzen. Um den Editor erneut aufzurufen, klicken Sie einfach in den Editor. Oder klicken Sie auf eine der Registerkarten der Startseite, um zu einem anderen Design zu wechseln oder in andere Bereiche von Canva zu gelangen.

- **Linke Seitenleiste.** Dieser Bereich enthält Symbole oder Registerkarten für verschiedene Tools und Funktionen – Text, Hintergrund, Uploads (zum Hochladen von Grafiken und Videos) und mehr –, mit denen Sie Ihre Vorlagen anpassen.
- **Zentraler Arbeitsbereich:** Dies ist der Hauptbereich, in dem Sie Elemente per Drag&Drop verschieben, um Ihr Design zusammenzustellen. Betrachten Sie ihn als Ihre leere Leinwand, auf der Sie – mit Ihren neu erworbenen Designfähigkeiten – alles erstellen können, was Sie sich nur vorstellen können!

Designelemente von Canva entdecken

Canva bietet eine Vielzahl von Tools, die Sie in der linken Seitenleiste als anklickbare Symbole finden. Diese Designelemente machen das Gestalten einfach! Während Sie sich mit dem Canva-Editor vertraut machen, sollten Sie die verschiedenen verfügbaren Tools erkunden, indem Sie jedes einmal anklicken. In Tabelle 1.2 habe ich eine Liste mit Designelementen zusammengestellt, die Ihnen bei der Erstellung Ihres Designs helfen. In Kapitel 2 gehe ich ausführlich darauf ein.

Symbol	Name des Elements	Funktion
Design	Design	Für die Auswahl von Vorlagen und Stilen für Ihr Design
Elements	Elemente	Für die Auswahl aus einer Datenbank mit Hunderttausenden von Symbolen, Bildern, Cliparts, GIFs und mehr, die Sie per Drag&Drop in Ihr Design ziehen können. Mit dem KI-Bildgenerator von Canva können Sie sogar Ihre eigenen Elemente erstellen! Bei der Nutzung des KI-Bildgenerators in Canva gilt: Automatisch erstellte Bilder sollten vor der kommerziellen Nutzung auf urheberrechtliche Unbedenklichkeit geprüft werden.
Text	Text	Für die Suche nach vorhandenen Textvorlagen oder das Einfügen von eigenem Text im gewünschten Stil, indem Sie Text in Ihr Design ziehen
Brand	Marke	Für die Auswahl aus den von Ihnen oder Ihrer Organisation erstellten Branding-Elementen, damit Ihr Design den bestehenden Farb-, Schrift- und Grafikstilen Ihrer Organisation entspricht. Ich zeige Ihnen in Kapitel 4, wie Sie diese Elemente für Ihre eigene Marke einrichten und hinzufügen können.
Uploads	Uploads	Für das Hochladen von Bild-, Video- und Audiodateien von Ihrem Computer, auf die Sie später zugreifen oder die Sie unmittelbar in Ihr Design ziehen können. Nach dem Hochladen können Sie nach Ihren Medien suchen und diese in Ihren Editor ziehen. Von hier aus können Sie sich sogar direkt in der Benutzeroberfläche selbst aufnehmen.
Draw	Ziehen	Fühlen Sie sich kreativ? Verwenden Sie dieses Element, um mit der Maus auf einem Computer oder mit Ihrem Finger auf einem Tablet oder Mobilgerät zu zeichnen.

Symbol	Name des Elements	Funktion
Projects	Projekte	Wenn Sie Designs erstellen, speichern Sie diese hier, um sie später weiterzubearbeiten und darauf zuzugreifen. Sie müssen zu einem Design zurückkehren? Klicken Sie einfach auf die Registerkarte PROJEKTE und suchen Sie danach. Sie können auch Ordner erstellen, um ähnliche Projekte zu speichern und sie so leichter wiederzufinden.
Apps	Apps	So wie Ihre iOS- oder Android-Geräte über App-Stores verfügen, verfügt Canva über eine eigene Apps-Datenbank mit benutzerdefinierten Apps, die von Drittanbietern erstellt wurden, um das Canva-Erlebnis zu verbessern. Einige meiner Lieblings-Apps stelle ich in Kapitel 9 vor.

Tabelle 1.2: Die Designelemente der Editor-Oberfläche

Ressourcen und Inspiration finden

Canva verfügt über eine Fülle von Ressourcen, die Ihre Kreativität anregen, Sie über alle Updates der Canva-Oberfläche und -Funktionen auf dem Laufenden halten und Sie auf Ihrer gesamten Designreise begleiten. Diese beginnen mit Canvas eigener Anleitung zum Erlernen von Canva, Canva Design School. Die Canva Design School bietet kostenlose Tutorials, die regelmäßig aktualisiert werden und auch Themen wie barrierefreie Designs, DSGVO-konforme Inhalte und aktuelle Social-Media-Trends abdecken. Sie finden diese Ressourcen unter BUSINESS. Die Dropdown-Menüs für Ausbildung und Lernen befinden sich oben auf `www.canva.com/designschool` (siehe Abbildung 1.8). Nehmen Sie sich etwas Zeit, um das Dropdown-Menü BUSINESS zu erkunden, um über die neuesten Trends in Ihrer Branche auf dem Laufenden zu bleiben. Oder tauchen Sie in die Dropdown-Menüs für Ausbildung und Lernen ein, um ausführliche Tutorials und Tipps zur Verwendung von Canva zu erhalten.

Die Community-Funktionen von Canva erkunden

Eine der größten Stärken von Canva ist seine Fähigkeit, Ihr Designerlebnis zu verbessern, indem es Ihnen ermöglicht, zusammenzuarbeiten, Feedback zu erhalten und sich über Community-Funktionen mit anderen Benutzern und Teammitgliedern zu vernetzen. Hier nur einige der Möglichkeiten, wie Sie mit anderen zusammenarbeiten können:

- ✔ **Einladen und zusammenarbeiten.** Klicken Sie auf der Startseite auf die Registerkarte ANDERE EINLADEN, um Ihr Design für die Zusammenarbeit in Echtzeit mit anderen zu teilen.

- ✔ **Teilnehmen und mitmachen.** Pro-Benutzer können sich in die Community einbringen, indem sie Gruppen innerhalb ihres Teams oder ihrer Klasse erstellen und ihnen beitreten, wie ich in Kapitel 9 näher erkläre. Oder nehmen Sie an wöchentlichen Design-Herausforderungen auf Instagram teil, um Ihre Fähigkeiten zu verfeinern und Ihre Arbeit zu präsentieren.

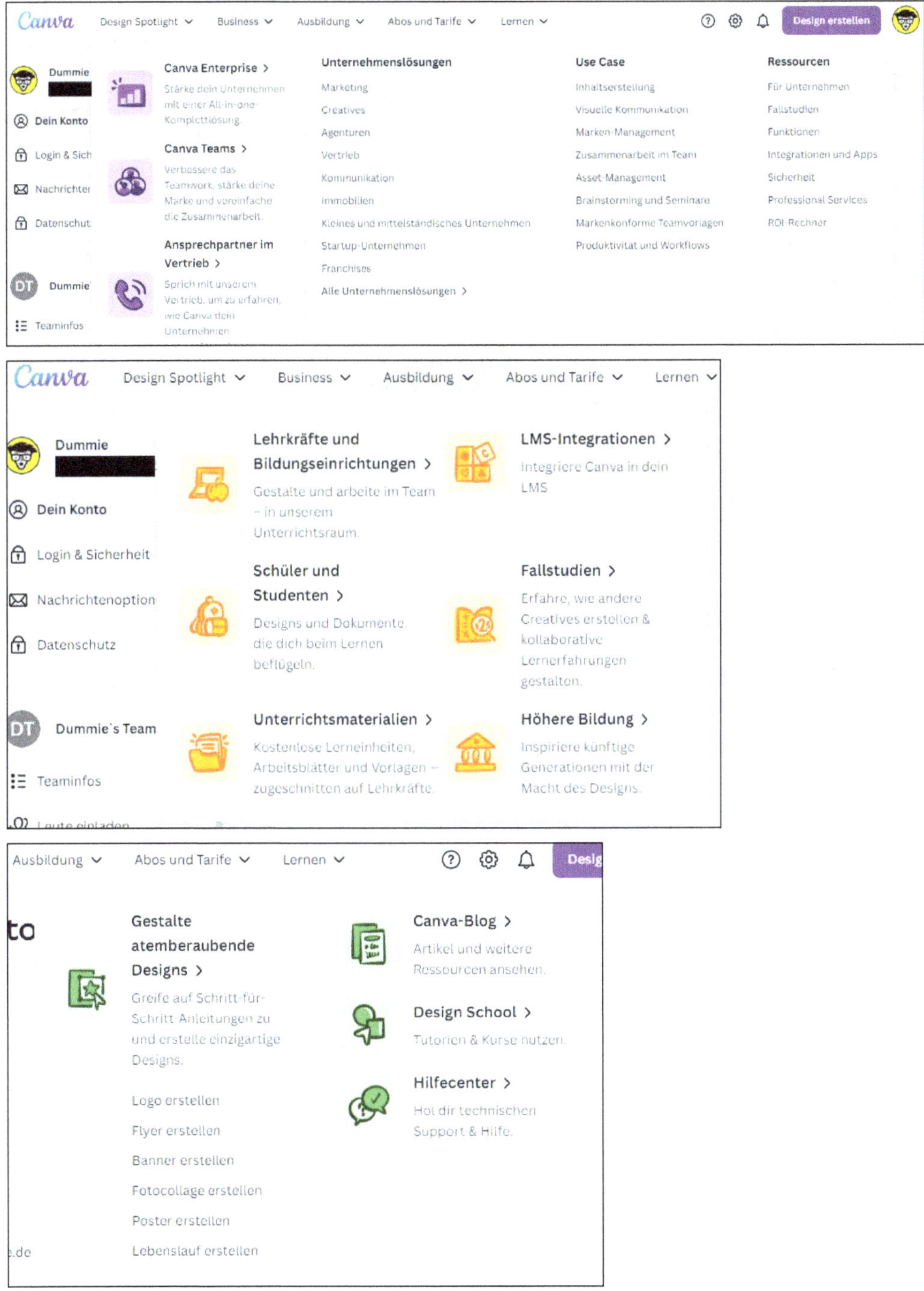

Abbildung 1.8: Dropdown-Menüs auf der Startseite helfen Ihnen, mehr über Canva zu erfahren.

Folgen Sie @canva auf Instagram (www.instagram.com/canva), um wöchentliche Design-Challenges zu erhalten, mit denen Sie Ihre Fähigkeiten trainieren und das Canva-Wissen testen können, das Sie durch dieses Buch erworben haben. Um vergangene Challenges oder Einsendungen zur aktuellen Challenge der Woche anzuzeigen, suchen Sie auf Instagram nach #canvadesignchallenge.

✔ **Holen Sie sich Feedback und lernen Sie daraus.** Nutzen Sie das Feedback der Community zu Ihren freigegebenen Designs, um Ihre Projekte zu verbessern und anzupassen. Weitere Informationen zu freigegebenen Designs und Vorlagen finden Sie in Kapitel 10.

Wenn die Community-Tools von Canva richtig eingesetzt werden, verbessern sie nicht nur die Qualität Ihrer Designs, sondern helfen Ihnen auch beim Aufbau Ihres Netzwerks innerhalb der Canva-Benutzerbasis. Das Entwerfen mit Unterstützung einer Community trägt dazu bei, Ihren kreativen Prozess durch vielfältige Einblicke und Kooperationen mit anderen in ähnlichen Situationen wie Ihrer zu bereichern. Ich gehe in Kapitel 9 ausführlicher auf die Community- und Teamfunktionen von Canva ein. Bitte beachten Sie: Designs, die Sie mit der Canva-Community teilen, könnten auch von anderen Nutzern weiterverwendet werden. Vermeiden Sie daher die Einbindung sensibler oder lizenzierter Inhalte in öffentlich geteilte Projekte.

IN DIESEM KAPITEL

Eine Vorlage für Ihr Canva-Projekt wählen

Layout und Stile mithilfe von Vorlagen ändern

Grafische Elemente hinzufügen und Text anpassen

Eigene Medienelemente einbinden

Kapitel 2
Ihr erstes Design in Canva

In Kapitel 1 habe ich Ihnen gezeigt, wie Sie einen Lebenslauf erstellen. Dazu brauchten Sie nur auf der Startseite auf die Schaltfläche DESIGN ERSTELLEN zu klicken. Diese Anweisungen führen Sie jedoch nur bis zu dem Punkt, an dem Sie eine Lebenslaufvorlage auswählen können, und Ihr Canva-Editor ist noch leer.

In diesem Kapitel zeige ich Ihnen, wie Sie zur gleichen Stelle gelangen, allerdings über die Suchleiste auf der Startseite. Anschließend führe ich Sie vom leeren Lebenslaufdokument über die Auswahl eines Lebenslaufdesigns bis hin zur Erstellung eines nützlichen Lebenslaufs, mit dem Sie Ihre neu erworbenen Canva-Kenntnisse zur Schau stellen können!

Die richtige Vorlage auswählen

Canva-Kenntnisse präsentieren? Navigieren Sie zunächst zur Startseite und wählen Sie eine Vorlage aus, die zum Thema und Zweck Ihres Projekts passt. In diesem Beispiel führe ich Sie durch die Erstellung eines Lebenslaufs.

Sie können die Canva-Startseite auf verschiedene Arten erreichen. Die erste Möglichkeit besteht darin, `www.canva.com` in den Browser Ihrer Wahl einzugeben und die ↵ auf Ihrer Tastatur zu drücken. Melden Sie sich bei Bedarf an.

Hinweis: Wenn Sie sich über Google oder Facebook anmelden, gelten die Datenschutzrichtlinien der jeweiligen Anbieter. Überprüfen Sie, welche Daten Canva von diesen Diensten erhält. `Canva.com` bringt Sie nach der Anmeldung immer zur Startseite. Der einfachste Weg, von überall auf Canva zur Startseite zu gelangen, besteht jedoch darin, oben links auf das kleine Hamburger-Symbol zu klicken und im angezeigten Menü den Eintrag STARTSEITE auszuwählen.

So wählen Sie die Vorlage für Ihren Lebenslauf aus:

1. **Geben Sie auf der Startseite in der Suchleiste oben auf der Seite das Wort `Lebenslauf` ein und drücken Sie die ↵.**

   Es wird eine Liste mit zahlreichen Beispielvorlagen für Lebensläufe angezeigt, aus denen Sie auswählen können (siehe Abbildung 2.1). Beachten Sie, dass ich in meinem Beispiel oben links unter der Suchleiste auf den Filter `Canva-Vorlagen` geklickt habe, um alle von mir möglicherweise erstellten Vorlagen auszuschließen (Ihre Suche wird möglicherweise standardmäßig auf diese Ansicht gesetzt.) Achten Sie bei der Auswahl darauf, dass nicht alle Vorlagen automatisch für die kommerzielle Nutzung freigegeben sind. Prüfen Sie die Lizenzbedingungen, wenn Sie die Vorlage für geschäftliche Zwecke einsetzen möchten.

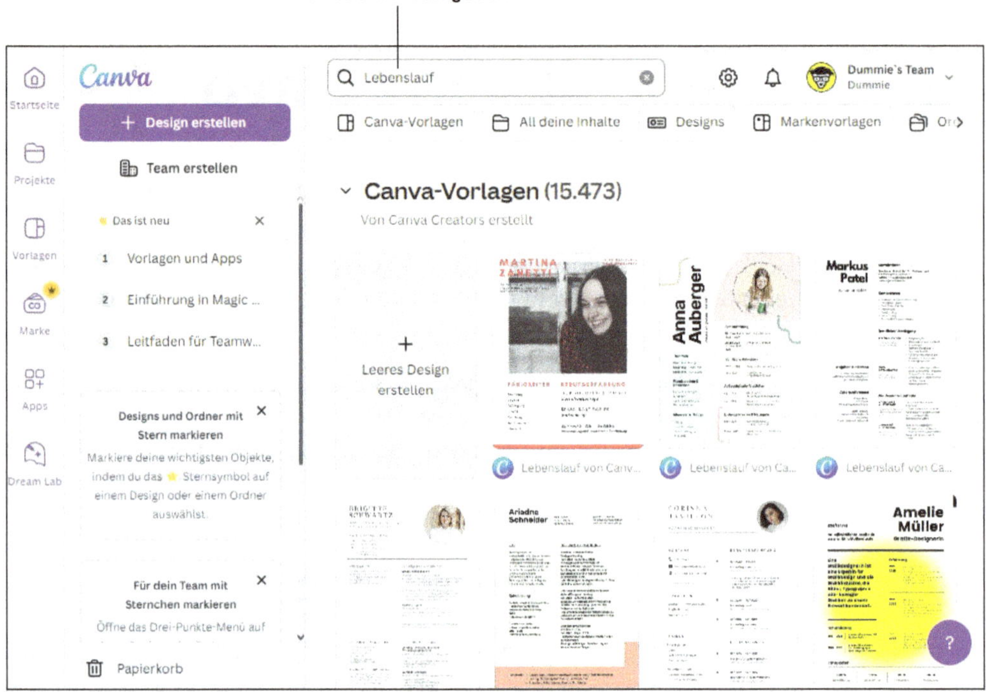

Abbildung 2.1: Bei einer Vorlagensuche werden Hunderte von Vorlagen zur Auswahl angezeigt.

2. **Klicken Sie auf die gewünschte Lebenslaufvorlage, um sie auszuwählen und in der Vorschau anzuzeigen.**

   Die ausgewählte Vorlage wird in einem Popup-Fenster angezeigt (siehe Abbildung 2.2). Wenn Sie mit Ihrer Auswahl nicht zufrieden sind, klicken Sie oben rechts im Fenster auf die Schaltfläche SCHLIEẞEN (ein X in einem Kreis) und wählen Sie eine andere Vorlage aus.

3. **Wenn Sie mit Ihrer Vorlagenauswahl zufrieden sind, klicken Sie im Popup-Fenster auf die Schaltfläche DIESE VORLAGE ANPASSEN.**

   Die Vorlage wird im Canva-Editor angezeigt, wie in Abbildung 2.3 dargestellt.

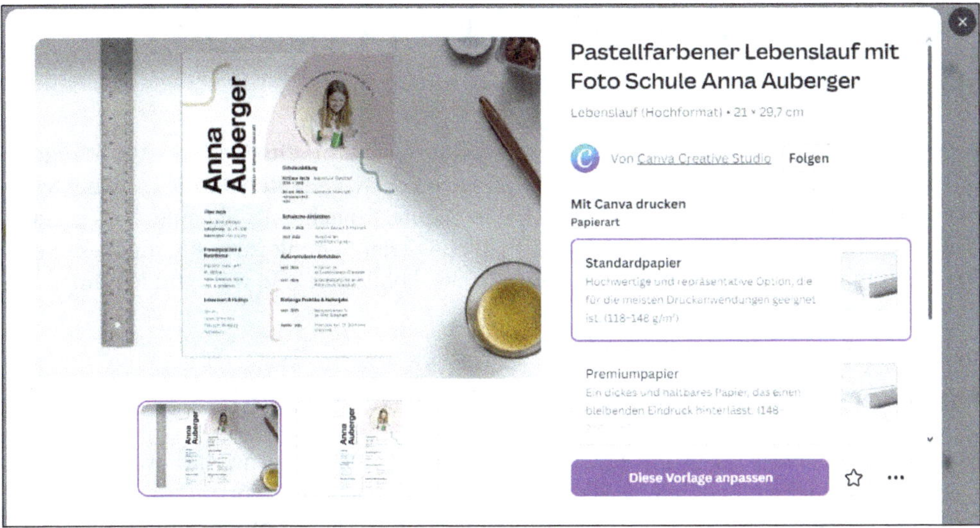

Abbildung 2.2: Der Vorlagenvorschaubildschirm

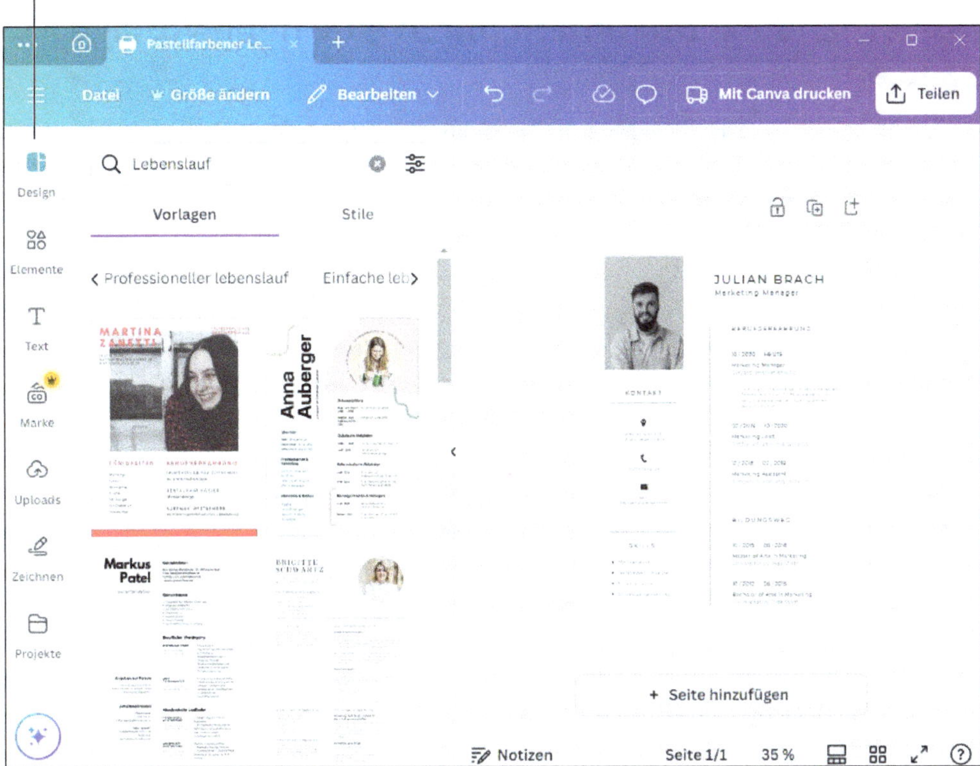

Abbildung 2.3: Die Vorschau des Canva-Editors, vorinstalliert mit der von Ihnen gewählten Lebenslaufvorlage

Projekte mithilfe der Design-Seitenleiste anpassen

Nachdem Sie die gewünschte Lebenslaufvorlage ausgewählt und in den Canva-Editor geladen haben, können Sie sie zu Ihrer eigenen Vorlage machen. Beachten Sie die Liste der Symbole in der linken Navigationsleiste (lesen Sie in Kapitel 1 nach, falls Sie eine Auffrischung benötigen). In diesem Kapitel gehe ich tiefer auf einige der Seitenleisten ein, die diese Symbole in der linken Navigationsleiste darstellen (siehe Abbildung 2.3), während ich Ihnen dabei helfe, Ihren Lebenslauf anzupassen.

Vorlagen in der Design-Seitenleiste wechseln

Wenn Sie den Anweisungen im Abschnitt *Die richtige Vorlage auswählen* weiter vorn in diesem Kapitel gefolgt sind, haben Sie wahrscheinlich bereits eine Vorlage ausgewählt und im Canva-Editor angezeigt. Und standardmäßig ist das Design-Symbol links im Editor ausgewählt, die Design-Seitenleiste ist geöffnet und die Registerkarte VORLAGEN ausgewählt. Die Registerkarte VORLAGEN ermöglicht Ihnen drei Dinge, die ich in den folgenden Abschnitten beschreibe.

Das vorhandene Dokument durch eine neue Vorlage ersetzen

Das vollständige Ersetzen des vorhandenen Dokuments durch eine andere Vorlage Ihrer Wahl ist ganz einfach. Blättern Sie einfach durch die links im Arbeitsbereich angezeigten Vorlagen, suchen Sie sich ein Design aus, das Ihnen gefällt, und klicken Sie darauf. Voilà! Der gesamte Inhalt und Stil der neuen Vorlage hat das vorherige Dokument ersetzt, das in Ihrem Editor angezeigt wurde.

Optional können Sie, wie immer in den erweiterten Seitenleisten der linken Navigationsleiste Ihres Canva-Editors, Drag&Drop verwenden, um eine der Vorlagen in Ihr vorhandenes Dokument auf der rechten Seite zu ziehen. Auch auf diese Weise wird das vorhandene Dokument durch die neue Vorlage ersetzt.

Wenn Sie versehentlich etwas in Ihrem Editor ändern, zum Beispiel Ihr gesamtes Dokument durch eine neue Vorlage ersetzen, klicken Sie einfach in den Dokumentbereich rechts neben Ihrem Editor und drücken Sie Strg+Z auf Ihrer Tastatur, um die Änderung rückgängig zu machen. Diese Tastenkombination zum Rückgängigmachen der letzten Aufgabe funktioniert bei allem, was Sie im Canva-Editor tun!

Eine neue Vorlage zum vorhandenen Dokument hinzufügen

In Canva können Sie Seiten zu Ihrem bestehenden Dokument hinzufügen und damit mehrere Vorlagendesigns im selben Dokument verwenden. Um Ihre Canva-Kenntnisse zu erweitern, zeige ich Ihnen, wie Sie ein Anschreiben erstellen und es Ihrem Lebenslauf hinzufügen:

1. **Geben Sie in das Suchfeld oben in der erweiterten Seitenleiste VORLAGEN (siehe Abbildung 2.4) den Suchbegriff `Anschreiben` ein und drücken Sie ↵.**

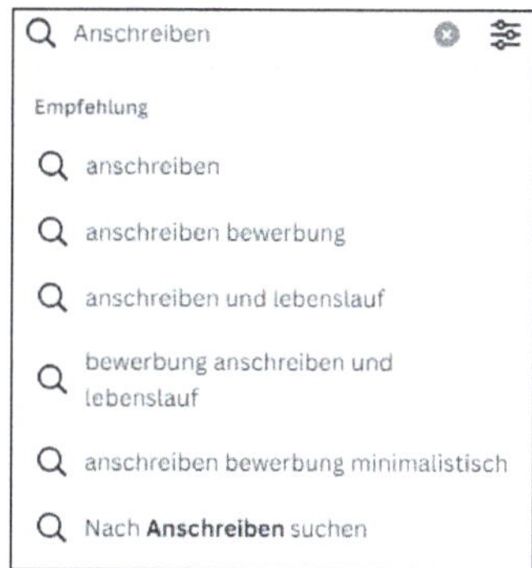

Abbildung 2.4: Wenn Sie auf einen Begriff unterhalb der Suchleiste klicken, wird die Suche automatisch ausgeführt.

Es wird eine Liste mit Anschreiben-Vorlagen angezeigt.

Wenn Sie unter dem Suchfeld unter der Überschrift EMPFEHLUNG eine Liste mit vorgeschlagenen Begriffen sehen (siehe Abbildung 2.4), können Sie auch auf einen dieser Begriffe klicken und erhalten das gleiche Ergebnis – eine Liste mit Anschreiben-Vorlagen. Verwenden Sie diese Begriffe unter der Suchleiste als Verknüpfungen zu anderen Vorlagen.

2. **Klicken Sie auf die Schaltfläche + SEITE HINZUFÜGEN (siehe Abbildung 2.5), die Sie unterhalb Ihres Dokuments im Editor finden.**

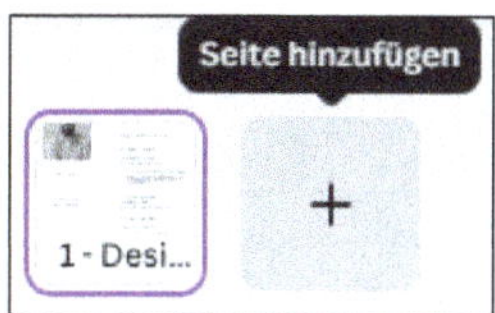

Abbildung 2.5: Die Schaltfläche + SEITE HINZUFÜGEN

Unter Ihrem Lebenslaufdokument wird eine neue leere Seite angezeigt.

3. **Ziehen Sie die von Ihnen gewählte Anschreiben-Vorlage per Drag&Drop auf die neue leere Seite, die Sie erstellt haben.**

Während Sie den Mauszeiger über die leere Seite schieben und dabei die ausgewählte Vorlage verschieben, wird die Seite automatisch mit der neuen Vorlage ausgefüllt, sodass Sie eine Vorschau sehen. Wenn Ihnen das Dokument gefällt, nehmen Sie den Finger von der Maustaste, und die neue Vorlage wird zur zweiten Seite in Ihrem Dokument, wie in Abbildung 2.6 dargestellt.

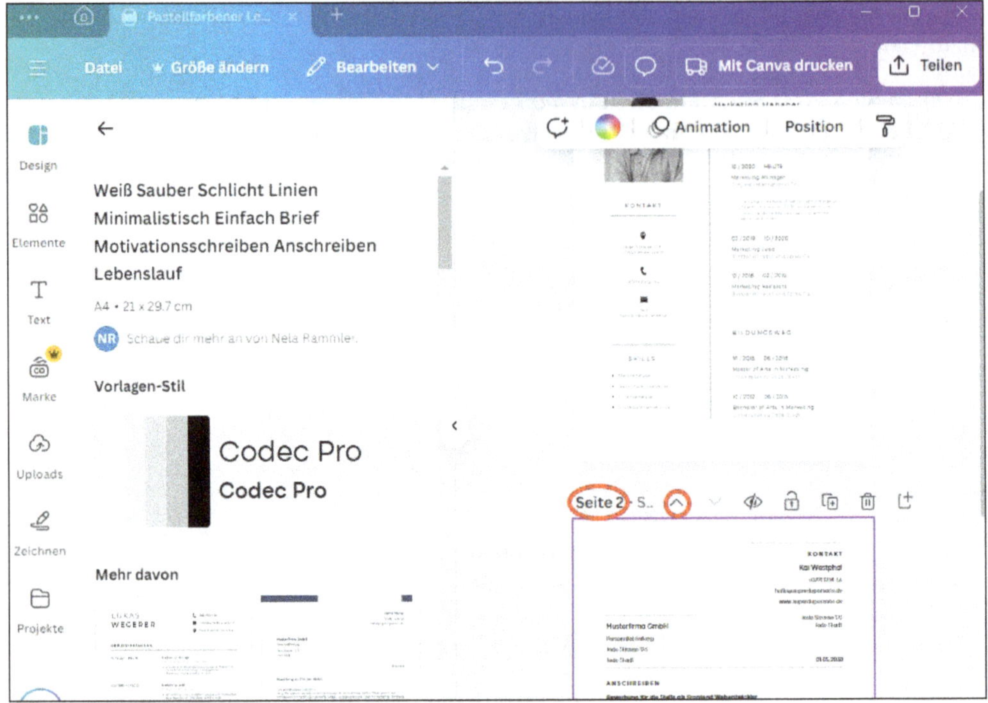

Abbildung 2.6: Ihre Anschreiben-Vorlage wird zu einer neuen Seite in Ihrem Dokument.

Sie können die Vorlage auch auf die Schaltfläche + SEITE HINZUFÜGEN ziehen, und Canva erstellt automatisch die neue Seite mit der gewünschten Vorlage.

4. **Klicken Sie über Ihrer neuen Anschreibenseite (jetzt Seite 2) auf die Schaltfläche NACH OBEN VERSCHIEBEN (^), die Sie über der Seite finden (siehe Abbildung 2.6).**

   Ihr Anschreiben wird über den Lebenslauf geschoben und ist somit die erste Seite Ihres Dokuments (siehe Abbildung 2.7).

Den Stil Ihres Dokuments durch den Stil der gewählten Vorlage ersetzen

Vielleicht möchten Sie den vorhandenen Inhalt Ihres Dokuments nicht ersetzen, aber Ihnen gefällt das Erscheinungsbild einer anderen Vorlage, nach der Sie gesucht haben, sehr gut. Sie können den Stil der Vorlage – aber nicht den Dokumentinhalt – wie folgt ersetzen:

1. **Blättern Sie durch die Liste der Vorlagen in der erweiterten Seitenleiste VORLAGEN, bewegen Sie den Mauszeiger über die Vorlagen und klicken Sie auf die drei Punkte (…) oben rechts in der Vorlage Ihrer Wahl.**

   Ein neues Popup-Fenster mit Details zu Ihrer ausgewählten Vorlage wird angezeigt (siehe Abbildung 2.8).

Abbildung 2.7: Ihre Anschreiben-Vorlage wird jetzt über dem Lebenslauf als erste Seite in Ihrem Dokument angezeigt.

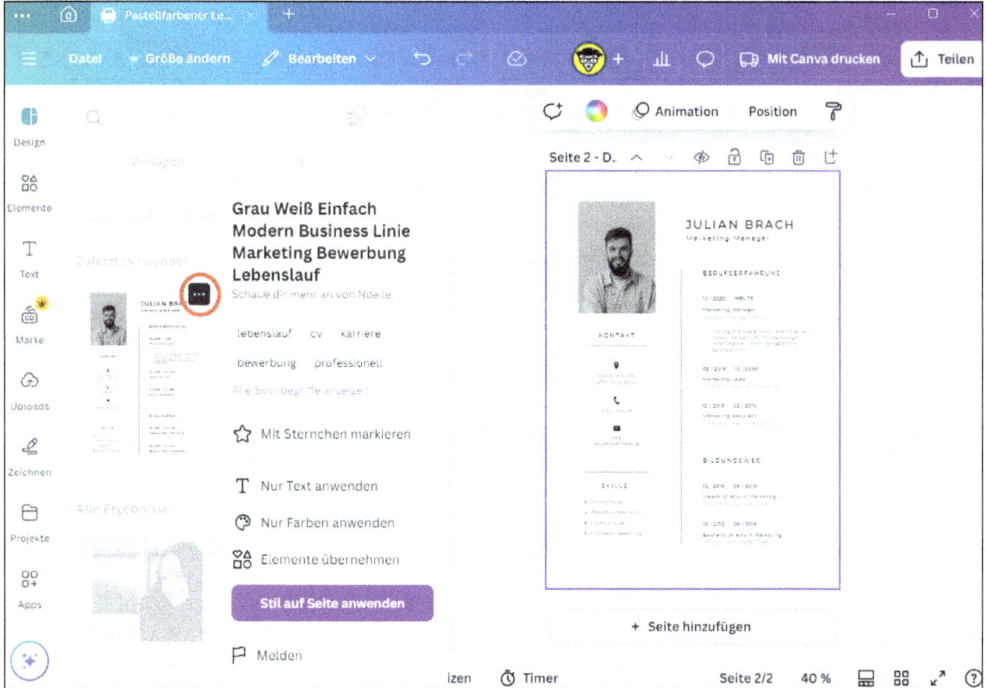

Abbildung 2.8: Wenn Sie auf einer Vorlage auf die drei Punkte (…) klicken, wird ein Popup-Fenster mit Details angezeigt.

2. **Wenn Sie die gewünschte Vorlage gefunden haben, klicken Sie auf die Schaltfläche Stil auf Seite anwenden.**

   Die in Ihrem Editor ausgewählte Seite wechselt zum Stil der gewählten Vorlage (Farben, Schriftart und so weiter), wie in Abbildung 2.9 dargestellt.

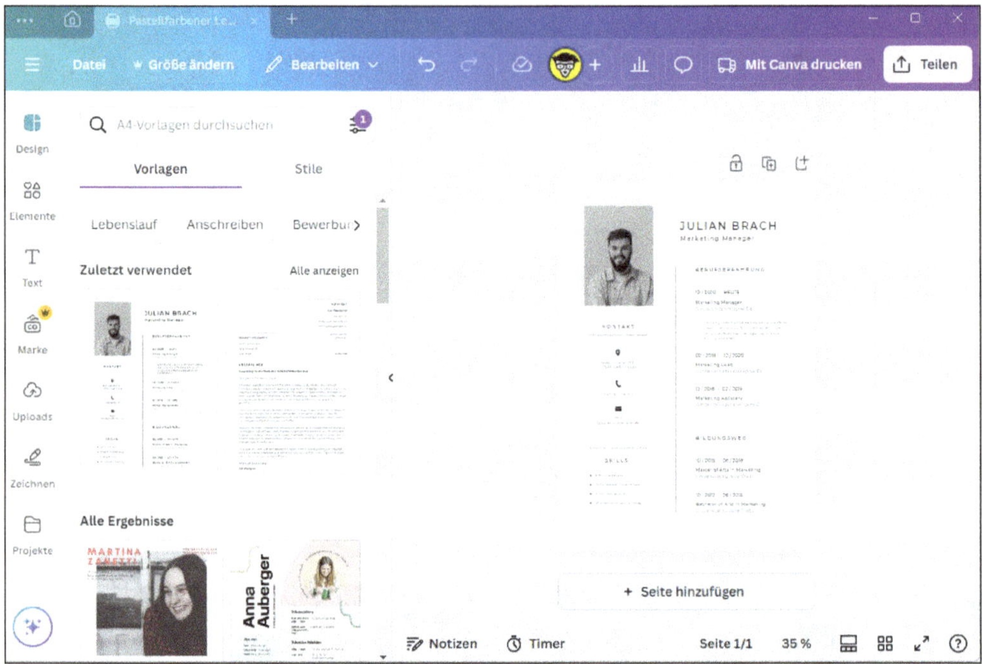

Abbildung 2.9: Durch die bloße Anwendung eines Stils können Sie Merkmale wie die in Ihrem Dokument verwendeten Farben ändern.

Wenn Sie ein mehrseitiges Dokument haben und überall einen neuen Stil wünschen (siehe vorherigen Abschnitt, in dem Sie Ihrem Lebenslauf ein Anschreiben hinzugefügt haben), klicken Sie auf die Schaltfläche Auf alle Seiten anwenden (diese finden Sie auf der Registerkarte Stile der Seitenleiste Entwurf, siehe nächster Abschnitt), um den Stil der von Ihnen gewählten Vorlage auf alle Seiten anzuwenden.

Ihr Dokument mithilfe der Registerkarte »Stile« ändern

Sie können den Stil Ihres Dokuments auch ändern – ohne die Vorlage zu wechseln –, indem Sie die Registerkarte Stile in Ihrer Design-Seitenleiste unter der Suchleiste und rechts neben der Registerkarte Vorlagen auswählen, wie in Abbildung 2.10 gezeigt.

Diese Registerkarte bietet Ihnen zahlreiche Optionen für Farbschemata und -kombinationen und ermöglicht Ihnen sogar, den Stil Ihres Dokuments automatisch an Ihre Markenfarben anzupassen. Erkunden Sie die Registerkarte Stile und klicken Sie auf der Bildlaufleiste mit Schaltflächen wie Fett, Lebhaft, Violett, Dynamisch und so weiter auf verschiedene Stile und Farben, um sich die Ergebnisse anzusehen.

Abbildung 2.10: Die Registerkarte »Stile« in der Seitenleiste »Design«

Nachdem Sie eine Option ausprobiert haben, können Sie jederzeit Strg+Z drücken, um zum vorherigen Stil und den vorherigen Farben zurückzukehren. Wiederholen Sie den Vorgang des Auswählens und Abwählens von Änderungen, um herauszufinden, ob Ihnen die neuen Stile besser gefallen als die in der ausgewählten Vorlage.

Professionelle und kostenlose Inhalte auf Canva unterscheiden

Vielleicht möchten Sie Canva nutzen, aber kein Abonnement abschließen, und das ist Ihre Entscheidung. Aber seien Sie sich bewusst, dass Sie mit einem kostenpflichtigen Abonnement mehr erreichen können. Das meiste, was ich Ihnen in diesem Buch zeige, können Sie auch ohne ein Pro-Abonnement tun. (Und ich erwähne ausdrücklich, wofür ein Abonnement erforderlich ist.) Canva bietet eine 30-tägige kostenlose Testversion für sein Pro-Abonnement an, die ich Ihnen beim Durcharbeiten dieses Buches dringend empfehle. Beachten Sie, dass nicht alle Inhalte in der kostenlosen Version kommerziell nutzbar sind. Prüfen Sie bei jeder Nutzung, ob ein Element unter die kostenlose Lizenz fällt und welche Einschränkungen gelten. Unter `https://jessestay.com/canvapro` stelle ich einen Link zur 30-tägigen kostenlosen Testversion bereit.

Um zwischen kostenpflichtigen Inhalten in Canva – beispielsweise Vorlagen und Elementen – und kostenlosen Versionen zu unterscheiden, platziert Canva ein Pro-Symbol (das aussieht wie eine kleine Krone) über der Vorlage, dem Element oder anderen Inhalten, um Sie darauf hinzuweisen, dass Sie zur Verwendung dieses Elements ein kostenpflichtiges Abonnement benötigen.

Grafiken und Bildern aus der Seitenleiste »Elemente« hinzufügen

In den vorherigen Abschnitten dieses Kapitels haben Sie erfahren, wie Sie ein grundlegendes Design für einen Lebenslauf entwickeln. Und wenn Sie den Anweisungen im Abschnitt *Eine neue Vorlage zum vorhandenen Dokument hinzufügen* weiter vorn in diesem Kapitel gefolgt sind, haben Sie sogar ein Anschreiben, das Sie Ihrem Lebenslauf hinzufügen können!

Aber was passiert, wenn Sie Ihrem vorhandenen Design Grafiken, Formen, Videos oder sogar Audio hinzufügen möchten? Mit Canva können Sie Ihr Design ganz einfach mit den Funktionen der Registerkarte ELEMENTE aufpeppen.

Um Ihnen zu zeigen, wie einfach Sie Ihrem Design beliebige Elemente hinzufügen können, verwende ich das Anschreiben aus dem Abschnitt *Vorlagen in der Design-Seitenleiste wechseln* weiter vorn in diesem Kapitel. Sie werden erfahren, wie Sie Symbole neben Ihrer E-Mail-Adresse, der Telefonnummer und der Adresse hinzufügen.

Gehen Sie wie folgt vor, um Ihrem Lebenslauf etwas Glanz zu verleihen:

1. **Klicken Sie in der linken Navigationsleiste auf das Symbol ELEMENTE.**

   Die Seitenleiste ELEMENTE wird erweitert und zeigt eine Liste empfohlener Elemente für Ihr Design an, wie links in Abbildung 2.11 dargestellt. (Ihre Empfehlungen sind unterschiedlich und basieren auf Ihrer vorhergehenden Nutzung von Canva.)

2. **Geben Sie den Begriff `E-Mail-Symbol` in die Suchleiste oben in der Seitenleiste ELEMENTE ein.**

   Sie können einen beliebigen Suchbegriff in das Suchfeld oben in der Seitenleiste ELEMENTE eingeben, um eine Liste mit Grafiken, Fotos, Videos, Audiodateien und so weiter anzuzeigen (siehe rechte Seite von Abbildung 2.11).

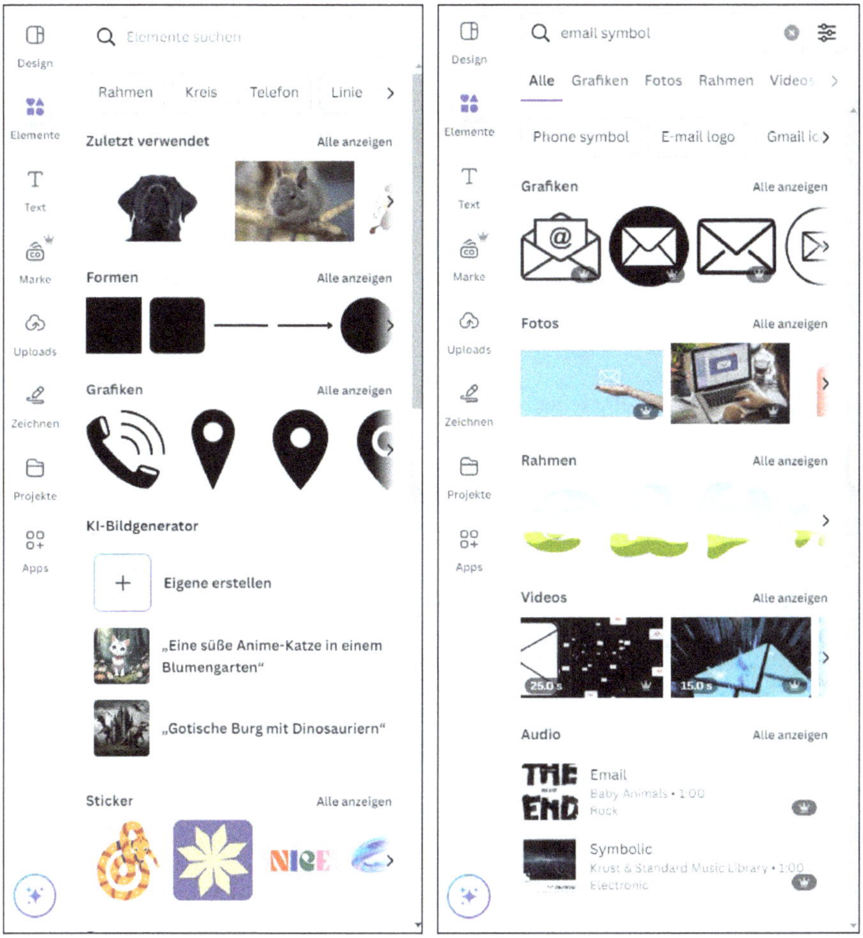

Abbildung 2.11: Die Seitenleiste »Elemente«

3. **Wählen Sie aus den Optionen ein E-Mail-Symbol aus, das gut zu Ihrem Lebenslauf-Design passt.**

Sie können unten in der Seitenleiste Elemente auf den Link Alle anzeigen klicken, um weitere Optionen anzuzeigen. Bei der Nutzung von Symbolen, Icons oder Grafiken aus der Canva-Bibliothek gilt: Nicht alle Symbole sind für kommerzielle Nutzung freigegeben. Prüfen Sie bei jedem Element die Lizenzinformationen, insbesondere wenn Sie das Design gewerblich verwenden.

Machen Sie sich keine Gedanken über die Farbe des von Ihnen gewählten Symbols – Sie können seine Farbe ändern, nachdem es in Ihrem Design enthalten ist, wie ich Ihnen später in diesem Abschnitt zeige. Canva konvertiert die Farbe des Symbols auch automatisch, damit es zu Ihrem Design passt. Sie können die automatisch zugeordnete Farbe beibehalten oder später gegebenenfalls ändern.

4. **Ziehen Sie im Editor Ihr E-Mail-Symbol neben die E-Mail-Adresse in Ihrem Lebenslaufdokument.**

   Ich wähle ein einfaches, kostenloses Symbol aus und ziehe es in den Lebenslauf, den ich gerade erstellt habe. Wenn Sie Ihr Symbol zum ersten Mal hineinziehen, erscheint es möglicherweise recht groß, aber keine Sorge – Sie können die Größe ändern.

5. **Klicken Sie auf das Symbol in Ihrem Dokument, um es auszuwählen.**

   Ein violettes Kästchen mit weißen Punkten in den Ecken wird angezeigt (siehe Abbildung 2.12).

Abbildung 2.12: Wählen Sie die Symbolgrafik aus. Ein violettes Kästchen mit weißen Punkten in den Ecken wird angezeigt.

6. **Klicken Sie auf einen der weißen Punkte (sie werden violett, wenn Sie den Mauszeiger darüberschieben) und ziehen Sie ihn nach innen, um das Symbol auf eine Größe zu bringen, die in Ihrem Dokument gut aussieht.**

   Wenn Sie die Größe Ihrer Grafik ändern, wird ein Feld mit der Angabe von Höhe und Breite angezeigt, das die Größenänderung Ihres Elements beim Ziehen anzeigt. Sie können mit der Größe experimentieren, die in Ihrem Lebenslauf am besten aussieht.

7. **Verschieben Sie Ihr E-Mail-Symbol, indem Sie auf das Symbol klicken und es per Drag&Drop an die gewünschte neue Position ziehen.**

   Beispielsweise könnten Sie das Symbol direkt links neben der E-Mail-Adresse im Lebenslauf ablegen, wie in Abbildung 2.13 dargestellt.

Abbildung 2.13: Das E-Mail-Symbol neben der E-Mail-Adresse in meinem Lebenslauf

Wenn Ihre Grafik zu klein zum Verschieben ist und Sie nur die Möglichkeit haben, ihre Größe zu ändern, klicken Sie einmal auf das Symbol. Daraufhin wird ein Verschiebesymbol (mit Richtungspfeilen, wie am Seitenrand dargestellt) angezeigt. Statt wie in Schritt 7 auf das E-Mail-Symbol zu klicken, klicken Sie auf das Verschiebesymbol und ziehen Sie Ihr Symbol dann an die gewünschte Position.

8. **Wiederholen Sie die Schritte 1–7 und ersetzen Sie dabei den Suchbegriff `E-Mail-Symbol` durch den Begriff `Telefon-Symbol` und dann noch einmal durch den Begriff `Adresssymbol` in der Suchleiste oben in der erweiterten Seitenleiste von ELEMENTE.**

Wenn Sie die Schritte 1 bis 7 für alle drei Symbole befolgt haben, sollte Ihr Lebenslauf schon sehr viel interessanter wirken und ähnlich wie im Beispiel in Abbildung 2.14 aussehen.

Abbildung 2.14: E-Mail-, Telefon- und Adresssymbole an den entsprechenden Stellen

In der Seitenleiste ELEMENTE können Sie neben den Grafiken, die ich in diesem Abschnitt zeige (siehe das horizontale Menü unter der Suchleiste rechts in Abbildung 2.11), noch viele andere Elementtypen erkunden, darunter Fotos, Rahmen, Videos und mehr. Keine Sorge – ich beschreibe diese Elementtypen in den Kapiteln 3 und 4. Womöglich sind Sie aber auch technologiebegeistert, dann können Sie mit dem KI-Bildgenerator experimentieren, dessen Verwendung ich in Kapitel 8 beschreibe.

Ihr Design mit den Text- und Marken-Seitenleisten anpassen

Wenn Sie alle vorherigen Abschnitte in diesem Kapitel nachvollzogen haben, wird in Ihrem Canva-Editor ein relativ allgemeiner Lebenslauf geladen, dem ein paar auflockernde Symbole für E-Mail-Adresse, Telefonnummer und Adresse hinzugefügt wurden. Aber wie passen Sie Ihren Lebenslauf an, um Ihre erstaunliche Canva-Erfahrung zu vermitteln?

In diesem Abschnitt helfe ich Ihnen, Ihren Lebenslauf anzupassen. Sie werden die Seitenleiste TEXT nutzen, um Ihren Lebenslauf mit Text zu versehen, der hervorsticht und Aufmerksamkeit erregt. Um mit der Bearbeitung Ihres Lebenslaufs zu beginnen, klicken Sie zunächst auf das Textsymbol in der linken Navigationsleiste. Die Seitenleiste TEXT wird erweitert und zeigt Text- und Schriftartoptionen an, wie in Abbildung 2.15 dargestellt.

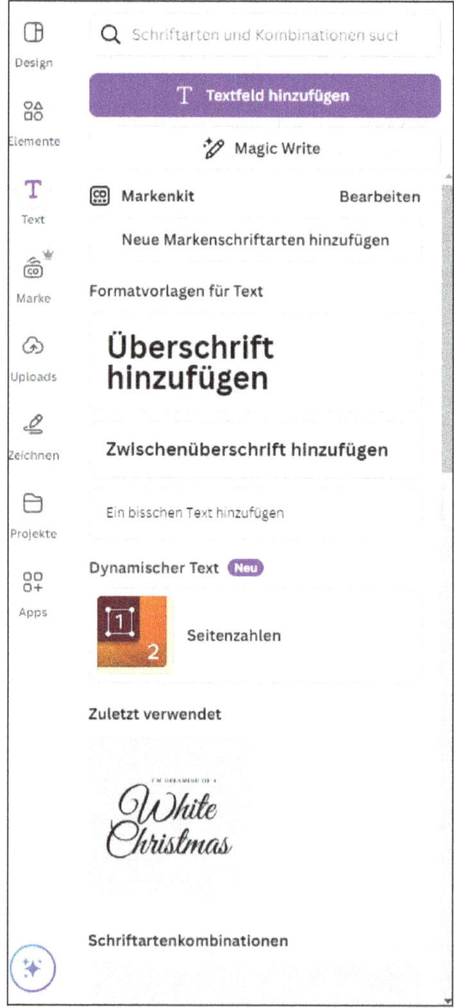

Abbildung 2.15: Die Seitenleiste »Text«

Die Optionen der Seitenleiste »Text«

In der Seitenleiste TEXT finden Sie verschiedene Optionen, mit denen Sie Ihr Dokument attraktiver gestalten können:

- **Das Suchfeld.** Genau wie in anderen Seitenleisten (zum Beispiel ELEMENTE) finden Sie oben ein Suchfeld. In der Seitenleiste TEXT suchen Sie damit nach bestimmten Schriftarten, die Sie im Text Ihres Dokuments verwenden möchten.

  Um nach einer Schriftart zu suchen, geben Sie einfach den Namen der Schriftart in die Suchleiste ein. Klicken Sie dann auf den Namen der Schriftart oder ziehen Sie ihn in Ihr Dokument. In Ihrem Dokument wird nun Beispieltext in der von Ihnen ausgewählten Schriftart angezeigt, den Sie bearbeiten können (siehe Abbildung 2.16). Wie das geht, zeige ich später in diesem Abschnitt.

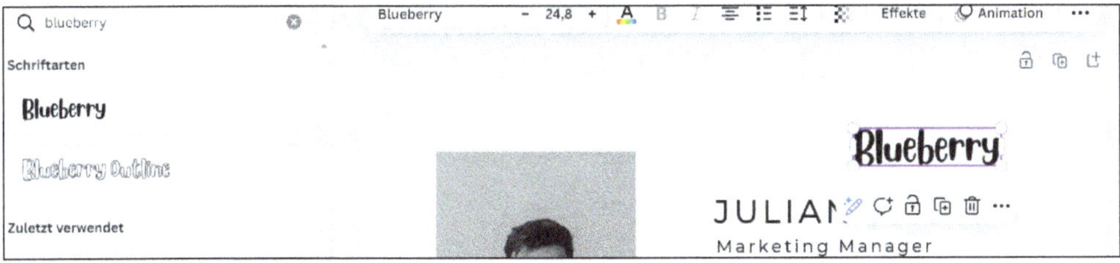

Abbildung 2.16: Wenn Sie auf die Schriftart Blueberry klicken, wird in Ihrem Dokument Text in der Schriftart Blueberry angezeigt.

- **Schaltfläche TEXTFELD HINZUFÜGEN.** Klicken Sie auf die Schaltfläche TEXTFELD HINZUFÜGEN unter dem Suchfeld und ziehen Sie sie in Ihr Dokument. Das Textfeld wird mit dem Standardtext `Dein Abschnittstext` in der Hauptschriftart Ihres Dokuments angezeigt, wie in Abbildung 2.17 dargestellt. Sie können diesen Text später bearbeiten.

Abbildung 2.17: Klicken Sie auf das Textfeld, um Ihrem Dokument Text hinzuzufügen.

- **Markenunterlagen.** Der Abschnitt MARKENUNTERLAGEN der Registerkarte TEXT ermöglicht es Ihnen, Schriftarten und Farben zu verwenden, die den stilistischen Richtlinien der Marken entsprechen, für die Sie Projekte erstellen. Wenn Sie in Canva bereits Markenrichtlinien zugeordnet haben (ich zeige Ihnen in Kapitel 4, wie das geht), finden Sie in diesem Abschnitt vorhandene Markenschriftarten, die Ihre Markenfarben aufweisen. Oder Sie können auf die Schaltfläche NEUE MARKENSCHRIFTARTEN HINZUFÜGEN klicken, um ein Dialogfeld mit all Ihren vorhandenen Markenschriftarten zu öffnen.

- ✔ **Standardtextarten.** Dieser Bereich listet den Text in den vorgegebenen Textarten Ihrer gewählten Vorlage auf. Um einen Standardstil in Ihrem Dokument zu verwenden, klicken Sie einfach auf den Text mit dem gewünschten Stil.
- ✔ **Zuletzt verwendet.** In diesem Bereich werden alle zuletzt verwendeten Schriftarten und Schriftartenkombinationen aufgelistet. Klicken Sie wie in den vorherigen Aufzählungspunkten auf eine dieser Schriftarten oder Kombinationen, um sie in Ihr Dokument einzufügen.
- ✔ **Schriftartenkombinationen.** Dabei handelt es sich um Kombinationen von Schriftarten (verschiedene Farben, Größen und Schriftarten), aus denen Sie wählen können. Sie wurden bereits von professionellen Designern geprüft und können Ihrem Dokument eine besondere Wirkung verleihen. Hier ein lustiges Beispiel:

1. Wählen Sie einfach zum Spaß Ihre bevorzugte Schriftartenkombination aus der Seitenleiste TEXT aus und ziehen Sie sie in Ihr Dokument. Oder suchen Sie nach dem Begriff `Cheers to the New Year`, um eine Kombination wie in Abbildung 2.18 gezeigt zu finden.

Abbildung 2.18: Die Schriftartkombination »Cheers to the New Year«

2. Doppelklicken Sie auf das Wort CHEERS und ändern Sie es in `Canva`. Doppelklicken Sie dann auf den Ausdruck TO THE NEW YEAR und ändern Sie ihn in `Jesse Stay^Certified`.

Herzlichen Glückwunsch! Ihr Lebenslauf enthält nun eine offizielle Bescheinigung, die Sie selbst entworfen haben. Sie sollte etwa wie in Abbildung 2.19 gezeigt aussehen. In Kapitel 5 zeige ich Ihnen, wie Sie Ihren Lebenslauf ausdrucken.

Abbildung 2.19: Fügen Sie die Canva- Zertifizierung »Jesse Stay^Certified« in Ihren Lebenslauf ein.

Das Erscheinungsbild Ihres Textes anpassen

In der Seitenleiste TEXT stehen Ihnen zahlreiche Textwerkzeuge zur Verfügung. Wie wäre es also mit der Anpassung Ihres eigentlichen Lebenslauftextes? In diesen Abschnitten zeige ich Ihnen, wie Sie den Text und die Schriftarten Ihrer Canva-Dokumente im Editor bearbeiten, hinzufügen und ändern.

Mit Auswahlen in der Seitenleiste TEXT arbeiten

Um diesen Lebenslauf individuell anzupassen, gehen Sie wie folgt vor:

1. **Wählen Sie ein beliebiges Textelement in Ihrem Dokument durch einen Klick aus.**

   Im Beispiel in Abbildung 2.20 (links) wähle ich den Namen im Lebenslauf aus, der aktuell noch angezeigt wird.

Abbildung 2.20: Den vorgegebenen Namen in der Lebenslaufvorlage auswählen

2. **Doppelklicken Sie auf den ausgewählten Text, den Sie bearbeiten möchten.**

   Der gesamte Text ist jetzt blau hervorgehoben, wie rechts in Abbildung 2.20 gezeigt.

3. **Geben Sie den neuen Text ein, um diesen Vorgabetext zu ersetzen.**

   In diesem Fall ändere ich den Namen, indem ich `Jesse Stay` eingebe. Sie sollten den Namen, der in Ihrer vorhandenen Lebenslaufvorlage steht, natürlich in Ihren eigenen Namen ändern.

Sie können in jedem Bereich der Lebenslaufvorlage Textfelder hinzufügen oder den Text ändern, um Ihre eigenen Daten einzugeben.

4. **Passen Sie Schriftart und Farben des Textes an.**

   Wenn Sie Text markiert haben, können Sie über die Optionen im oberen Menü des Editor-Arbeitsbereichs die Schriftart ändern und die Farben anpassen. Um Ihr Editor-Dokument zu vergrößern (was die Anzeige Ihrer Menüoptionen erleichtert), können Sie die Seitenleiste TEXT jederzeit durch einen Klick auf den Zurück-Pfeil auf der rechten Seite der Seitenleiste ausblenden. Im nächsten Abschnitt finden Sie alle Optionen zum Bearbeiten von Text, der oben im Editor-Dokument in der Symbolleiste TEXT angezeigt wird.

5. **Wiederholen Sie die Schritte 1–5, um Ihren Lebenslauf mit den entsprechenden Informationen zu vervollständigen.**

   Fügen Sie Ihre relevanten Informationen hinzu und passen Sie Ihren Lebenslauf nach Herzenslust an!

Wenn Sie alle Schritte befolgt haben, sollte Ihr Name jetzt wie in meinem Lebenslauf ganz oben stehen, wie in Abbildung 2.21 dargestellt. Denken Sie daran, in den Bereichen für Berufserfahrung, berufliche Fähigkeiten oder Ausbildung Text für alle Ihre anderen Berufserfahrungen, Fähigkeiten, Ausbildungen und Ihre neu gewonnene Canva-Erfahrung aus diesem Buch hinzuzufügen. Und keine Sorge: Wie Sie das Foto für Ihren Lebenslauf ändern, zeige ich Ihnen im Abschnitt *Eigene Fotos und andere Medien über die Seitenleiste Uploads hinzufügen.*

Mit der Text-Symbolleiste arbeiten

Sie haben zahlreiche Optionen zum Ändern des Texts in Ihrem Dokument. Diese finden Sie in der TEXT-Symbolleiste oben im Arbeitsbereich Ihres Canva-Editors. Um sie zu verwenden, markieren Sie einfach einen beliebigen Text in Ihrem Dokument. Die Textsymbolleiste (siehe Abbildung 2.22) wird oben angezeigt. In Tabelle 2.1 finden Sie die in der Textsymbolleiste verfügbaren Optionen zum Ändern Ihres markierten Textes.

Ihren Stil über die Seitenleisten »Marke« und »Zeichnen« anzeigen

Wenn Sie für ein Unternehmen oder eine andere Organisation arbeiten, die eine bestimmte Marke oder einen Styleguide hat, und damit die Verwendung bestimmter Farben, Schriftarten und Stile vorgeben oder wenn Sie ein genehmigtes Logo für Ihre Organisation benötigen, können Sie in der Seitenleiste MARKE alles einrichten und darauf zugreifen, was mit der Marke Ihrer Organisation zu tun hat. Auf die Seitenleiste MARKE gehe ich in Kapitel 4 genauer ein.

Darüber hinaus bietet Ihnen die Seitenleiste ZEICHNEN von Canva einen vielseitigen Satz an Tools zum Hinzufügen handgezeichneter Elemente zu Ihren Designs.

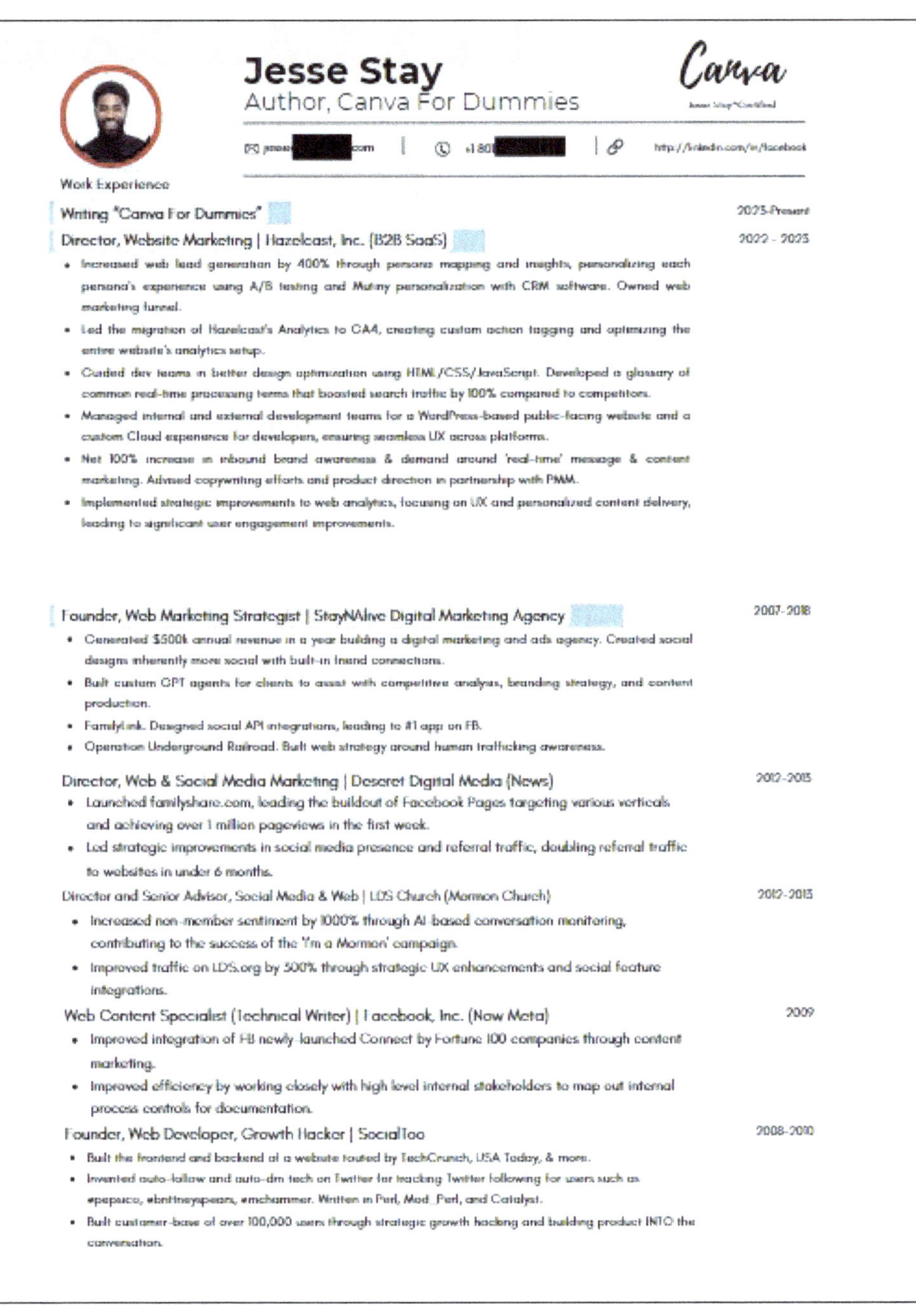

Jesse Stay

Author, Canva For Dummies

Canva

http://linkedin.com/in/facebook

Work Experience

Writing "Canva For Dummies" — 2025-Present

Director, Website Marketing | Hazelcast, Inc. (B2B SaaS) — 2022 - 2025

- Increased web lead generation by 400% through persona mapping and insights, personalizing each persona's experience using A/B testing and Mutiny personalization with CRM software. Owned web marketing funnel.
- Led the migration of Hazelcast's Analytics to GA4, creating custom action tagging and optimizing the entire website's analytics setup.
- Guided dev teams in better design optimization using HTML/CSS/JavaScript. Developed a glossary of common real-time processing terms that boosted search traffic by 100% compared to competitors.
- Managed internal and external development teams for a WordPress-based public-facing website and a custom Cloud experience for developers, ensuring seamless UX across platforms.
- Net 100% increase in inbound brand awareness & demand around 'real-time' message & content marketing. Advised copywriting efforts and product direction in partnership with PMM.
- Implemented strategic improvements to web analytics, focusing on UX and personalized content delivery, leading to significant user engagement improvements.

Founder, Web Marketing Strategist | StayNAlive Digital Marketing Agency — 2007-2018

- Generated $500k annual revenue in a year building a digital marketing and ads agency. Created social designs inherently more social with built-in friend connections.
- Built custom GPT agents for clients to assist with competitive analysis, branding strategy, and content production.
- FamilyLink. Designed social API integrations, leading to #1 app on FB.
- Operation Underground Railroad. Built web strategy around human trafficking awareness.

Director, Web & Social Media Marketing | Deseret Digital Media (News) — 2012-2015

- Launched familyshare.com, leading the buildout of Facebook Pages targeting various verticals and achieving over 1 million pageviews in the first week.
- Led strategic improvements in social media presence and referral traffic, doubling referral traffic to websites in under 6 months.

Director and Senior Advisor, Social Media & Web | LDS Church (Mormon Church) — 2012-2015

- Increased non-member sentiment by 1000% through AI-based conversation monitoring, contributing to the success of the 'I'm a Mormon' campaign.
- Improved traffic on LDS.org by 500% through strategic UX enhancements and social feature integrations.

Web Content Specialist (Technical Writer) | Facebook, Inc. (Now Meta) — 2009

- Improved integration of FB newly-launched Connect by Fortune 100 companies through content marketing.
- Improved efficiency by working closely with high level internal stakeholders to map out internal process controls for documentation.

Founder, Web Developer, Growth Hacker | SocialToo — 2008-2010

- Built the frontend and backend of a website touted by TechCrunch, USA Today, & more.
- Invented auto-follow and auto-dm tech on Twitter for tracking Twitter following for users such as @pepsico, @britneyspears, @mchammer. Written in Perl, Mod_Perl, and Catalyst.
- Built customer-base of over 100,000 users through strategic growth hacking and building product INTO the conversation.

Abbildung 2.21: Ein vollständig ausgefüllter Lebenslauf

Nyutro Sans – 12 + A B I U S aA Effekte Animation Position

Abbildung 2.22: Die Text-Symbolleiste

Option	Was sie bewirkt
Dropdown-Liste SCHRIFTART	Bietet eine Auswahl für die Schriftart, die Sie verwenden möchten.
Schriftgröße	Ermöglicht das Ändern der Schriftgröße.
Textfarbe	Öffnet eine Seitenleiste, in der Sie die Farbe Ihres Textes auswählen können.
Fett	Zeichnet den Text fett aus.
Kursiv	Zeichnet den Text kursiv aus.
Unterstrichen	Zeichnet den Text unterstrichen aus.
Durchgestrichen	Zeichnet den Text durchgestrichen aus.
Großbuchstaben	Schaltet den Text zwischen Groß- und Kleinschreibung um.
Ausrichtung	Richtet den Text linksbündig, zentriert, rechtsbündig oder im Blocksatz aus.
Liste	Wandelt den Text in eine Aufzählungsliste um.
Abstand	Öffnet ein Dropdown-Menü, in dem Sie Buchstaben- und Zeilenabstand sowie die Textposition (oben, mittig oder unten) auswählen können.
Auswirkung	Öffnet eine Seitenleiste, in der Sie Texteffekte auswählen können (Schatten, Umrisse und so weiter).
Animation	Öffnet eine Seitenleiste, in der Sie Animationseffekte auswählen können (Springen, Ausblenden und so weiter).
Position	Öffnet eine Seitenleiste, in der Sie auswählen können, wie das ausgewählte Textfeld angeordnet werden soll (oben, mittig, unten, eine Ebene nach oben, eine Ebene nach unten und so weiter) oder wie der Text im Dokument ausgerichtet werden soll (links, mittig, rechts im gesamten Dokument).
Transparenz	Hier können Sie festlegen, wie transparent das ausgewählte Objekt/der ausgewählte Text sein soll.
Stil kopieren	Kopiert den Stil (Schriftart und Schriftgröße) des ausgewählten Textes in die Zwischenablage Ihres Computers, sodass Sie ihn auf eine andere Textauswahl anwenden können.
Sperren	Ermöglicht das Fixieren des ausgewählten Textfelds an seiner aktuellen Position im Dokument.

Tabelle 2.1: Optionen der Text-Symbolleiste

Eigene Fotos und andere Medien über die Seitenleiste »Uploads« hinzufügen

Durch die Einbindung persönlicher Medien wie eigener Fotos und Videos in Ihre Designs können Sie Ihre Kreationen wirklich einzigartig und auf Ihre Bedürfnisse zugeschnitten gestalten. Canva macht es Ihnen leicht, Ihre eigenen Bilder und Videos hochzuladen und zu verwenden, und dies zusammen mit seiner umfangreichen Ressourcenbibliothek.

So verwalten Sie Ihre Medien mithilfe der Seitenleiste UPLOADS:

1. **Öffnen Sie Ihr Canva-Design oder eine neue Vorlage.**

   Weitere Informationen zum Öffnen vorhandener oder zum Erstellen neuer Designs und Vorlagen finden Sie in Kapitel 1 oder im Abschnitt *Projekte mithilfe der Design-Seitenleiste anpassen* weiter vorn in diesem Kapitel.

2. **Klicken Sie auf das UPLOADS-Symbol, das Sie im linken Navigationsmenü finden.**

   Das UPLOADS-Symbol ähnelt einer Wolke mit einem nach oben gerichteten Pfeil. Wenn Sie darauf klicken, wird die Seitenleiste UPLOADS angezeigt (siehe Abbildung 2.23).

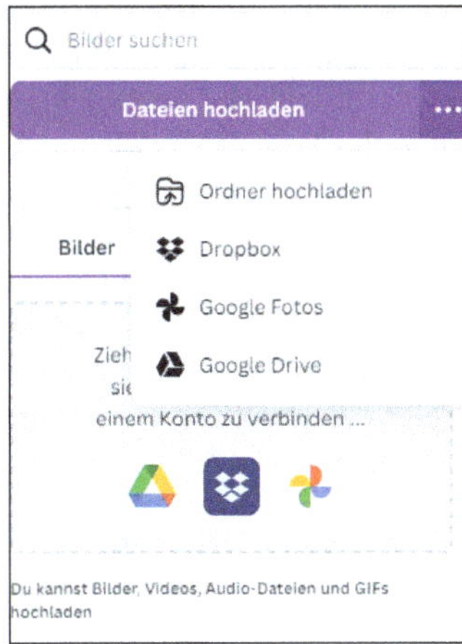

Abbildung 2.23: Verwenden Sie die Schaltfläche »Dateien hochladen«, um Dateien von Ihrem Computer oder anderen Quellen zu übertragen.

3. **Wählen Sie Ihre Option zum Hochladen der gewünschten Dateien, um sie Ihrem Dokument hinzuzufügen.**

   Sie können:

   - auf die Schaltfläche DATEIEN HOCHLADEN klicken, um etwas aus Ihrem eigenen Speicher hochzuladen.
   - Folgen Sie den Anweisungen, um die Bilder, Videos oder Audiodateien auszuwählen, die Sie hochladen möchten. Sie können mehrere Dateien auswählen. Drücken Sie dann die ↵ auf Ihrer Tastatur.

Wenn der Lebenslauf, den Sie in diesem Kapitel erstellen, Platz für ein Foto bietet, nutzen Sie diese Gelegenheit, um ein Foto von sich hochzuladen und es Ihrem Lebenslauf hinzuzufügen.

   - die Quelle Ihrer Dateien durch einen Klick auf die drei Punkte neben der Schaltfläche DATEIEN HOCHLADEN auswählen (siehe Abbildung 2.23).

Sie können dann direkt von anderen Plattformen wie Google Drive, Dropbox oder Facebook etwas hochladen, wenn Sie eine Verknüpfung zu diesen Diensten hergestellt haben.

4. **Warten Sie, bis der Upload abgeschlossen ist.**

   Sie können den Upload-Fortschritt in der Leiste unter jeder Datei verfolgen. Nach dem Hochladen werden Ihre Dateien auf der Registerkarte UPLOADS angezeigt und sind einsatzbereit.

5. **Verwenden Sie Ihre hochgeladenen Mediendateien in Ihren Designs.**

   Hier ein paar Dinge, die Sie mit jedem Medientyp ausprobieren können:

   - *Ziehen Sie Ihr hochgeladenes Bild oder Video per Drag&Drop auf Ihr Dokument.* Sie können ein vorhandenes Element – beispielsweise ein Foto – ersetzen, indem Sie Ihr hochgeladenes Foto direkt auf das vorhandene Element ziehen.

Wenn Sie mit dem Erstellen des Lebenslaufs begonnen haben, wie im Abschnitt *Die richtige Vorlage auswählen* weiter vorn in diesem Kapitel beschrieben, können Sie Ihr Foto hochladen und es Ihrer Vorlage hinzufügen oder das Standardfoto ersetzen. In diesem Fall haben Sie jetzt einen vollständigen Lebenslauf mit Foto und allem Drum und Dran! Abbildung 2.24 zeigt das Ergebnis, wenn Sie das Standardfoto in der Vorlage durch mein Foto ersetzen.

   - *Passen Sie Größe und Position an oder drehen Sie Ihre Medien,* indem Sie auf die Ecken oder Seiten des Bild- oder Videorahmens klicken und sie in die gewünschte Richtung ziehen.

Wenn Sie mit dem Inhalt Ihres Lebenslaufs zufrieden sind, sollten Sie alle Ihre Änderungen speichern. Canva speichert Ihre Arbeit automatisch, aber um sicherzugehen, können Sie auf die Registerkarte DATEI oben links im Arbeitsbereich Ihres Editors klicken und SPEICHERN oder IN ORDNER SPEICHERN auswählen, damit Ihre letzten Änderungen sicher gespeichert werden. Falls Sie mit einem Team arbeiten, können Sie in Canva Pro frühere Versionen Ihres Designs einsehen. Dies ist hilfreich, wenn mehrere Personen an einem Dokument arbeiten.

Jesse Stay
Author, Canva For Dummies

Canva

http://linkedin.com/in/facebook

Work Experience

Writing "Canva For Dummies" 2023-Present

Director, Website Marketing | Hazelcast, Inc. (B2B SaaS) 2022 - 2023

- Increased web lead generation by 400% through persona mapping and insights, personalizing each persona's experience using A/B testing and Mutiny personalization with CRM software. Owned web marketing funnel.
- Led the migration of Hazelcast's Analytics to GA4, creating custom action tagging and optimizing the entire website's analytics setup.
- Guided dev teams in better design optimization using HTML/CSS/JavaScript. Developed a glossary of common real-time processing terms that boosted search traffic by 100% compared to competitors.
- Managed internal and external development teams for a WordPress-based public-facing website and a custom Cloud experience for developers, ensuring seamless UX across platforms.
- Net 100% increase in inbound brand awareness & demand around 'real-time' message & content marketing. Advised copywriting efforts and product direction in partnership with PMM.
- Implemented strategic improvements to web analytics, focusing on UX and personalized content delivery, leading to significant user engagement improvements.

Founder, Web Marketing Strategist | StayNAlive Digital Marketing Agency 2007-2018

- Generated $500k annual revenue in a year building a digital marketing and ads agency. Created social designs inherently more social with built-in friend connections.
- Built custom GPT agents for clients to assist with competitive analyses, branding strategy, and content production.
- FamilyLink: Designed social API integrations, leading to #1 app on FB.
- Operation Underground Railroad: Built web strategy around human trafficking awareness.

Director, Web & Social Media Marketing | Deseret Digital Media (News) 2012-2015

- Launched familyshare.com, leading the buildout of Facebook Pages targeting various verticals and achieving over 1 million pageviews in the first week.
- Led strategic improvements in social media presence and referral traffic, doubling referral traffic to websites in under 6 months.

Director and Senior Advisor, Social Media & Web | LDS Church (Mormon Church) 2012-2015

- Increased non-member sentiment by 1000% through AI-based conversation monitoring, contributing to the success of the 'I'm a Mormon' campaign.
- Improved traffic on LDS.org by 500% through strategic UX enhancements and social feature integrations.

Web Content Specialist (Technical Writer) | Facebook, Inc. (Now Meta) 2009

- Improved integration of FB newly launched Connect by Fortune 100 companies through content marketing.
- Improved efficiency by working closely with high level internal stakeholders to map out internal process controls for documentation.

Founder, Web Developer, Growth Hacker | SocialToo 2008-2010

- Built the frontend and backend of a website touted by TechCrunch, USA Today, & more.
- Invented auto-follow and auto-dm tech on Twitter for tracking Twitter following for users such as @pepsico, @britneyspears, @mchammer. Written in Perl, Mod_Perl, and Catalyst.
- Built customer-base of over 100,000 users through strategic growth hacking and building product INTO the conversation.

Abbildung 2.24: Mein fertiger Lebenslauf mit meiner glänzenden Glatze und allem!

IN DIESEM KAPITEL

Die Ziele hinter Ihren Projekten identifizieren

Die Funktionen von Canva nutzen

Gestaltungsprinzipien erkunden

Als Designer Fuß fassen

Kapitel 3
Canva-Designer werden

Sie meinen, Sie brauchen einen Abschluss in Grafikdesign, um professionell aussehende Bilder zu erstellen? Dann irren Sie sich! Canva ist so aufgebaut, dass wunderbare Grafikdesigns und Drucke für jeden zugänglich sind, unabhängig von Ihrem Erfahrungsniveau.

In diesem Kapitel zeige ich Ihnen, wie Sie die besten Designansätze der Profis nutzen können – und das alles auf der benutzerfreundlichen Plattform von Canva. Ich bringe Ihnen die Grundlagen guter Designprinzipien bei und gebe Ihnen Tipps, wie Sie Ihre Kreationen mithilfe der leistungsstarken Tools von Canva ins rechte Licht rücken.

Machen Sie sich bereit, mit Selbstvertrauen und Know-how atemberaubende Designs zu erstellen, die aussehen, als wären sie von einem Profi gemacht. Es ist Zeit, mit Canva den Designer in Ihnen zu wecken! Beachten Sie bei allen Designs, die Sie mit Canva erstellen, die geltenden Urheber- und Markenrechte. Besonders bei kommerziellen Projekten ist es wichtig, dass verwendete Bilder, Schriften oder Grafiken entsprechend lizenziert sind.

Designziele festlegen

Der erste Schritt eines jeden professionellen Designers besteht darin, den Zweck der von ihm erstellten Designs zu verstehen. Bevor Sie sich in die Erstellung Ihres nächsten Canva-Meisterwerks stürzen, müssen Sie – auch als Amateur – eine klare Vorstellung davon haben, was Sie erreichen möchten. Dazu müssen Sie Ihre Designziele definieren, damit Sie konzentriert bleiben und zielgerichtet arbeiten können.

In diesem Abschnitt stelle ich Ihnen die Tools und Techniken von Canva vor, mit denen Sie konkrete, erreichbare Ziele festlegen können, die mit Ihrer Gesamtvision übereinstimmen – egal, ob Sie ein Markenimage erstellen, ein Statement in den sozialen Medien abgeben oder

Inhalte für Schüler vorbereiten. Es ist Zeit, Ihre Designziele klarzustellen und die Voraussetzungen für den Erfolg zu schaffen!

Das Unternehmen Canva fördert Kreativität und Experimentierfreude bei jeder Funktion, die es in der Canva-App veröffentlicht. Deshalb sollten Sie bei der Festlegung Ihrer Designziele einige Zeit damit verbringen, einfach in Canva herumzuspielen und herumzubasteln, um zu sehen, wie es Ihren persönlichen Bedürfnissen am besten entspricht. Falls Sie Canva im beruflichen Kontext einsetzen, sollten Ihre Designziele auch Aspekte wie Barrierefreiheit und DSGVO-Konformität berücksichtigen, insbesondere wenn personenbezogene Daten verarbeitet oder veröffentlicht werden.

Hier ein paar Aufgaben, mit denen Sie Canva im Hinblick auf Ihre eigenen Projekte erkunden können. (Um sich die einzelnen Aufgaben genauer anzusehen, lesen Sie in Kapitel 2 nach.)

- ✔ **Wählen Sie eine Vorlage aus.** Wählen Sie aus einer Reihe von Vorlagen – zum Beispiel Layouts für Familien-Scrapbooks oder weihnachtliche Motive – diejenige aus, die am besten zum Thema Ihres Projekts passt.
- ✔ **Personalisieren Sie Ihre Vorlage.** Laden Sie Ihre eigenen Fotos hoch, ändern Sie den Text und optimieren Sie die Farben, um Ihren persönlichen Stil und Ihre Vision für das Projekt widerzuspiegeln.
- ✔ **Probieren Sie die Funktionen aus.** Mit der Drag&Drop-Funktion von Canva fügen Sie ausgefallene Sticker oder elegante Hintergründe hinzu (siehe Abbildung 3.1) und

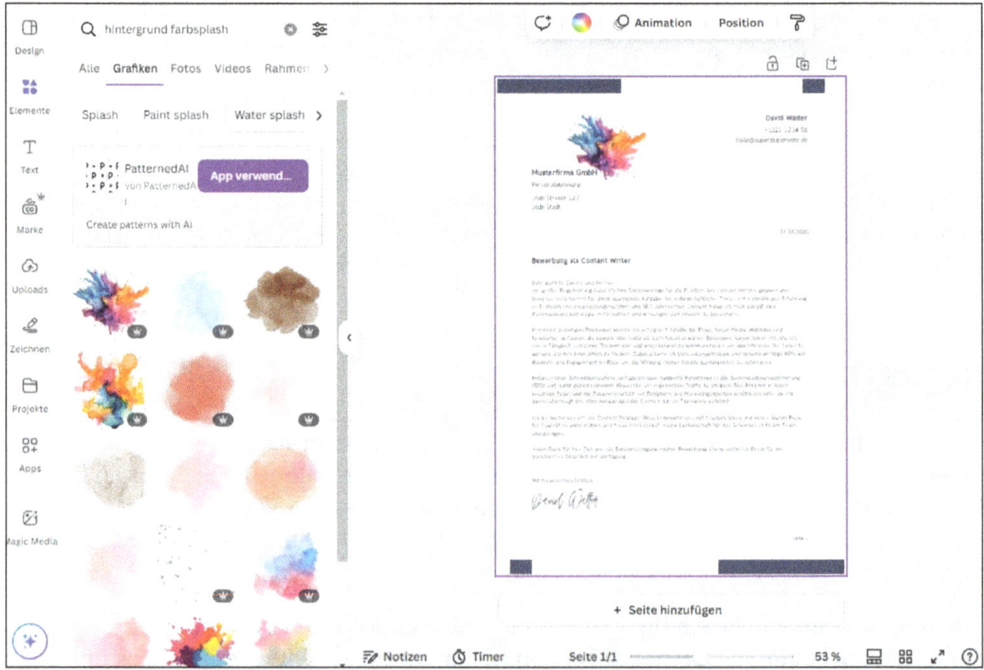

Abbildung 3.1: Experimentieren Sie mit Hintergrundgrafiken in der Seitenleiste »Elemente«, um dem Ganzen etwas Schwung zu verleihen.

Ihrem Projekt so eine persönliche Note zu geben, die Ihren Stil perfekt ausdrückt. Fügen Sie Text hinzu, ändern Sie die Schriftart oder testen Sie, ob Sie die Grafiken in Ihrem Projekt mithilfe künstlicher Intelligenz bearbeiten können. Bei Designs für Social Media müssen Sie für alle Inhalte (Bilder, Musik, Videos) die Nutzungsrechte für die jeweilige Plattform besitzen. In der EU gelten zudem spezielle Kennzeichnungspflichten für Werbung und Kooperationen.

Aufbau Ihrer professionellen Marke

Da Sie dieses Buch lesen, denke ich, dass Sie vielleicht schnell und einfach ein Design für das Unternehmen oder die Organisation entwerfen müssen, für die Sie arbeiten, oder für die Schule oder den Verein, dem Sie angehören. Oder vielleicht möchten Sie einfach nur einen Lebenslauf und ein Anschreiben für sich selbst erstellen, wie ich Ihnen in den Kapiteln 1 und 2 zeige. In jedem Fall sollte die Kenntnis der Marke – Ihrer eigenen persönlichen Marke oder der Marke der Organisation, der Sie angehören – jeden Teil jedes Designs, das Sie erstellen, bestimmen. Markenbewusstsein ist entscheidend, um die Werte, die Sie (oder Ihre Organisation) vertreten, wirksam zu kommunizieren.

In Kapitel 4 gehe ich ausführlicher auf die Verwendung der Branding-Tools von Canva ein. Hier jedoch einige Ideen, die Ihnen dabei helfen sollen, bei der Darstellung der Marke oder der Marken, die Sie repräsentieren, konsistent zu bleiben:

- ✔ **Erkundigen Sie sich bei Ihrem Unternehmen, Ihrer Schule oder Organisation nach den Markenrichtlinien.** Bei etablierten Organisationen oder Schulen gibt es wahrscheinlich bereits Markenrichtlinien, die Sie bei Ihren kreativen Projekten einhalten müssen. Zu den Markenelementen können die Farben gehören, die Sie verwenden müssen, die richtige Platzierung des Firmenlogos und sogar der Stil und Ton der Kommunikation, die Ihr Projekt präsentiert.

Einige Markenelemente sind für den Schutz der Marken und des geistigen Eigentums der Organisation, mit der Sie zusammenarbeiten, von entscheidender Bedeutung. Die Einhaltung der Markenrichtlinien schützt nicht nur die Organisation, sondern gibt Ihnen auch Formatierungsrichtlinien, die dazu beitragen, ein ansprechendes und einheitliches Design für Ihre Projekte sicherzustellen.

Ein Beispiel für Markenrichtlinien eines Unternehmens finden Sie in Abbildung 3.2. Sie können Ihre eigenen Richtlinien als Markenunterlagen erstellen, indem Sie den Anweisungen folgen und diese Vorlage unter `https://jessestay.com/canvabook` herunterladen.

- ✔ **Achten Sie auf Konsistenz.** Verwenden Sie Ihre Markenfarben und -schriften einheitlich in allen Materialien, um den Wiedererkennungswert Ihrer Marke zu steigern. Diese Konsistenz lässt Ihre Geschäftsmaterialien wie Broschüren, Visitenkarten und LinkedIn-Banner elegant und professionell aussehen.
- ✔ **Passen Sie Ihre Botschaft an.** Vermitteln Sie die Kernbotschaften Ihres Unternehmens und Ihrer Branche klar und deutlich. Wenn Sie beispielsweise Immobilienmakler sind, sollten Ihre Designs die Kontaktdaten und die wichtigsten Vorteile Ihrer Dienstleistungen hervorheben.

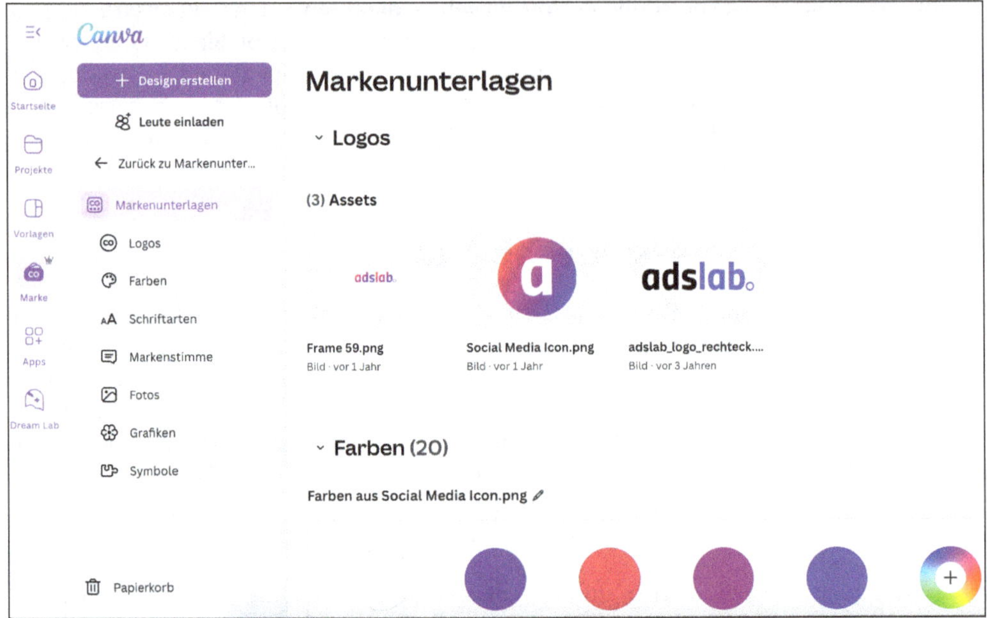

Abbildung 3.2: Die Markenrichtlinien eines Unternehmens inklusive Logos und Farben

Wenn Sie eine vorhandene Canva-Vorlage für Ihre Branche verwenden, ist die Wahrscheinlichkeit groß, dass sie bereits die wesentlichen Elemente enthält, die die Kernbotschaften Ihrer Branche vermitteln. Um Vorlagen nach Branchen zu erkunden, werfen Sie einen Blick auf die Markenunterlagen von Canva (`www.canva.com/work-kits/home/`), die Canva wie folgt beschreibt: »Spezielle Vorlagen und Ressourcen für Marketing, Vertrieb, HR, Creative und Education. Starte dein nächstes Projekt voller Überzeugungskraft – füge einfach deine Inhalte hinzu.«

Mehr Follower in den sozialen Medien

Effektive Grafiken für soziale Medien sind unerlässlich, um in den immer wettbewerbsintensiveren sozialen Feeds hervorzustechen. Wenn Sie wissen, was Sie in sozialen Medien erreichen möchten, kann dies das Ziel beeinflussen, das Sie für Ihr Design festlegen. Hier einige Möglichkeiten, wie Sie in sozialen Medien Aufmerksamkeit erzielen können, wenn Sie Ihren Posts mit Canva visuelle Attraktivität verleihen:

- ✔ **Erstellen Sie überzeugende visuelle Elemente.** Gestalten Sie auffällige Beiträge, die aktuelle Trends widerspiegeln. Informieren Sie sich über Ihre Zielgruppe und die Dinge, die ihre Aufmerksamkeit erregen werden. Wenn Ihre Zielgruppe beispielsweise zur Generation X gehört (die Gruppe der Menschen, die zwischen Mitte der 1960er- und Anfang der 1980er-Jahre geboren wurden), denken Sie darüber nach, was in der Nostalgiewelle für die 80er-Jahre beliebt ist.

Ich empfehle meinen Kunden und meinen Lesern, die ich coache, über die folgende Frage nachzudenken, um das Ziel überzeugender visueller Darstellungen zu identifizieren:

»Wenn ich etwas erschaffen könnte, das sicherstellt, dass mein Publikum *X* macht, sobald es meine Kreation sieht, was würde ich dann entwerfen?«

Setzen Sie für *X* ein, was Sie sich von Ihrem Publikum erhoffen.

- ✔ **Verwenden Sie interaktive Elemente.** Wenn ein Ziel Ihres Social-Media-Projekts darin besteht, das Engagement zu fördern und Ihr Publikum zu einer Reaktion zu bewegen, integrieren Sie interaktive Funktionen wie Quiz oder Umfragen, die Ihre Follower dazu bringen, mit Ihren Inhalten zu interagieren. Ich biete manchmal Lückentexte an und bitte mein Publikum, seine Antwort zu kommentieren. Zum Beispiel: »Mein bevorzugtes soziales Netzwerk ist ______.«

  Sie können eine interaktive Funktion mit einer einfachen Grafik hinzufügen. Sie können Ihr Publikum nicht nur bitten, Ihren Beitrag zu kommentieren oder zu liken (Abbildung 3.3), sondern auch, seine Stimme abzugeben, indem es auf eine Schaltfläche klickt, wie in Abbildung 3.4 gezeigt. So kann Ihr Publikum abstimmen und die Ergebnisse direkt in Instagram sehen!

Für ein Projekt wie das in Abbildung 3.4 gezeigte – eine native Instagram-Umfrage – laden Sie einfach das von Ihnen erstellte Bild von Canva herunter, laden es in Ihre Instagram-Story hoch und legen Ihre eigene native Instagram-Umfrage darüber (wenn Sie Ihre Instagram-Story erstellen, tippen Sie auf die Sticker-Schaltfläche, um einen Sticker hinzuzufügen, und wählen Sie entweder die Option UMFRAGE oder QUIZ, um die interaktive Umfrage über Ihrer Story hinzuzufügen).

Schüler unterrichten

Für Lehrer sind die Zeiten von Tafeln, Whiteboards, Projektoren oder sogar PowerPoint-Präsentationen so gut wie vorbei. Canva ist ein Tool, das traditionelle Lehrmethoden in ansprechende, visuell anregende Materialien verwandelt, die das störende Geräusch von Kreide auf der Tafel vergessen machen.

Fast alle in diesem Buch erwähnten Funktionen stehen Lehrern und Schülern in der Version von Canva for Education zur Verfügung, die für Bildungseinrichtungen kostenlos sein kann. Die Hauptunterschiede, die Ihnen möglicherweise auffallen, sind geringfügige Abweichungen in der Terminologie. Beispielsweise heißen *Teams* aus den Pro- und Teams-Versionen von Canva in Canva for Education *Klassenzimmer*. Bitte beachten Sie, dass bei der Verwendung von Schülerdaten in Canva die Datenschutzbestimmungen Ihrer Schule sowie die geltenden EU-Datenschutzvorgaben (DSGVO) eingehalten werden müssen. Dies gilt insbesondere beim Teilen von Designs, die Namen, Fotos oder andere personenbezogene Daten enthalten.

Abbildung 3.3: Canva-Bilder, die das Engagement des Publikums in sozialen Medien fördern

Abbildung 3.4: Mit Canva-Umfragen können Sie ein Social-Media-Publikum ansprechen und es auf Ihre Website führen.

Hier einige Möglichkeiten, wie Sie Canva in Ihrer Lehrtätigkeit oder sogar in Ihrem Studium (wenn Sie Student sind) einsetzen können, während Sie Ziele dafür festlegen, was Sie gestalten möchten:

- ✔ **Visuelle Hilfsmittel.** Erstellen Sie klare und ansprechende Infografiken, die komplexe Themen erklären, beispielsweise eine farbenfrohe Zeitleiste historischer Ereignisse oder ein anschauliches Diagramm, das einen wissenschaftlichen Prozess darstellt.

Sie möchten etwas visualisieren? Suchen Sie im Canva-Editor unter der Registerkarte ELEMENTE danach. Oft gibt es bereits Infografiken, die dem Inhalt ähneln, den Sie darstellen möchten.

- ✔ **Interaktiver Inhalt.** Ihr Design muss nicht eine nur statische Präsentation sein! Mit Canva können Sie Präsentationen erstellen, die interaktive Elemente enthalten – genau wie bei Social-Media-Posts. Fügen Sie beispielsweise Links ein, auf die die Schüler klicken können, um weitere Informationen zu erhalten oder sogar an einem virtuellen Ausflug teilzunehmen. Wie Sie interaktive Präsentationen wie diese erstellen, zeige ich in Kapitel 10.

Abbildung 3.5 zeigt ein Beispiel einer Website, die ich mithilfe einer einfachen Website-Vorlage sowohl erstellt als auch in Canva gehostet habe. Tatsächlich handelt es sich um genau dieselbe Vorlage wie die Begleitwebsite, die ich für das Buch erstellt habe. Sie können sie live sehen, gehostet auf Canva, und die Vorlage auch herunterladen, um Ihre eigene Version unter `https://jessestay.com/canvabook` zu erstellen. Alle Links im Navigationsmenü oben rechts sind anklickbar und führen die Benutzer durch die Website.

Abbildung 3.5: Eine einfache interaktive Website-Vorlage in Canva

- **Organisierte Layouts.** Fällt es Ihnen schwer, herauszufinden, wie Sie ein Arbeitsblatt für die Schüler am besten gestalten oder wie Sie den Schülern das Ausfüllen eines Tests erleichtern können? Mit Aufzählungszeichen und Textfeldern organisieren Sie Informationen so übersichtlich, dass sie für die Schüler leichter nachvollziehbar und verständlich sind.

- **Schülerpräsentationen.** In Kapitel 1 beschreibe ich ein Beispiel, wie meine eigenen Kinder Canva in der Schule nutzen, um Präsentationen und interessante Kunstwerke für Schulprojekte zu erstellen. Canva kann eine großartige Möglichkeit sein, Ihren eigenen Kindern beizubringen, selbst Grafikdesigner zu werden.

Die Tools und Funktionen von Canva

Jeder gute Künstler braucht einen guten Pinsel. Als ich in der Schule Kunstunterricht bekam, kaufte ich mir ein komplettes Bleistiftset mit verschiedenen Bleistiftarten, mit denen ich meine Kunstwerke skizzierte. Ein professioneller Grafikdesigner verwendet Tools wie Adobe Photoshop, Illustrator, Figma und andere, um seine professionellen Designs zum Leben zu erwecken. Und für mich als Amateurdesigner ist mein bevorzugtes Tool Canva!

In diesem Abschnitt gebe ich einen kurzen Einblick in die Elemente, die Canva zu einem nützlichen Tool machen. Falls noch nicht geschehen, können Sie sich in Kapitel 2 einen Überblick verschaffen, um den Canva-Editor und viele der Tools und Funktionen kennenzulernen, die jedem Canva-Designer zur Verfügung stehen.

Die Bildbibliothek

Die Bildbibliothek von Canva, die Sie unter der Registerkarte ELEMENTE im Canva-Editor finden, bietet eine große Auswahl zur Verbesserung Ihrer Projekte. Und Sie haben eine gute Chance, eine Grafik, ein Bild, ein Stockfoto, ein Video oder eine Clipart für praktisch jedes erdenkliche Element zu finden! Beachten Sie diese wenigen Tipps, wenn Sie die Bildbibliothek erkunden (wie es ein professioneller Designer tun würde) und nach visuellen Elementen suchen, mit denen Sie das Design Ihres Projekts verbessern können:

- **Suchen Sie effektiv.** Verwenden Sie bei der Suche nach Bildern unter der Registerkarte ELEMENTE im Canva-Editor Schlüsselwörter wie ***`Retro`*** oder ***`Minimalistisch`***, um nach Bildern zu suchen, die zur Ästhetik Ihres Projekts passen (siehe Abbildung 3.6).

- **Wählen Sie qualitativ hochwertige Bilder.** Entscheiden Sie sich für Bilder, die Ihr Design auf jeder Plattform klar und professionell aussehen lassen. Erwägen Sie die Anwendung des Magic-Resize-Tools (weitere Informationen finden Sie in Kapitel 5), um herauszufinden, wie Ihr Design in verschiedenen Größen und Formaten für die ausgewählten Bilder aussieht.

- **Bearbeiten Sie das Bild, um Einheitlichkeit zu erzielen.** Nachdem Sie das nahezu perfekte Bild gefunden haben, können Sie es anpassen, um das tatsächlich perfekte Bild zu erhalten. Sie können beispielsweise die Helligkeit und Farbsättigung anpassen oder Filter anwenden, damit die Bilder perfekt zum Ton Ihres Designs passen.

Abbildung 3.6: Suche nach Retro-Designs in Canva für eine Retro-Ästhetik

Text- und Typografie-Tools verwenden

Die richtigen Optionen zum Hinzufügen von Text zu einem Design sind ein wichtiges Werkzeug für jeden guten Grafikdesigner. Die Wahl des richtigen Textes (Schriftart) und der richtigen Typografie (Größe und Aussehen) führt zu Designs, die Ihre Botschaften einprägsam machen. Hier einige Möglichkeiten, wie Sie das Erscheinungsbild Ihres Textes in Canva auswählen können:

- ✔ **Schriftartauswahl.** Wählen Sie Schriftarten, die den Ton Ihrer Botschaft widerspiegeln – eine fette, ausdrucksstarke Schriftart (vielleicht Anton) für Überschriften und eine gut lesbare, dezentere Schriftart (wie Open Sans Light) für den Fließtext. Wenn Ihr Unternehmen bereits Schriftarten in seinen Markenrichtlinien empfiehlt, sollten Sie diese verwenden. Eine hervorragende Liste mit Schriftarten, die gut dazu passen, finden Sie in den Vorschlägen des Canva-Teams unter `www.canva.com/learn/canva-for-work-brand-fonts/`.
- ✔ **Dynamische Textfunktionen.** Experimentieren Sie mit Texteffekten wie Schatten, Hintergrund oder Umriss, um die Hauptpunkte Ihres Designs hervorzuheben, wie in Abbildung 3.7 gezeigt.

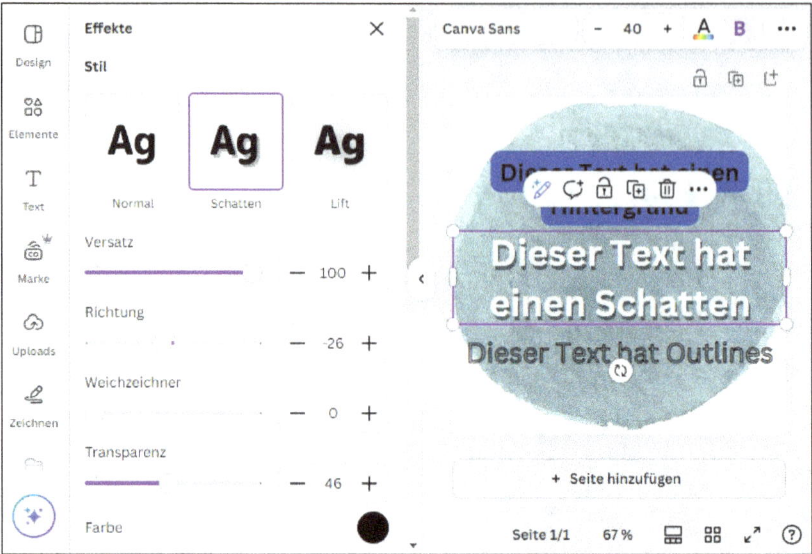

Abbildung 3.7: Durch die Verwendung von Schatten und Umrissen hebt sich Text vom gesamten Hintergrund ab.

✔ **Richtige Ausrichtung.** Achten Sie auf die Ausrichtung Ihres Textes, damit er ordentlich aussieht und gut lesbar ist. Die Ausrichtungstools in Canva können Ihnen dabei helfen, Ihren Text perfekt mit anderen Elementen in Ihrem Design zu positionieren.

Tolle Farbkombinationen finden

Psychologisch gesehen kann Farbe (unabhängig von den Wörtern, die Sie wählen) Emotionen vermitteln und die Stimmung Ihres Designs bestimmen. Wenn Sie neu im Design sind, kann es schwierig sein, die richtigen Farben zu finden. In diesem Abschnitt stelle ich drei einfache Tools vor, mit denen Sie Farbkombinationen finden, die Ihre Designs ins richtige Licht setzen.

Der Farbpalettengenerator von Canva

Die beste Möglichkeit, Farbkombinationen in Canva auszuwählen, ist ein spezielles Tool, das Canva außerhalb der herkömmlichen Canva-Benutzeroberfläche erstellt hat, und das als *Farbpalettengenerator* (»Color palette generator«) bezeichnet wird. So verwenden Sie den Farbpalettengenerator:

1. **Gehen Sie zu `www.canva.com/colors`, klicken Sie auf das Symbol COLOR PALETTE GENERATOR (Farbpalettengenerator), dann auf die Schaltfläche UPLOAD AN IMAGE (Bild hochladen) und folgen Sie den Anweisungen.**

   Der Farbpalettengenerator präsentiert eine Farbpalette (unter dem Bild, das Sie hochladen), die auf den Hauptfarben des Bildes basiert (siehe Abbildung 3.8). Sie können beliebige oder alle Farben der benutzerdefinierten Palette auf Ihr Design anwenden.

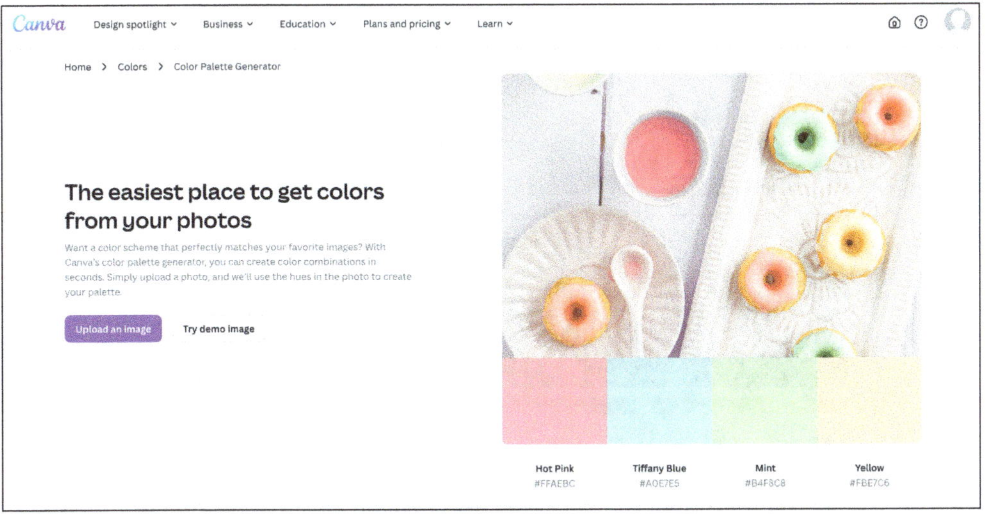

Abbildung 3.8: Der Farbpalettengenerator erstellt eine Palette basierend auf einem hochgeladenen Bild.

Mit dem Farbpalettengenerator können Sie Farben erstellen und darauf zugreifen, um ein einheitliches und optisch ansprechendes Erscheinungsbild zu erzielen. Weitere Informationen zum Anwenden dieser Farben auf die Marke Ihres Unternehmens und zum Branding im Allgemeinen finden Sie in Kapitel 4.

2. **Um eine generierte Farbe zur Verwendung in Ihrem Design auszuwählen, bewegen Sie den Mauszeiger über die gewünschte Farbe in der benutzerdefinierten Palette und klicken Sie, wenn das Wort COPY (Kopieren) angezeigt wird.**

3. **Klicken Sie in Ihrem Canva-Editor auf ein beliebiges Element (Text oder Grafik), auf das Sie die Farbe anwenden möchten.**

   Klicken Sie oben im Editor auf die Kachel FARBE (siehe Abbildung 3.9), um auf das Farbfeld zuzugreifen. Wenn es sich bei dem ausgewählten Element um ein Textelement handelt, wird anstelle der Kachel COLOR (Farbe) das Symbol mit dem Buchstaben A angezeigt.

4. **Fügen Sie die Farbe, die Sie in Schritt 2 kopiert haben, in die Suchleiste oben im Farbfeld ein, um diese Farbe abzurufen. Klicken Sie dann auf die Farbe, um sie auf das ausgewählte Element anzuwenden.**

Der Canva Color Palette Generator ist bisher nur auf Englisch verfügbar. Auch andere Farbtools von Canva wie der Color Wheel oder der Color Meaning Guide sind derzeit nur auf Englisch zugänglich.

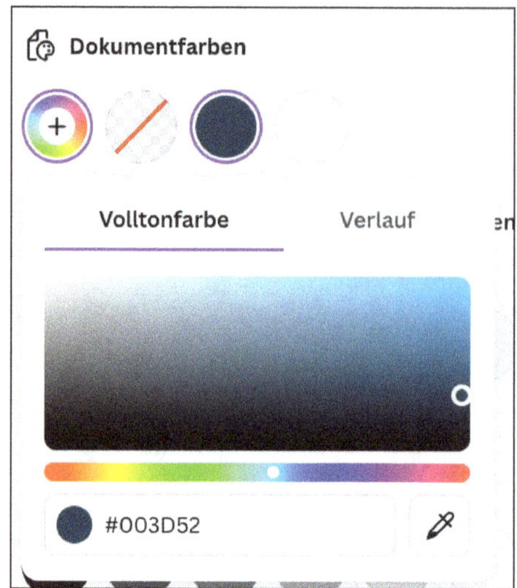

Abbildung 3.9: Die Farbpalette, auf die Sie vom Canva-Editor aus zugreifen

Wenn Sie nicht wissen, welche Farben Sie in Ihrem Design verwenden sollen, stehen Ihnen neben den herkömmlichen Tools von Canva auch andere Optionen zur Verfügung. Coolors.co ist eine wirklich nützliche Website, die Farbschemata für Sie erstellt! Befolgen Sie diese Schritte, um mit dem Erstellen eines Farbschemas für Ihr Design zu beginnen:

1. **Gehen Sie zu Coolors.co, indem Sie `https://coolors.co/` in Ihrer Browserleiste eingeben. Klicken Sie dann auf die Schaltfläche START THE GENERATOR! (Generator starten), um Farbpaletten zu generieren.**

   Abbildung 3.10 zeigt, wie die Paletten aussehen; klicken Sie, so oft Sie möchten, auf die Leertaste, um verschiedene Farbpaletten zu erzeugen.

Abbildung 3.10: Durch Drücken der Leertaste in Coolors.co werden verschiedene Farbpaletten angezeigt.

2. **Wenn Sie eine Farbe sehen, die Ihnen gefällt, sperren Sie sie, indem Sie den Cursor über die Farbe bewegen und auf das Schlosssymbol klicken.**

3. **Drücken Sie die Leertaste erneut, um die restlichen Farben zu mischen.**

4. **Fahren Sie mit dem Sperren und Mischen fort, bis Sie eine Farbkombination finden, die Ihnen gefällt.**

5. **Kopieren Sie die Farbcodes aus Ihrer gesperrten Farbpalette und fügen Sie sie in Canva in das Suchfeld oben im Farbfeld auf der linken Seite Ihres Editors ein.**

   Weitere Informationen zur Verwendung eines Farbcodes durch Kopieren und Einfügen finden Sie auf der rechten Seite von Abbildung 3.9 und im früheren Abschnitt *Der Farbpalettengenerator von Canva.*

Design Seeds

Design Seeds ist ein weiteres großartiges Tool zur Farbinspiration. Auf der Website können Sie Ihre Lieblingsfarben auswählen und dann Farbpaletten anzeigen, die dieser Farbe ähneln. Die Website bietet auch schöne Bilder als Inspiration, wie jede der Paletten in einem Design aussehen könnte.

Hier die Schritte für eine Anwendungsmöglichkeit des Tools:

1. **Geben Sie `www.design-seeds.com` in Ihren Browser ein und scrollen Sie auf der angezeigten Seite nach unten, um verschiedene Bilder und zugehörige Farbpaletten anzuzeigen.**

   Auf der Website von Design Seeds können Sie wunderschöne Farbpaletten durchstöbern, die von der Natur und vom Alltag inspiriert sind. Die Website lädt Bilder und Farben, ähnlich wie in Abbildung 3.11.

Abbildung 3.11: `Design-seeds.com` ist ein weiteres großartiges Tool zur Auswahl von Farbpaletten.

2. **Wählen Sie eine Farbpalette, die Sie ausprobieren möchten.**

   Sie können:

   - oben links auf die drei vertikalen Linien (Hamburger-Menü) klicken, um auf der linken Seite auf ein vertikales Menü zuzugreifen. Scrollen Sie nach unten und klicken Sie im Bereich EXPLORE (Erkunden) des Menüs auf eine Farbe im Farbquadrat.
   - sich die Bilder und die zugehörigen Farbpaletten ansehen, die sich aus Ihrer Auswahl ergeben.
   - auf den Namen der Bild- und Farbpalettenkombination klicken.

     Anschließend können Sie nach unten scrollen, um die Farbcodes für jede Farbe in der Palette anzuzeigen.

   - Wählen Sie eine Palette, die zu Ihrem Stil oder Ihren Projektanforderungen passt, indem Sie links Ihre Lieblingsfarben auswählen oder ein Designschema auswählen, das auf der Startseite angezeigt wird.

3. **Kopieren Sie die Farbcodes aus der von Ihnen gewählten Design-Seeds-Palette und fügen Sie sie in das Suchfeld oben im Farbfeld auf der linken Seite Ihres Editors ein.**

   Weitere Informationen zur Verwendung eines Farbcodes finden Sie auf der rechten Seite von Abbildung 3.9 und im früheren Abschnitt *Der Farbpalettengenerator von Canva*. Über das Feld FARBE greifen Sie auf die Farben zu, die Sie aus Design Seeds kopiert haben, um Ihr Design lebendiger und attraktiver zu gestalten.

Die Design-Assets von Canva verwenden

Die Ressourcenbibliothek von Canva, deren Verwendung ich Ihnen in Kapitel 2 zeige, kann Ihren Designs Tiefe und Spannung verleihen. Sie können

✔ **zur einfacheren Bedienung Symbole hinzufügen.** Verwenden Sie Symbole anstelle von Textbeschreibungen (siehe meine Beispiele in Abbildung 3.12), um schnell und klar zu kommunizieren. Beachten Sie, wie ich oben in meinem Lebenslauf-Dokument Symbole verwende, damit die E-Mail-Adresse, Telefonnummer oder der Website-Link nicht mehr beschriftet werden muss. (Ich zeige in Kapitel 2, wie man dieses Dokument erstellt.)

Abbildung 3.12: Symbole aus der Canva-Ressourcenbibliothek zur Vereinfachung des Designs verwenden

- ✔ **Umrisse und Hintergrundgrafiken für den Fokus einfügen.** Heben Sie wichtige Bilder oder Texte mit Umrissen und Hintergrundtext hervor, um den Blick des Betrachters zu lenken. Abbildung 3.13 zeigt, wie ein Hintergrundrechteck aus der Canva-Ressourcenbibliothek den Blick auf ein bestimmtes Element lenken kann, in diesem Fall einen Textabschnitt.

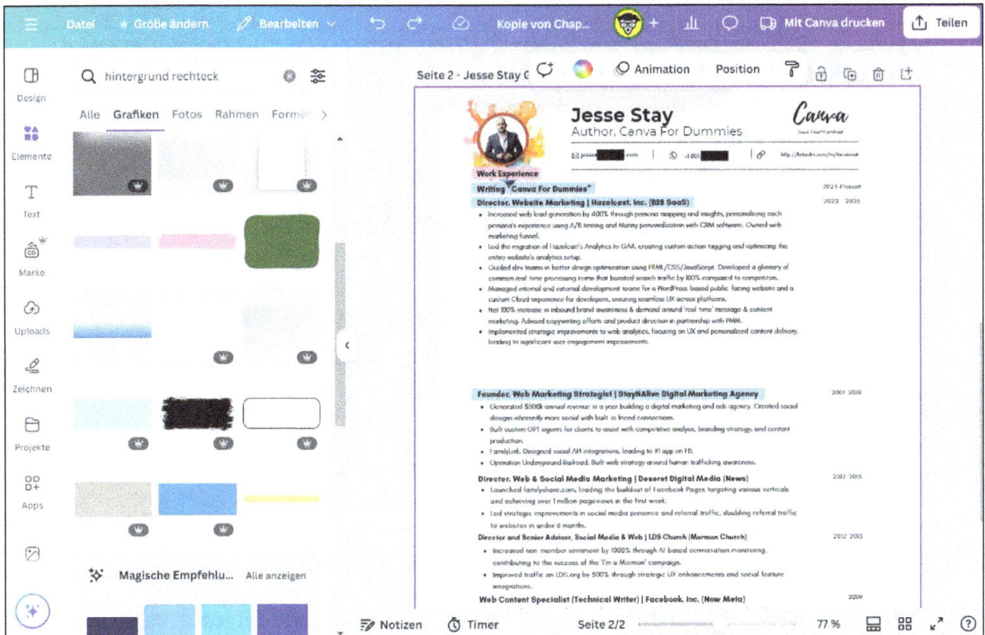

Abbildung 3.13: Ein Hintergrundrechteck aus der Canva-Ressourcenbibliothek nutzen, um den Fokus auf einen bestimmten Text in einem Design zu lenken

- ✔ **Hintergründe für die Stimmung verwenden.** Wählen Sie Hintergründe, die das Thema Ihres Designs unterstützen, sei es ein subtiler Farbverlauf für einen professionellen Look oder ein lebendiges Muster für ein festliches Poster.

Designprinzipien implementieren

Um auffällige und effektive Designs zu erstellen, muss man nicht nur die richtigen Bilder und Schriftarten auswählen – man muss auch grundlegende Designprinzipien verstehen und anwenden. In diesem Abschnitt gehe ich auf die grundlegenden Elemente des Designs ein, wie Kontrast, Balance, Ausrichtung und Farbtheorie.

Wenn Sie diese Prinzipien in Ihren Canva-Projekten umsetzen, sind Ihre Designs nicht nur optisch ansprechend, sondern vermitteln Ihre Botschaft auch klar und effektiv. In diesem Abschnitt beschreibe ich die Grundlagen, die Ihre Canva-Design noch besser machen.

Kontrast und Balance nutzen

Bei gutem Design geht es darum, Elemente so auszubalancieren, dass sie sich ergänzen und nicht miteinander konkurrieren. Kontrast und Balance beginnen mit den Farben in Ihrem Design. Beachten Sie diese Prinzipien, wenn Sie entscheiden, welche Farben Sie in Ihrem Design verwenden möchten:

- ✔ **Sorgen Sie für Kontrast, um die Lesbarkeit zu verbessern und die Bedeutung hervorzuheben.** Nehmen Sie kontrastierende Farben für Text und Hintergrund, um die Lesbarkeit zu gewährleisten und wichtige Bereiche hervorzuheben. Ein weißer Titel auf schwarzem Hintergrund fällt beispielsweise viel besser auf als ein grauer Titel auf schwarzem Hintergrund oder ein weißer Titel auf grauem Hintergrund.
- ✔ **Gleichen Sie Farben für Harmonie und visuelle Attraktivität aus.** Entscheidend für die Farbbalance ist die Idee der Farbproportion (die relativen Anteile bestimmter Farbtöne oder Werte) gemäß der 60-30-10-Regel. Die 60-30-10-Regel empfiehlt, dass Sie 60 Prozent Ihrer Komposition in einer dominanten Farbe, 30 Prozent in einer Sekundärfarbe und 10 Prozent in einer Akzentfarbe halten.

Dieses Gleichgewicht kann für die gewünschte visuelle Attraktivität sorgen. Um die richtigen Farben als Primär-, Sekundär- und Akzentfarben auszuwählen, lesen Sie den Abschnitt *Grundprinzipien der Farbtheorie*.

Mit Ausrichtung und Nähe präzise bleiben

Klare, übersichtliche Designs machen Ihre Projekte ansprechender und verständlicher. Sie verleihen Ihrem Design am besten Präzision, wenn Sie beim Organisieren, Planen und Strukturieren Ihrer Canva-Designs diese Prinzipien anwenden:

- ✔ **Abstand und Ausrichtung.** Achten Sie auf einen einheitlichen Abstand zwischen den Elementen, um ein durchgängiges Erscheinungsbild zu erzielen. Richten Sie die Elemente an gemeinsamen Kanten oder Mittelpunkten aus, um ein organisiertes und professionelles Erscheinungsbild zu erzielen. Canva hilft Ihnen dabei durch Maße und Führungslinien, während Sie Objekte in Ihrem Design verschieben.
- ✔ **Hierarchie und Betonung.** Schaffen Sie eine visuelle Hierarchie, indem Sie größere, auffälligere Elemente mit kleineren, weniger auffälligen Elementen ausbalancieren. Dies führt den Blick des Betrachters durch das Design und hebt wichtige Informationen hervor.
- ✔ **Nähe.** Gruppieren Sie verwandte Elemente, um ein Gefühl von Ordnung und Ausgewogenheit zu erzielen. Dies hilft dem Betrachter, die Beziehung zwischen verschiedenen Teilen Ihres Designs zu verstehen.
- ✔ **Textur und Muster.** Integrieren Sie Texturen oder Muster, um visuelles Interesse und Ausgewogenheit zu erzeugen. Setzen Sie Texturen (wie einen sanften Farbverlauf im Hintergrund) und Muster (wie ein Blattmuster entlang des Randes) sparsam ein, damit sie andere Elemente, auf die sich der Betrachter konzentrieren soll, nicht überlagern.

Das Erscheinungsbild durch Wiederholung und Konsistenz optimieren

Wiederholungen stärken Ihr Design, indem sie alle Teile miteinander verbinden. Wenn Sie Elemente wiederverwenden und in Ihrem gesamten Design konsistent dieselben Elemente (wie Grafiken oder Text) einsetzen, weiß der Betrachter, was ihn erwartet. Außerdem können Sie seinen Blick beim Betrachten Ihres Designs mit neuen Elementen ablenken. Im Folgenden finden Sie einige grundlegende Prinzipien, die Ihnen dabei helfen, Wiederholungen und Konsistenz in Ihren Designs zu nutzen:

- ✔ **Verwenden Sie ein einheitliches Farbschema.** Halten Sie sich in Ihrem gesamten Design an eine bestimmte Farbpalette, um ein einheitliches und professionelles Erscheinungsbild zu erzielen. Ideen zum Finden von Farbpaletten finden Sie im Abschnitt *Tolle Farbkombinationen finden* weiter vorn in diesem Kapitel.
- ✔ **Wählen Sie einheitliche Schriftarten.** Verwenden Sie dieselben Schriftarten in ähnlichen Textarten, indem Sie beispielsweise eine Schriftart für Überschriften und eine andere für den Fließtext nehmen. (Weitere Informationen finden Sie im Abschnitt *Text- und Typografie-Tools verwenden.*) Diese Wiederholung trägt dazu bei, dass Ihr Design sauber und einheitlich aussieht.
- ✔ **Verwenden Sie einheitliche Abstände und richten Sie Designelemente aus.** Achten Sie auf einheitliche Abstände zwischen Elementen wie Text, Bildern und anderen Designkomponenten, um ein ordentliches und organisiertes Layout beizubehalten. Diese Einheitlichkeit verleiht Ihrem Design ein strukturiertes und elegantes Aussehen. (Siehe den vorherigen Abschnitt *Mit Ausrichtung und Nähe präzise bleiben.*)
- ✔ **Wiederholen Sie Designelemente in Ihrem gesamten Design.** Wiederholen Sie bestimmte Designelemente – beispielsweise Formen, Linien, Logos oder Symbole –, um ein Gefühl von Harmonie und Struktur zu erzeugen und das Design bewusst und einheitlich erscheinen zu lassen.

Farbtheorie verstehen und die richtigen Farben auswählen

Die *Farbtheorie* besteht aus einer Reihe von Richtlinien und Prinzipien, die zur Erstellung harmonischer Farbkombinationen verwendet werden. Die Farbtheorie hilft Designern, Farben auszuwählen, die gut zusammenpassen, die richtigen Emotionen hervorrufen und zu optisch ansprechenden Designs führen.

Grundprinzipien der Farbtheorie

Damit Canva-Designs den Betrachtern gefallen, müssen Sie die folgenden grundlegenden Prinzipien der Farbtheorie berücksichtigen:

- ✔ **Farbkreis.** Der Farbkreis ist ein kreisförmiges Diagramm, in dem Farben nach ihrem *chromatischen Verhältnis* (das Verhältnis von Farbton und Sättigung) angeordnet sind. Die Primärfarben (Rot, Blau, Gelb) sind gleichmäßig auf dem Farbkreis verteilt, dazwischen liegen die Sekundärfarben (Grün, Orange, Violett) und die Tertiärfarben (Gelbgrün, Blaugrün, Rotorange, Gelborange und so weiter). Canva verwendet, wie in Abbildung 3.14 gezeigt, eine Art Farbkreis, bei dem Sie über einen Schieberegler unter einem Rechteck mit allen verschiedenen Farbtönen, Schattierungen und Tönen eine Auswahl vornehmen können, vergleichbar mit der Auswahl in einem typischen Farbkreis.

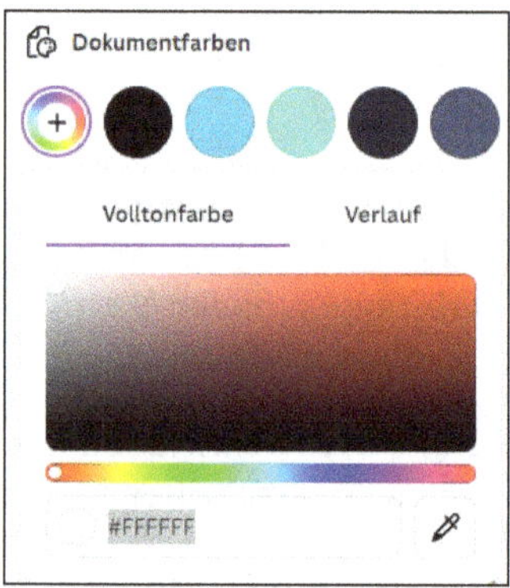

Abbildung 3.14: Ein einfacher Farbrad-Schieberegler zum Auswählen von Farben in Canva

- **Komplementärfarben.** Komplementärfarben liegen sich im Farbkreis gegenüber (zum Beispiel Rot und Grün, Blau und Orange). Die Verwendung von Komplementärfarben erzeugt einen hohen Kontrast und ein lebendiges Aussehen.
- **Analoge Farben.** Analoge Farben liegen im Farbkreis nebeneinander (zum Beispiel Blau, Blaugrün und Grün). Diese Farben lassen sich gut miteinander mischen und erzeugen ein harmonisches, ruhiges Aussehen.
- **Triadische Farben.** Triadische Farbschemata verwenden drei Farben, die gleichmäßig im Farbkreis verteilt sind (zum Beispiel Rot, Gelb, Blau). Dieses Schema sorgt für ein ausgewogenes und farbenfrohes Aussehen.
- **Farbtöne, Schattierungen und Nuancen (monochromatische Farben).** Durch die Verwendung von Farbtönen, Schattierungen und Nuancen können Sie die Farben in Ihrer gewählten Farbpalette aufhellen, abdunkeln und anpassen. Hier eine Übersicht über die einzelnen Konzepte:
  - *Farbtöne.* Durch das Hinzufügen von Weiß zu einer Farbe entsteht eine hellere Version beziehungsweise ein hellerer Farbton.
  - *Schattierungen.* Durch das Hinzufügen von Schwarz zu einer Farbe entsteht eine dunklere Version beziehungsweise ein dunklerer Farbton.
  - *Nuancen.* Das Hinzufügen von Grau zu einer Farbe mildert diese und erzeugt eine Nuance.

Die richtigen Farben für Ihr Design

Wenn Sie die Grundlagen der Farbtheorie verstanden haben, ist es an der Zeit, Farben für Ihr Design auszuwählen. Beachten Sie diese Punkte, wenn Sie die in diesem Kapitel behandelten Prinzipien anwenden und die endgültigen Farben für Ihr Design auswählen:

- ✔ **Zweck und Emotion.** Denken Sie über den Zweck Ihres Designs nach ebenso wie über die Emotion, die Sie vermitteln möchten. Beispielsweise steht Blau oft für Vertrauen und Ruhe, während Rot Energie und Dringlichkeit symbolisieren kann.
- ✔ **Zielgruppe.** Denken Sie an Ihre Zielgruppe. Farben können in verschiedenen Kulturen und Kontexten unterschiedliche Bedeutungen haben. Wählen Sie daher Farben, die bei Ihrer Zielgruppe Anklang finden. Verwenden Sie beispielsweise kein leuchtendes Rot für eine Zielgruppe, die medizinische Hilfe sucht, da diese Farbe Angst, Stress oder Gefahr auslöst. In diesen Fällen werden im Allgemeinen kühlere Farben wie sanfte Blau-, Grün- oder gedämpfte Lilatöne bevorzugt, da sie Ruhe, Stabilität und Vertrauen vermitteln.
- ✔ **Experimentieren Sie!** Scheuen Sie sich nicht, mit verschiedenen Farbkombinationen zu experimentieren. Sie sind der Designer – nutzen Sie die kreativen Fähigkeiten, die Sie durch Canva und dieses Buch erlangt haben. Mit den Farbwerkzeugen von Canva (Abbildung 3.15) können Sie verschiedene Farbschemata ausprobieren und herausfinden, was für Ihr Design am besten funktioniert.

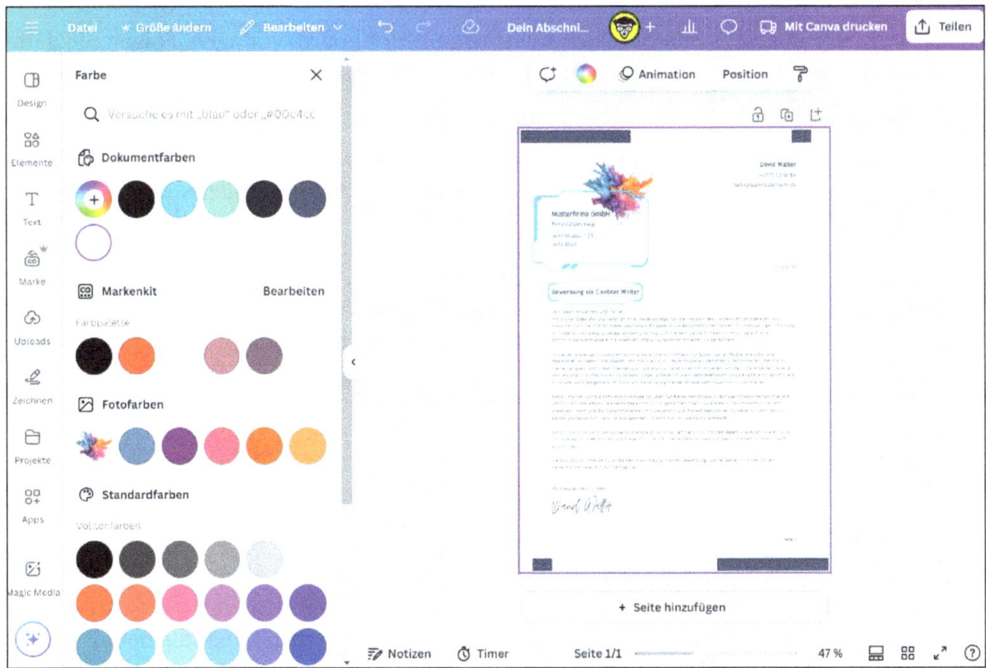

Abbildung 3.15: Das Farbrad-Tool und die Seitenleiste »Farbe« von Canva verwenden, um verschiedene Farbschemata auszuprobieren

Ihre kreative Persönlichkeit entwickeln

Um auffällige Designs zu erstellen, müssen Sie nicht nur die richtigen Tools und Techniken beherrschen, sondern auch Ihren einzigartigen Stil und Ihre Persönlichkeit in Ihre Arbeit einfließen lassen. In diesem Abschnitt zeige ich Ihnen, wie Sie Ihre kreative Persönlichkeit entwickeln, Inspiration finden, kreative Blockaden überwinden und in Canva ein unverwechselbares Portfolio erstellen können. Egal, ob Sie für persönliche Projekte oder berufliche Zwecke designen, pflegen Sie Ihre kreative Persönlichkeit, damit sich Ihre Designs von allen anderen abheben und Ihren ganz persönlichen Ausdruck vermitteln.

Finden Sie Ihren Stil

Die Entwicklung Ihres einzigartigen Stils ist wie die Suche nach Ihrem Modegeschmack – er sollte widerspiegeln, wer Sie sind. Hier sind einige Tipps, die Ihnen bei der Suche nach Ihrem Stil helfen können:

- ✔ **Erstellen Sie ein Moodboard.** Canva empfiehlt, dass jeder bei der Planung seines Designs mit einem Moodboard beginnt. Ein *Moodboard* ist eine Sammlung von ausgewählten Farben, Texturen, Bildern, Schriftarten und anderen visuellen Elementen, die den allgemeinen Stil und Ton eines Designprojekts darstellen. Es dient als visueller Leitfaden, der Designern hilft, die gewünschte Ästhetik und Stimmung beizubehalten, was die Erstellung stimmiger und markengerechter Designs über mehrere Assets hinweg erleichtert.

  Canva bietet in seiner Bibliothek Hunderte von Moodboard-Vorlagen. Folgen Sie dem Tutorial unter `www.canva.com/learn/make-a-mood-board`, um zu erfahren, wie Sie Ihr eigenes Moodboard erstellen.

- ✔ **Experimentieren Sie mit verschiedenen Stilen.** Probieren Sie verschiedene Vorlagen und Elemente in Canva aus. Stellen Sie es sich so vor, als würden Sie verschiedene Outfits anprobieren.

- ✔ **Lassen Sie sich von Dingen inspirieren, die Sie lieben.** Ob es eine Ära ist (Stichwort: die berühmte Taylor-Swift-Tour namens »Eras« – Sie wissen, was ich meine!), eine Bewegung oder ein Kunststil, integrieren Sie Elemente, die Sie bewundern, in Ihre Designs.

- ✔ **Konsistenz ist der Schlüssel.** Wenn Sie Ihren Stil gefunden haben, bleiben Sie ihm bei allen Ihren Designs treu, um eine persönliche Marke mit Wiedererkennungswert aufzubauen.

Auf der Suche nach Inspiration

Damit Ihre Designs auf Dauer frisch und spannend wirken, müssen Sie inspiriert bleiben. Nutzen Sie diese Tools und Ressourcen, um inspiriert zu werden und über die neuesten Designtrends auf dem Laufenden zu sein:

- ✔ **Verwenden Sie die Vorlagen von Canva.** Die unzähligen Vorlagen in der Vorlagenbibliothek von Canva können Ihnen jede Menge Inspiration für Ihre eigenen Canva-Projekte liefern. Kapitel 2 beschreibt die Schritte für den Zugriff auf die Vorlagen in Canva.

Abbildung 3.16 zeigt den Umfang des Vorlagenangebots. Blättern Sie durch die Vorlagenkategorie und klicken Sie ab und zu auf eine der Vorlagen. Nachdem Sie eine für Ihr Projekt geeignete Vorlage ausgewählt haben, können Sie diese nach Ihren Wünschen anpassen. (Das Anpassen wird auch in Kapitel 2 behandelt.)

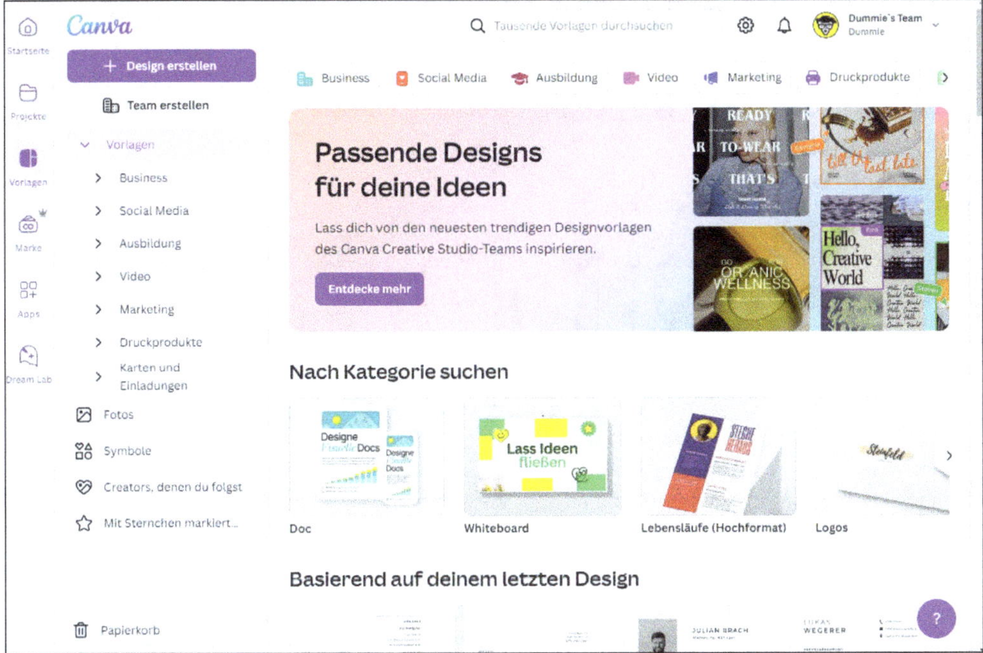

Abbildung 3.16: Die Registerkarte »Vorlagen« auf der Canva-Startseite kann eine großartige Quelle der Inspiration sein.

- ✔ **Durchstöbern Sie die neuesten Designtrends.** Wenn Sie auf der Startseite von Canva nach Trends suchen, finden Sie mit Sicherheit eine Inspiration für Ihr nächstes Design. Und so geht's:

  1. **Suchen Sie auf der Startseite von Canva oder unter der Registerkarte Vorlagen nach inspirierenden Abschnitten.**

     Beispielsweise werden Ihnen Abschnitte wie TRENDS, NEU, VON CANVA ZUSAMMENGESTELLT oder DAS KÖNNTE DIR GEFALLEN (siehe Abbildung 3.17) angezeigt, in denen die neuesten und beliebten Designs angezeigt werden. Diese Seite ändert sich häufig, sehen Sie sich also immer wieder dort um, oder informieren Sie sich unter `https://jessestay.com/canvabook` über wichtige Aktualisierungen.

  2. **Klicken Sie auf einen Abschnitt, um aktuelle Vorlagen und Elemente zu erkunden.**

     Sie können auch auf das Dropdown-Menü DESIGN SPOTLIGHT in der oberen Menüleiste klicken, um noch mehr Beispiele für großartiges Canva-Design anzuzeigen.

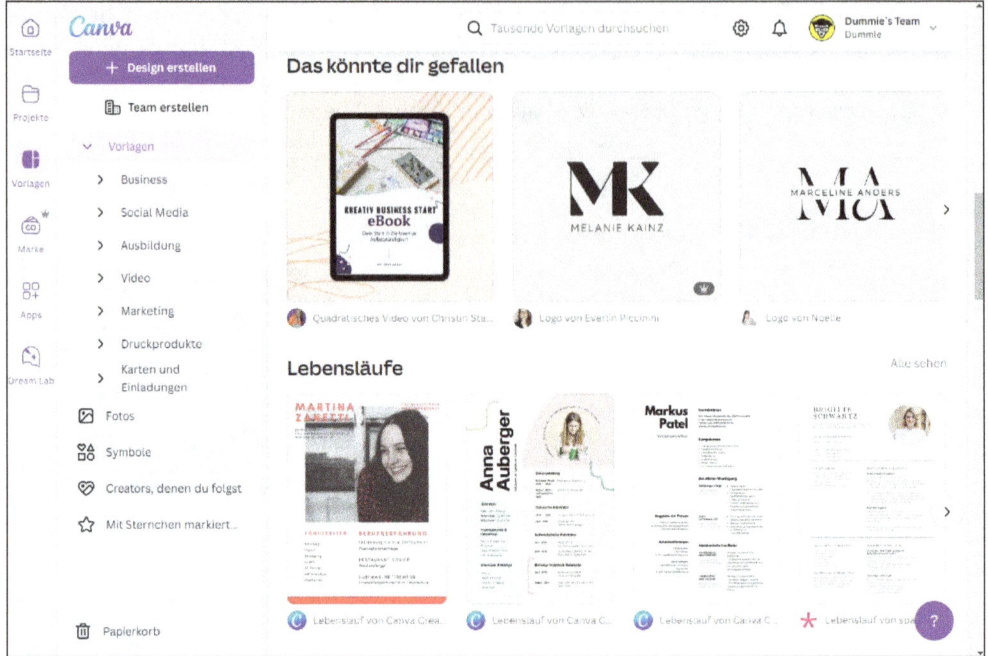

Abbildung 3.17: Suchen Sie nach Designvorschlägen unter »Das könnte dir gefallen«, inspiriert durch Ihre Verwendung von Canva.

✔ **Lesen Sie Artikel über Design.** Besuchen Sie die Design School von Canva, indem Sie `www.canva.com/designschool` aufrufen und in der oberen Menüleiste auf die Option LEARN (Lernen) klicken (Abbildung 3.18 zeigt, was dieser Bereich gerade enthält, während dieses Buch entsteht). In diesem Bereich können Sie Artikel lesen und Tutorials zu aktuellen Designtrends, Tipps und Techniken ansehen.

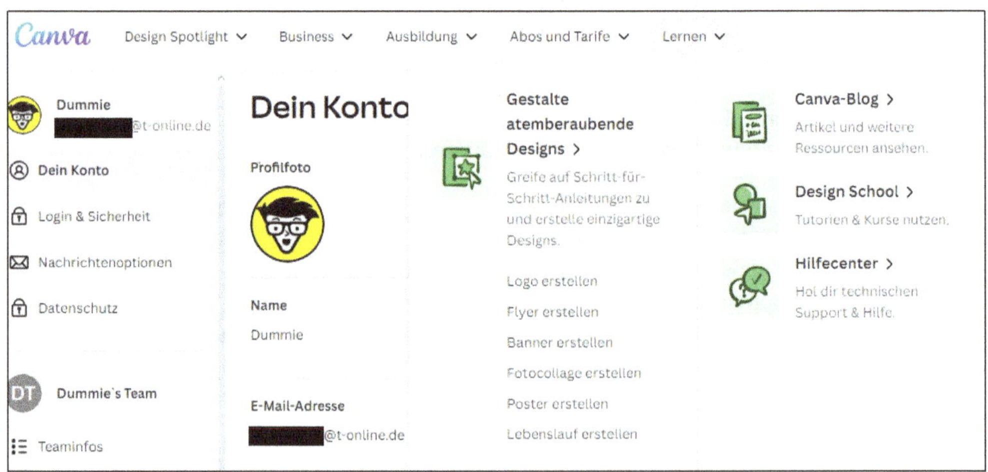

Abbildung 3.18: Das Menü »Lernen« und die Designschule von Canva

- **Verwenden Sie trendige Elemente.** Suchen Sie nach trendigen Elementen, indem Sie Schlüsselwörter wie `modern`, `minimalistisch` oder `Vintage` in die Suchleiste der Registerkarte ELEMENTE im Arbeitsbereich des Canva-Editors eingeben (siehe Abbildung 3.19). Fügen Sie diese Elemente zu Ihren Designs hinzu, damit sie frisch und relevant bleiben.

Abbildung 3.19: Suchen Sie nach »Vintage« in der Seitenleiste »Elemente«.

- **Suchen Sie Inspiration in der Canva-Community.** Canva verfügt über eine großartige Online-Community (Abbildung 3.20), in der Sie Fragen stellen oder mehr erfahren können. So können auch Sie sich in der Canva-Community engagieren:

  - *Treten Sie den Online-Communitys von Canva unter* `www.canva.com/community` *bei,* um zu sehen, was andere Designer kreieren, sich anderen Kreativen anzuschließen oder sogar zertifizierte Canva-Kreative wie mich zu finden!

- *Nehmen Sie an Design-Wettbewerben teil* und sehen Sie sich die Beiträge anderer Benutzer an. Canva veranstaltet regelmäßig Design-Wettbewerbe, die auf der Canva-Startseite oder auf den Social-Media-Kanälen von Canva angezeigt werden, sobald sie angekündigt werden. Folgen Sie Canva auf Social Media, damit Sie keinen dieser Wettbewerbe verpassen.

✔ **Folgen Sie den Social-Media-Kanälen von Canva.** Es gibt zwei grundlegende Möglichkeiten, um mit Canva in den sozialen Medien zu interagieren:

- *Suchen Sie nach Inspiration in sozialen Medien.* Folgen Sie Canva auf Plattformen wie Instagram, Pinterest und Facebook. Durchsuchen Sie die Beiträge und Pins von Canva nach vorgestellten Designs und benutzergenerierten Inhalten. Während ich dieses Buch schreibe, sind die aktuellen Social-Media-Kanäle von Canva

  Instagram: `www.instagram.com/canva/`

  Pinterest: `www.pinterest.com/canva`

  Facebook: `www.facebook.com/canva`

  X/Twitter: `https://x.com/canva`

✔ **Suchen Sie nach Hashtags und Trends.** Verwenden Sie Hashtags wie #CanvaDesigns oder #CanvaTipps, um benutzergenerierte Inhalte und Ideen zu finden.

- *Treten Sie der Online-Community Canva Book bei.* Ich leite eine Community für alle, die dieses Buch lesen (vor allem für Sie!), bei der Sie sich unter `https://jessestay.com/canvabook` anmelden können. Von hier aus können Sie Fragen stellen, sich für Kurse bei mir anmelden und sogar Einzelcoaching und Beratung von mir erhalten, wenn Sie Ihre Canva-Reise beginnen (und fortsetzen).

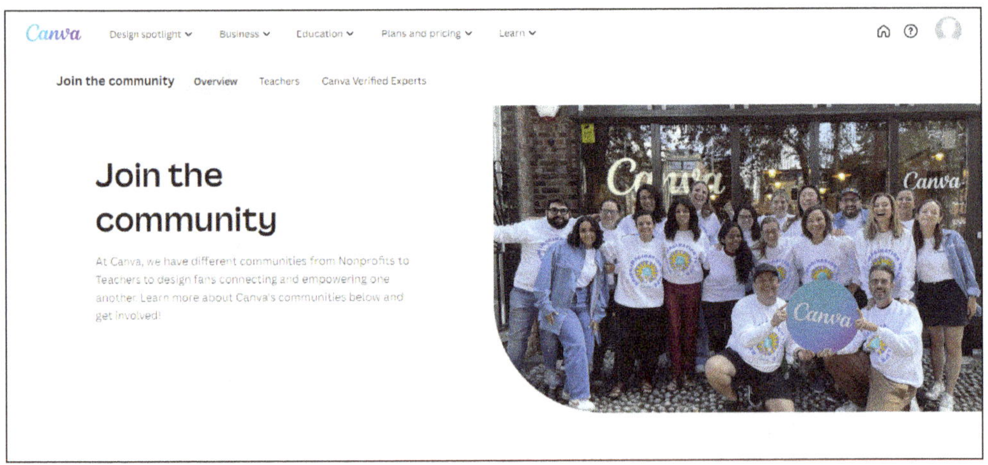

Abbildung 3.20: Beteiligen Sie sich virtuell und persönlich an Canva-Communitys mit Gleichgesinnten.

Kreative Blockaden überwinden

Kreative Blockaden (Zeiträume, in denen die Inspiration und Motivation zum Schaffen fehlen) sind für jeden Designer, egal ob Profi oder Amateur, eine häufige Herausforderung. Hier einige Möglichkeiten, diese Blockaden zu überwinden:

- ✔ **Machen Sie eine Pause.** Manchmal ist der beste Weg, eine kreative Blockade eines Designers zu lösen, sich eine Weile von seinem Projekt zu trennen.
- ✔ **Wechseln Sie ab.** Wenn Sie bei einem Projekt nicht wissen, was Sie als Nächstes tun sollen, beginnen Sie ein anderes Projekt. Eine andere Herausforderung könnte Ihre Kreativität anregen.
- ✔ **Nutzen Sie die KI-Funktionen von Canva.** Eine Möglichkeit, eine kreative Blockade zu überwinden, besteht darin, die KI zu bitten, einige Bilder zu erstellen, und zu sehen, ob Sie etwas davon inspiriert. (Weitere Informationen zu Magic Write und Magic Media finden Sie in Kapitel 8.) Wenn Ihnen die KI-Tools von Canva nicht gefallen, können Sie viele andere finden, darunter StableDiffusion, Ideogram, DALL-E und Microsofts Copilot.
- ✔ **Holen Sie sich Input von außen.** Fragen Sie Freunde oder Kollegen nach Ideen, wie Sie Ihr Projekt zum Leben erwecken können. Oder besuchen Sie die Community-Foren von Canva (die Sie unter `www.canva.com/community` finden), um neue kreative Perspektiven zu erhalten. Sie können auch mich und andere Leser jederzeit direkt in der Community fragen, die ich für dieses Buch eingerichtet habe! Die URL zur *Canva Book-Community* finden Sie im vorhergehenden Abschnitt.

Ein Portfolio in Canva erstellen

Ein *Portfolio* ist Ihr professionelles Schaufenster, in dem Sie Ihre besten Arbeiten hervorheben und Ihren Stil und Ihre Technik präsentieren. Sie können ein professionelles Designportfolio einfacher denn je direkt in Canva erstellen, wie in Abbildung 3.21 gezeigt.

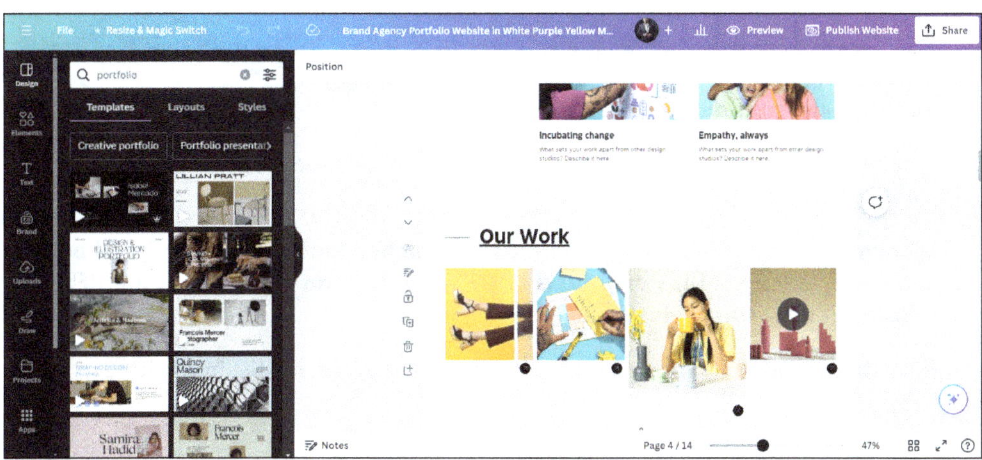

Abbildung 3.21: Ein Beispiel für ein Designportfolio in Canva.

Bevor Sie Ihr Designportfolio erstellen, beachten Sie die folgenden Richtlinien, um das bestmögliche Ergebnis zu erzielen:

- ✔ **Seien Sie wählerisch.** Wählen Sie Projekte aus, die Ihre Fähigkeiten und Ihr Design-Know-how am besten widerspiegeln.
- ✔ **Organisieren Sie mit Bedacht.** Ordnen Sie Ihre Arbeit so an, dass sie eine Geschichte erzählt oder Ihre Entwicklung als Designer zeigt.
- ✔ **Halten Sie Ihr Portfolio stets auf dem neuesten Stand.** Wenn sich Ihre Designfähigkeiten verbessern, sollte auch Ihr Portfolio aktualisiert werden. Fügen Sie regelmäßig neue Einträge hinzu und entfernen Sie ältere, die vielleicht nicht mehr Ihre besten Arbeiten darstellen.

So erstellen Sie ein Canva-Portfolio:

1. **Suchen Sie in Canva nach geeigneten Vorlagen, indem Sie den Begriff `Portfolio` in das Vorlagensuchfeld eingeben.**

   Wählen Sie aus den Suchergebnissen eine Vorlage aus, die Ihnen gefällt.

2. **Fügen Sie der Vorlage Ihren Namen, ein professionelles Foto und hochwertige Bilder Ihrer Arbeiten hinzu.**
3. **Passen Sie Ihre Vorlage an, damit sie perfekt zu Ihren Portfoliobildern passt.**

Achten Sie darauf, dass die gewählte Portfolio-Vorlage Ihren Sinn für Design widerspiegelt, beispielsweise durch einheitliche Farben und Schriftarten. Tipps zum Anpassen von Vorlagen finden Sie in Kapitel 2. Im Abschnitt *Designprinzipien implementieren* weiter vorn in diesem Kapitel finden Sie Vorgehensweisen für ein gut gestaltetes Portfolio.

4. **Fügen Sie Ihrem Portfolio informative und ansprechende Inhalte hinzu.**

   Ich empfehle Ihnen Folgendes:

   - Einen Abschnitt »Über mich« mit Ihren Kontaktdaten
   - Beschreibungen Ihrer Projekte
   - Interaktive Elemente wie anklickbare Links und eingebettete Videos zur Präsentation Ihrer Arbeit

5. **Nachdem Sie Ihr Design fertiggestellt haben, suchen Sie nach Fehlern (und beheben Sie sie), laden Sie Ihr Portfolio als PDF herunter und geben Sie es mit der Funktion TEILEN von Canva frei.**

   Informationen zum Exportieren und Teilen von Designs finden Sie in Kapitel 2.

Teil II
Canva für jeden Zweck erkunden

IN DIESEM TEIL ...

- Tauchen Sie ein in fortgeschrittenere Canva-Techniken zum Erstellen von Videos und Animieren Ihrer Designs.
- Optimieren Sie Ihre Social-Media-Designs, um Kampagnen zu erstellen und die Bereitstellung zu automatisieren.
- Erstellen Sie Geschäfts-Assets aller Art, von Visitenkarten bis hin zu herausragenden Präsentationen.
- Erfahren Sie, wie Sie wirkungsvolle Marketingmaterialien gestalten, die Ihrem Unternehmen zu besseren Ergebnissen verhelfen.

IN DIESEM KAPITEL

Einfache Canva-Designs mit Videos erstellen

Animationen und andere Medien hinzufügen

Fantastische Markeninhalte erstellen

Designtrends und Canva-Updates verfolgen

Kapitel 4
Tiefer in die Canva-Techniken eintauchen

Willkommen auf einer neuen Ebene Ihrer Canva-Reise! Nachdem Sie einige einfache Dokumente erstellt haben, sind Sie wahrscheinlich bereit, den Fokus zu erweitern und Ihren Projekten mehr Lebendigkeit zu verleihen. Und vielleicht erstellen Sie ein Portfolio, mit dem Sie Ihre Canva-Designfähigkeiten präsentieren können.

In diesem Kapitel gehe ich auf die Techniken und Tools ein, mit denen Sie Ihre Designs auf ein neues Niveau heben können. Sie erfahren, wie Sie Ihren Dokumenten Videos, Animationen und andere Medien hinzufügen, um das Publikum anzulocken und zu fesseln. Sie erfahren auch, wie Sie die Markenpräsenz, die Ihre Projekte benötigen, optimal nutzen. Und da es wichtig ist, über Designtrends und Änderungen an den Canva-Funktionen auf dem Laufenden zu bleiben, gebe ich Ihnen Tipps, wie Sie dies bewerkstelligen.

Mit Videos und Animationen arbeiten

Video und Animation sind leistungsstarke Tools, um Aufmerksamkeit zu erregen und Ihre Botschaft dynamisch zu vermitteln. Nehmen Sie sich die Zeit, alles über Video- und Animationstools zu erfahren, damit Sie immer auf dem neuesten Stand sind!

Einführung in die Videofunktionen von Canva

Canva bietet eine Reihe von Videofunktionen, mit denen selbst Anfänger ganz einfach Videos in professioneller Qualität erstellen können. Bitte beachten Sie: Die meisten Musik- und Video-Clips aus der Canva-Bibliothek sind bereits für die Verwendung in Canva-Projekten lizenziert. Bei einigen Inhalten – insbesondere in der kostenlosen Version oder bei speziellen Musikbibliotheken – können zusätzliche Einschränkungen gelten. Prüfen Sie daher bei kommerziellen Projekten die jeweils angezeigten Lizenzbedingungen direkt in Canva. Hier nur einige Dinge, die beim Erstellen von Videos in Canva möglich sind:

- ✔ **Eine Videovorlage wählen.** Wählen Sie eine Vorlage, die zum Stil und Ton Ihrer Designmethode passt, und denken Sie daran, dass Sie Ihre neue Kreation vielleicht einem Portfolio hinzufügen sollten.
- ✔ **Inhalt hinzufügen.** Ersetzen Sie den Platzhalterinhalt durch Ihren eigenen Text, Ihre Bilder und Videoclips. Verwenden Sie die Bearbeitungswerkzeuge von Canva, um Clips zuzuschneiden, Übergänge hinzuzufügen und das Timing anzupassen.
- ✔ **Musik und Effekte hinzufügen.** Klicken Sie in der linken Seitenleiste des Editors auf AUDIO, um Musiktitel zu durchsuchen und einzufügen. Und wählen Sie die Schaltfläche ANIMATION, um Ihrem Video Übergänge und Effekte hinzuzufügen.

Ein Design mit einem Video erstellen

Das Erstellen eines Designs mit Video in Canva ist unkompliziert und intuitiv. Befolgen Sie diese Schritte, um ein Dokument zu erstellen und dann ein Einführungsvideo einzufügen und zu bearbeiten:

1. **Öffnen Sie Canva und klicken Sie auf die Schaltfläche DESIGN ERSTELLEN.**

   Ein Dropdown-Menü mit Designtypen wird geöffnet. Oben befindet sich ein Suchfeld.

2. **Geben Sie `Video` in das Textfeld ein und wählen Sie ein Videoformat aus der Liste der verfügbaren Formate aus, wie in Abbildung 4.1 gezeigt.**

   Der Canva-Editor wird geöffnet und in der linken Seitenleiste werden Videovorlagen angezeigt.

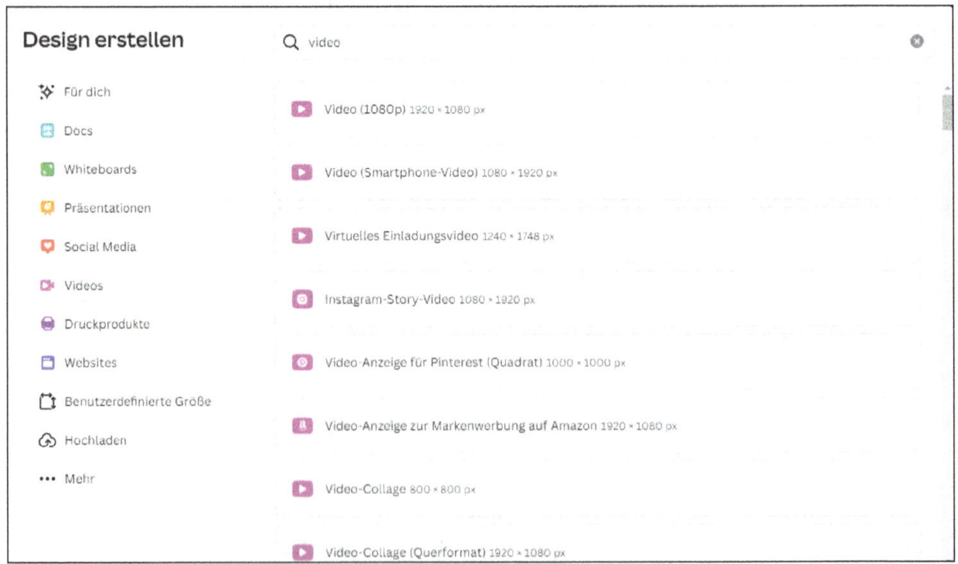

Abbildung 4.1: Suche nach Videovorlagen in Canva

3. **Klicken Sie in der linken Seitenleiste auf die Registerkarte VORLAGEN und erkunden Sie die große Auswahl an verfügbaren Videovorlagen.**

   Wenn Sie möchten, können Sie `Portfolio` in das Suchfeld oben in der Seitenleiste eingeben und dann eine Vorlage auswählen, die zu Ihrem Designstil passt. Abbildung 4.2 zeigt die von mir ausgewählte Vorlage, der ich ein Video hinzufüge.

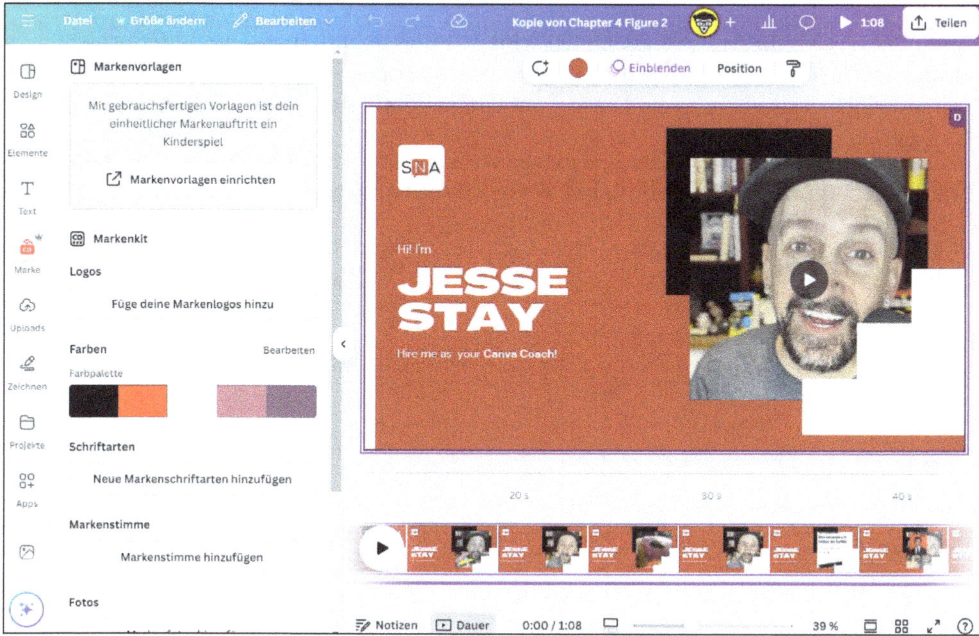

Abbildung 4.2: Meine Portfolio-Vorlage mit eingefügtem hochgeladenen Video

4. **Fügen Sie Ihrem Design Videoclips hinzu, indem Sie vorhandene Dateien verwenden oder eine Aufnahme von sich selbst in Canva erstellen.**

   - Wenn Sie bereits Videos haben, klicken Sie in der linken Seitenleiste auf das Symbol UPLOADS und dann auf die Schaltfläche DATEIEN HOCHLADEN, um Ihre Videoclips hinzuzufügen (siehe Seitenleiste in Abbildung 4.2).
   - Wenn Sie sich selbst in Canva aufnehmen möchten (mit Ihrer Webcam oder der Kamera am Smartphone), klicken Sie auf die Schaltfläche DICH SELBST AUFNEHMEN, wählen Sie das Bildschirmsymbol in der oberen Symbolleiste und folgen Sie den Anweisungen, um Ihre Nachricht aufzunehmen.

5. **Ziehen Sie Ihre Videodatei per Drag&Drop auf Ihre Design-Leinwand.**

Nutzen Sie hochwertige Videoclips, die zu Ihrer persönlichen Marke passen, um ein professionelles und ansprechendes Video zu erstellen. Halten Sie Ihr Video außerdem kurz und fokussiert, idealerweise unter einer Minute, um das Interesse des Zuschauers aufrechtzuerhalten.

Musik und Effekte zu Ihrem Videodesign hinzufügen

Mit Musik und Effekten verstärken Sie die emotionale Wirkung Ihres Videodesigns und gestalten es ansprechender. Befolgen Sie diese Schritte, um Musik und Effekte hinzuzufügen, die zu dem von Ihnen erstellten Videodesign passen:

1. **Öffnen Sie Ihr Videodesignprojekt in Canva.**

   Sie müssen sich im Arbeitsbereich des Videoeditors befinden und ein Videoprojekt muss geöffnet sein. Wenn Sie die Schritte im vorherigen Abschnitt ausgeführt haben, ist möglicherweise bereits ein Design mit einem geöffneten Video vorhanden.

2. **Klicken Sie in der linken Navigationsleiste auf das Symbol ELEMENTE und dann in der angezeigten Seitenleiste ELEMENTE neben Audio auf ALLE ANZEIGEN.**

   Eine Bibliothek mit verfügbaren Musiktiteln und Soundeffekten wird geöffnet (siehe Abbildung 4.3).

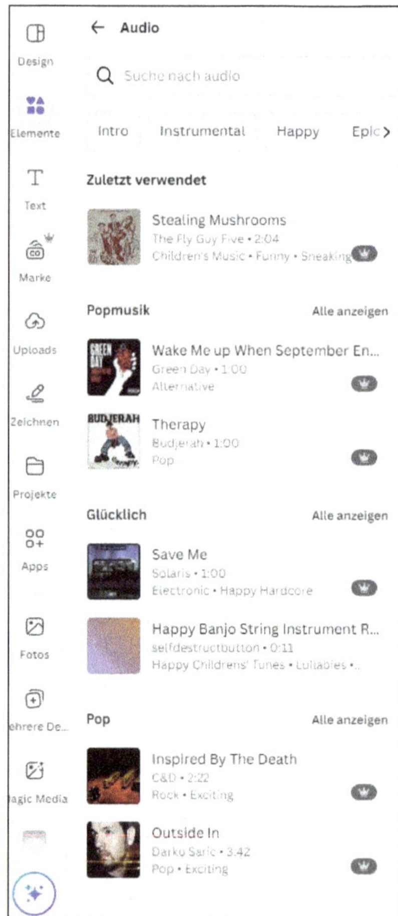

Abbildung 4.3: Auswählen von Musik für Ihr Videodesignprojekt

3. **Geben Sie Ihren Suchbegriff in das Feld AUDIO SUCHEN oben in der Seitenleiste ein oder scrollen Sie einfach durch die Audiobibliothek.**

   Canva bietet eine Vielzahl an Musikgenres, Soundeffekten und Stimmungen (wie HAPPY).

4. **Klicken Sie auf die Audiospur, die Sie verwenden möchten.**

   Sie können eine Vorschau Ihrer Auswahl anzeigen, indem Sie auf die Wiedergabeschaltfläche neben dem Titelnamen klicken.

5. **Klicken Sie auf die gewünschte Audiospur, um sie Ihrem Video hinzuzufügen.**

   Die Spur wird unten in Ihrem Video-Editor angezeigt, wie in Abbildung 4.4 dargestellt.

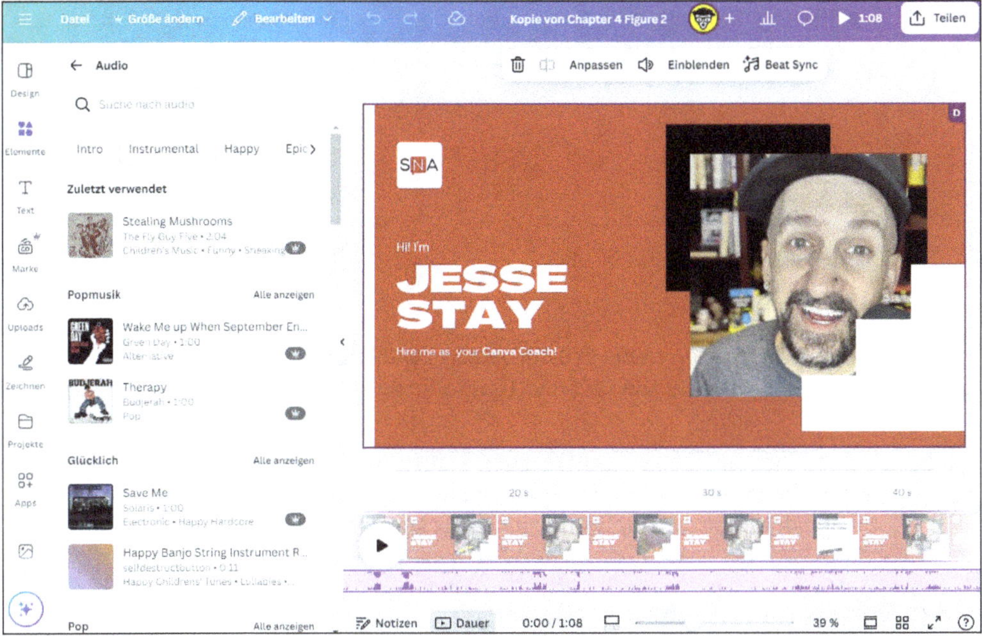

Abbildung 4.4: Ihre ausgewählte Audiospur wird unter Ihrer Seitenliste in der Zeitleiste angezeigt.

6. **Passen Sie die Audioeinstellungen entsprechend der Länge Ihres Videos an und stellen Sie die Lautstärke ein.**

   Sie können

   - *Audio zuschneiden:* Wenn die Musikspur länger ist als Ihr Video, klicken Sie die Enden der Audiospur an und verschieben Sie sie, um sie auf die gewünschte Länge zu kürzen.
   - *Lautstärke anpassen:* Klicken Sie auf die Audiospur und dann auf das Lautstärkesymbol in der Symbolleiste über dem Editor. Passen Sie die Lautstärke mit dem Schieberegler an (siehe Abbildung 4.5).

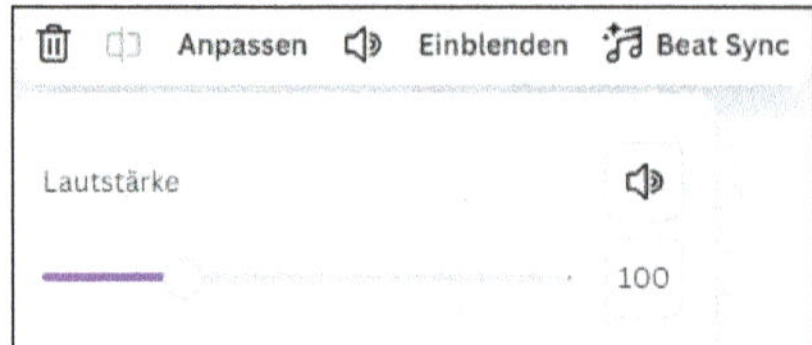

Abbildung 4.5: Auswählen der Lautstärke Ihrer Audiospur

- *Ein- und Ausblenden:* Klicken Sie auf die Audiospur und wählen Sie dann in der Symbolleiste EINBLENDEN aus. Wählen Sie die Optionen EINBLENDEN und AUSBLENDEN, um mit den Schiebereglern weiche Übergänge zu erzeugen, wie in Abbildung 4.6 gezeigt.

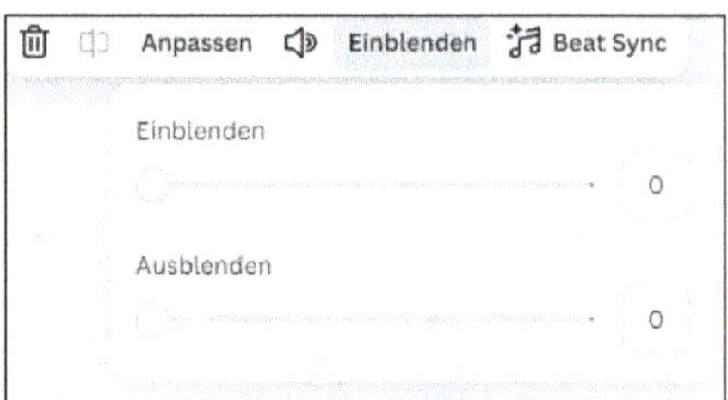

Abbildung 4.6: Anpassen der Ein- und Ausblendoptionen für Ihr Audio

Um das Zuschauererlebnis zu verbessern, wählen Sie Musik oder andere Audiospuren aus, die den Ton und das Tempo Ihres Videos ergänzen.

Wenn Sie ein Canva-Teams- oder Canva-for-Education-Konto haben, wird Ihnen die Popmusikbibliothek nicht angezeigt. Darüber hinaus dürfen Sie die Inhalte der Popmusikbibliothek nicht für kommerzielle Zwecke einsetzen.

Erste Schritte mit Animationen

Animationen geben Ihren Designs eine zusätzliche Ebene der Interaktion. In diesem Abschnitt zeige ich Ihnen, wie Sie Elemente in Ihrem Design animieren, um Ihren Inhalt dynamischer zu gestalten. Um Ihrem Design Animationen hinzuzufügen, gehen Sie wie folgt vor:

1. **Klicken Sie bei geöffnetem Portfolio oder einem anderen Dokument im Canva-Editor auf ein Element in Ihrem Projekt (zum Beispiel ein Bild oder ein Textfeld), das Sie animieren möchten.**

2. **Klicken Sie in der oberen Symbolleiste des Editors auf die Schaltfläche ANIMATION (EINBLENDEN, SCHWENKEN, SPRINGEN, PULSIEREN und so weiter).**

Möglicherweise müssen Sie auf die drei Punkte rechts in der oberen Symbolleiste klicken, um die Schaltfläche ANIMATION zu sehen. Diese Schaltfläche wird standardmäßig mit dem Text ANIMATION angezeigt, wenn nichts ausgewählt ist, oder mit dem ausgewählten Animationstext wie EINBLENDEN, SCHWENKEN, SPRINGEN, SCHWEBEN und so weiter, wie in Abbildung 4.7 dargestellt. Blättern Sie durch alle Optionen in der linken Seitenleiste und probieren Sie so viele aus, wie Sie möchten.

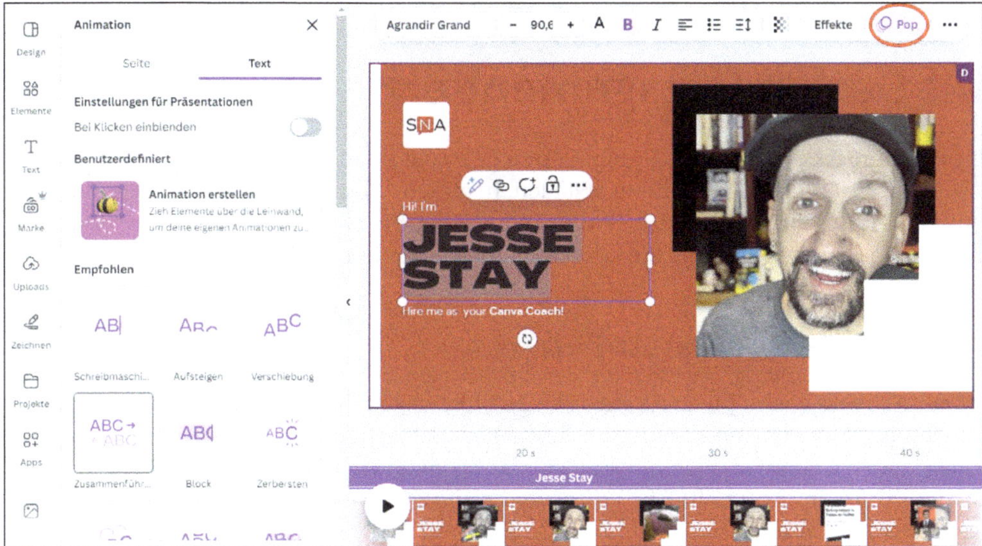

Abbildung 4.7: Wählen Sie einen Animationseffekt aus der linken Seitenleiste.

3. **Klicken Sie auf die Schaltflächen und bewegen Sie die Schieberegler, um die Animationseinstellungen anzupassen.**

   Sie können die Eigenschaften Ihrer Animation anpassen, zum Beispiel wann der Effekt eintritt (EINSTIEG, ENDE oder BEIDES), und die Geschwindigkeit des Effekts. Einige Ihrer Auswahlmöglichkeiten sehen Sie in Abbildung 4.8.

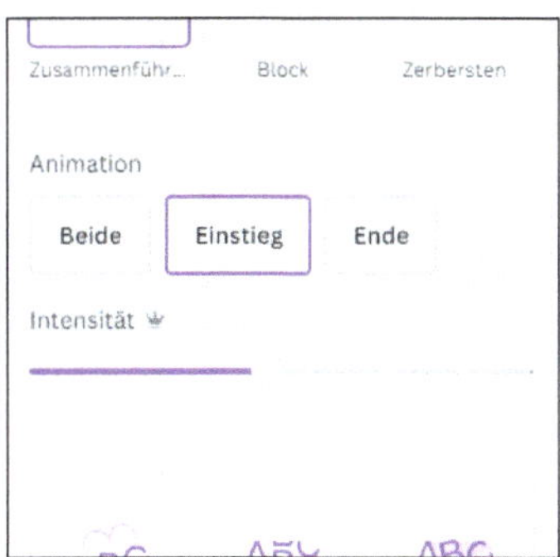

Abbildung 4.8: Anpassen der Eigenschaften Ihrer Animation

Setzen Sie Animationen sparsam ein, um nur wichtige Punkte hervorzuheben und den Betrachter nicht zu überfordern. In meinem Portfolio-Beispiel habe ich nur meinen Namen animiert.

Sie können auch Ihre eigenen Animationen erstellen, indem Sie in der Seitenleiste ANIMATION im Abschnitt BENUTZERDEFINIERT auf die Schaltfläche ANIMATION ERSTELLEN klicken.

Mit Design Engagement erzielen

Um die Aufmerksamkeit Ihres Publikums zu gewinnen und die Interaktion zu fördern, ist es wichtig, ansprechende Inhalte zu erstellen. In diesem Abschnitt erkläre ich, wie Sie interaktive PDFs, Designs für Websites und soziale Medien erstellen, Ihr Publikum mit Quiz fesseln und Infografiken anlegen, die eine Geschichte erzählen.

Interaktive PDFs erstellen

Interaktive PDFs bieten Ihnen eine großartige Möglichkeit, Informationen in einem ansprechenden und interaktiven Format bereitzustellen. Zunächst zeige ich Ihnen, wie Sie einen Lebenslauf zu einem Portfolio hinzufügen, das Sie möglicherweise erstellt haben, während Sie die Schritte im Abschnitt *Mit Videos und Animationen arbeiten* weiter vorn in diesem Kapitel befolgt haben.

1. **Öffnen Sie Canva und erstellen Sie ein neues Design für einen Lebenslauf oder öffnen Sie einen vorhandenen Lebenslauf.**

   Wenn Sie bereits mit einem Lebenslaufprojekt begonnen haben (siehe Kapitel 2), öffnen Sie dieses Projekt. Sie können aber auch das von mir erstellte Projekt herunterladen. Suchen Sie dazu in Kapitel 4 unter `https://jessestay.com/canvabook` nach den Vorlagen.

   Wenn Sie noch kein Lebenslaufprojekt haben, klicken Sie auf der Canva-Startseite auf die Schaltfläche DESIGN ERSTELLEN, suchen Sie nach Lebenslaufvorlagen und wählen Sie eine auf der Registerkarte VORLAGEN in der DESIGN-Seitenleiste aus, um zu beginnen.

2. **Fügen Sie Elemente wie Schaltflächen, Links oder eingebettete Videos hinzu, um Ihren Lebenslauf interaktiv zu gestalten.**

   Sie können beispielsweise einen Link zu einer persönlichen Webseite hinzufügen:

3. **Klicken Sie auf das Symbol ELEMENTE in der linken Navigationsleiste und suchen Sie nach Schaltflächen oder Symbolen, die den Leser zum Klicken auf Ihre Website auffordern. Abbildung 4.9 zeigt meine Suche nach einer Website-Schaltfläche.**

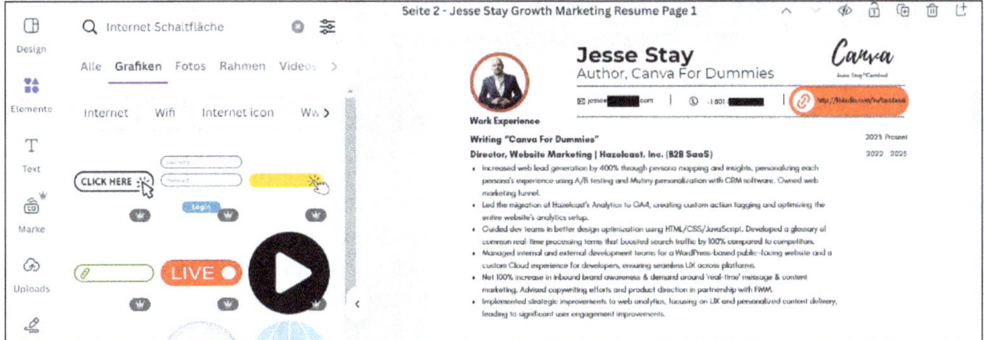

Abbildung 4.9: Suche nach einer Website-Schaltfläche, um einen ansprechenden Website-Link hinzuzufügen

4. **Klicken Sie dann im Scroll-Menü unter dem Suchfeld auf die Option GRAFIKEN, um die Treffer einzugrenzen.**

5. **Ziehen Sie das Element Ihrer Wahl per Drag&Drop in Ihr Lebenslauf-Design.**

6. **Verknüpfen Sie die interaktiven Elemente, die Sie Ihrem Lebenslaufprojekt hinzufügen.**

   Sie können

   - mit der rechten Maustaste auf eine Schaltfläche oder ein Symbol klicken, das Sie hinzugefügt haben. Klicken Sie im angezeigten Menü auf die Option LINK (oder drücken Sie Strg+K auf einem PC beziehungsweise cmd ⌘+K auf einem Mac) und geben Sie die URL für Ihre Website ein, wie in Abbildung 4.10 gezeigt.

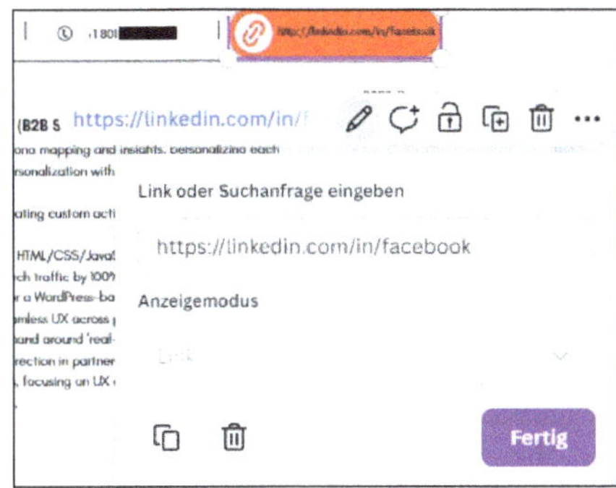

Abbildung 4.10: Geben Sie eine URL ein, um Ihre Schaltfläche in einen Link umzuwandeln.

   - mit der rechten Maustaste auf die Schaltfläche oder das Symbol klicken, die beziehungsweise das Sie hinzugefügt haben, und aus der angezeigten Liste eine Seite in Ihrem Dokument auswählen.

7. **Klicken Sie in der oberen Symbolleiste des Editors auf die Option TEILEN und wählen Sie im angezeigten Menü die Option HERUNTERLADEN.**

Ein Dropdown-Menü mit Optionen für das Download-Format wird geöffnet. Wählen Sie aus diesen Optionen PNG aus und klicken Sie auf HERUNTERLADEN. Das PNG wird in Ihrem Download-Ordner angezeigt.

8. **Öffnen Sie Ihr Portfolio-Projekt in Canva und klicken Sie auf das UPLOADS-Symbol in der linken Navigationsleiste, um die UPLOADS-Seitenleiste zu öffnen.**

9. **Klicken Sie auf die drei Punkte rechts neben der Schaltfläche DATEIEN HOCHLADEN und wählen Sie HOCHLADEN aus dem Dropdown-Menü, navigieren Sie zu Ihrem Lebenslauf-PNG auf Ihrem Computer und klicken Sie im angezeigten Fenster auf die Schaltfläche ÖFFNEN.**

   Ihr Lebenslauf-PNG wird in der UPLOADS-Seitenleiste angezeigt.

10. **Ziehen Sie das Lebenslauf-PNG an die gewünschte Stelle in Ihrem Portfolio.**

    Abbildung 4.11 zeigt meinen Lebenslauf rechts in meinem Portfolio.

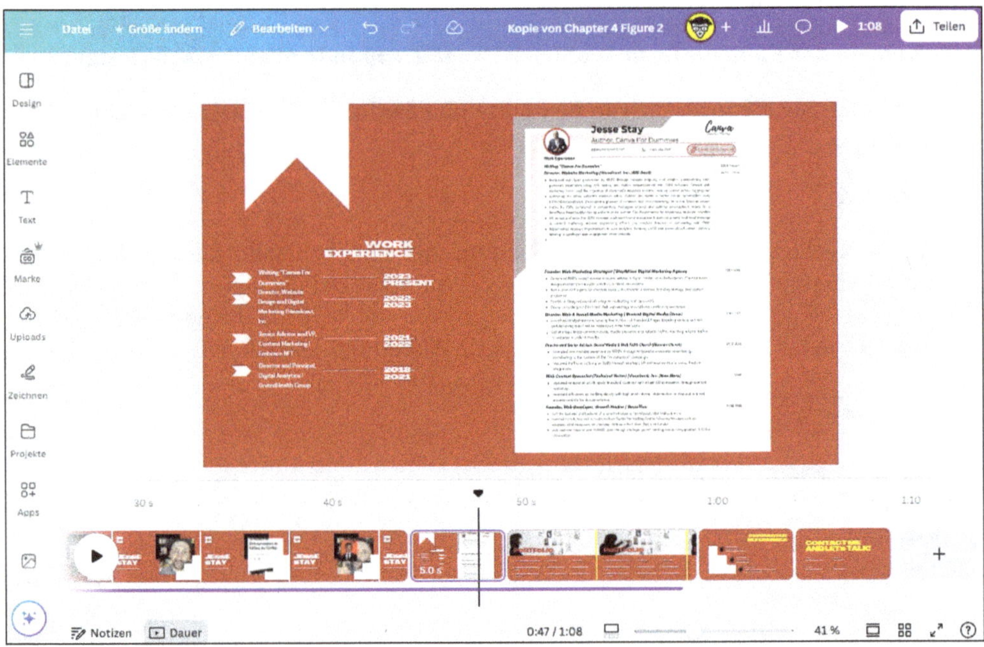

Abbildung 4.11: Mein Lebenslauf-PNG-Dokument, eingefügt in mein Portfolio

Wenn Sie Ihren Lebenslauf als Projekt gespeichert haben, können Sie alternativ in Ihrem Editor auf die Schaltfläche + in der unteren Seitenzeile klicken, um Ihrem Portfolio eine neue Seite hinzuzufügen. Klicken Sie dann in der linken Navigationsleiste auf das Symbol PROJEKTE, um zu Ihrer Seitenleiste PROJEKTE zu gelangen, und ziehen Sie Ihr Lebenslaufprojekt auf die neue Seite, die Sie gerade dem Portfolio hinzugefügt haben.

Sie können einen kompletten Lebenslaufentwurf in ein Portfolio oder eine Präsentationsvorlage einbetten. Öffnen Sie Ihre Lebenslaufvorlage im Editor, klicken Sie oben rechts auf die Schaltfläche TEILEN und dann auf die Schaltfläche LINK KOPIEREN, um einen teilbaren Link zu kopieren. Navigieren Sie zu der Stelle in

Ihrem Portfolio oder einem anderen Dokument, an der der Lebenslauf abgelegt werden soll, und drücken Sie Strg+V (PC) oder cmd ⌘+V (Mac), um den Link für Ihren Lebenslaufentwurf hinzuzufügen.

Gestaltung für Websites und Social Media

Das Entwerfen von Projekten für Websites und Social Media erfordert ein Verständnis der einzigartigen Anforderungen und der Ästhetik jeder Plattform. Canva bietet Vorlagen, die speziell auf bestimmte soziale Netzwerke oder andere Zielwebsites zugeschnitten sind. In Kapitel 5 gehe ich detailliert darauf ein, wie Sie ansprechende Social-Media-Beiträge erstellen und sogar Ihre Social-Media-Präsenz in Canva verwalten können.

Mit den folgenden Schritten können Sie eine Plattform auswählen und ein individuelles Design für diese Plattform entwerfen:

1. **Öffnen Sie Canva und klicken Sie auf der Startseite auf die Schaltfläche DESIGN ERSTELLEN.**

2. **Geben Sie im Suchfeld einen Begriff ein, um nach der Plattform zu suchen, für die Sie entwerfen (zum Beispiel Instagram, Facebook oder X).**

   Für mein Projekt gebe ich `Instagram Reel` in das Suchfeld ein und klicke auf INSTAGRAM REEL, wie in Abbildung 4.12 gezeigt.

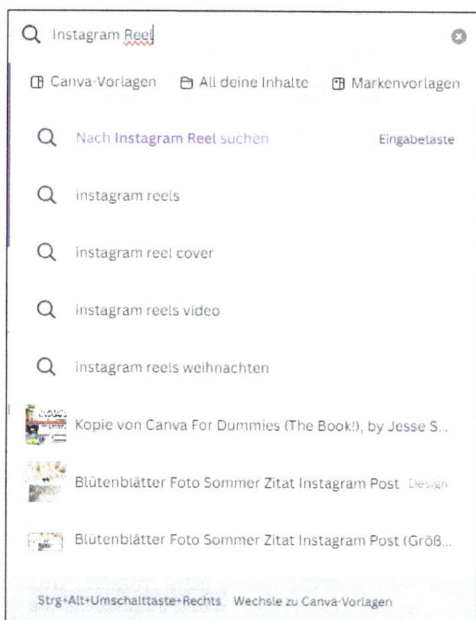

Abbildung 4.12: Auswählen der Instagram-Reel-Vorlage

Eine Liste mit Instagram-Reel-Vorlagen sollte auf der Registerkarte VORLAGEN der DESIGN-Seitenleiste Ihres Editors angezeigt werden.

3. **Blättern Sie durch die Auswahlmöglichkeiten und doppelklicken Sie auf die gewünschte Vorlage, um mit Ihrem Projekt zu beginnen.**

   Ihr Design muss den spezifischen Abmessungen und Anforderungen der Plattform entsprechen, für die Sie es entwerfen. In diesem Beispiel sollte die Vorlage bereits auf die von Instagram geforderte Größe von 1080 × 1920 Pixel formatiert sein.

Wenn Ihre ausgewählte Vorlage die Schaltfläche ALLE SEITEN ANWENDEN bietet, klicken Sie darauf, um den vollständigen Vorlageneffekt anzuwenden.

4. **Passen Sie die Vorlage dadurch an, indem Sie den Platzhalterinhalt durch Ihre eigenen Videos, Bilder, Texte und Markenelemente ersetzen.**

   Da ein Instagram Reel standardmäßig ein Video enthält, können Sie das Video aus Ihrem Portfolioprojekt wiederverwenden, wenn Sie eines erstellt haben. Folgen Sie dazu den Schritten im Abschnitt *Ein Design mit einem Video erstellen* weiter vorn in diesem Kapitel. Mein Instagram-Reel-Projekt ist in Abbildung 4.13 dargestellt.

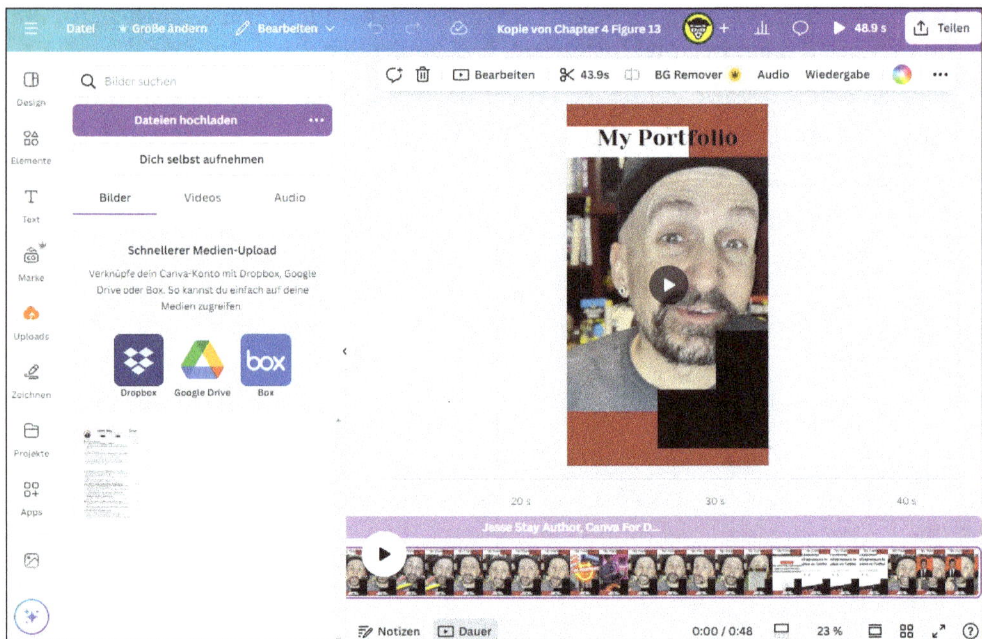

Abbildung 4.13: Ein fertiges Instagram Reel, das ein Portfolio präsentiert

Möglicherweise müssen Sie die Größe des Videos, das Sie hochladen oder aus einem anderen Projekt importieren, an die in der Vorlage angegebenen Abmessungen anpassen.

5. **Optimieren Sie Ihre Social-Media-Beiträge im Hinblick auf das Engagement.**

   Sie können beispielsweise Text oder Bilder hinzufügen, um Ihren Social-Media-Beitrag hervorzuheben und Ihre Leser zu Kommentaren, Likes, Shares und Klicks zu animieren. Nutzen Sie auffällige Bilder, prägnanten Text und klare Handlungsaufforderungen, um die Interaktion zu fördern.

Mit Quiz das Publikum fesseln

Quiz sind eine unterhaltsame und interaktive Möglichkeit, Ihr Publikum einzubeziehen und wertvolle Daten zu sammeln, beispielsweise über die Anforderungen Ihrer Kunden. Ein Immobilienmakler könnte beispielsweise mithilfe von Canva ein Quiz erstellen, in dem gefragt wird: »Was ist Ihre größte Herausforderung bei der Suche nach einem neuen Zuhause?« Die Antworten könnten Erkenntnisse über Budgetbeschränkungen, Vorlieben für bestimmte Stadtviertel oder gewünschte Sonderausstattungen liefern. Diese Daten ermöglichen es dem Makler, Angebote zu personalisieren, Marketingbotschaften anzupassen oder Ressourcen anzubieten, die direkt auf die Kundenbedürfnisse eingehen – mit dem ultimativen Ziel, die Kundenzufriedenheit und das Engagement zu verbessern. Wenn personenbezogene Daten (zum Beispiel Namen, E-Mail-Adressen) über ein Quiz erfasst werden, sind die Datenschutzvorgaben der DSGVO einzuhalten.

Gehen Sie wie folgt vor, um mit Canva-Formaten und -Elementen ein interaktives Quiz zu erstellen:

1. **Öffnen Sie Canva, melden Sie sich an und klicken Sie auf der Startseite auf die Schaltfläche DESIGN ERSTELLEN.**

2. **Klicken Sie im Popup-Menü auf ein Format wie PRÄSENTATIONEN oder SOCIAL MEDIA.**

   Für diese Übung wähle ich PRÄSENTATIONEN und dann die Schaltfläche PRÄSENTATION (16:9). Im Arbeitsbereich des Canva-Editors wird eine leere Präsentation angezeigt.

3. **Klicken Sie auf die Schaltfläche + (Pluszeichen) (SEITE HINZUFÜGEN), um für jede Frage, die Sie in Ihrem Quiz haben möchten, eine neue Folie hinzuzufügen.**

   In diesem Beispiel wird nur eine Frage verwendet, Sie müssen also eigentlich keine neuen Seiten hinzufügen. Wenn Sie jedoch mehrere Fragen in Ihr Quiz aufnehmen möchten, müssen Sie für jede davon eine Folie hinzufügen.

4. **Klicken Sie auf das TEXT-Symbol in der linken Navigationsleiste, um die TEXT-Seitenleiste zu öffnen.**

5. **Klicken Sie auf die Schaltfläche ÜBERSCHRIFT und geben Sie den Text für Ihre Frage ein.**

   Für diese Übung tippe ich die Überschrift `Welche Farbpalette gefällt Ihnen am besten?`. Ihr Überschriftenfeld wird möglicherweise in der Mitte der Präsentationsfolie angezeigt. Wenn das der Fall ist, greifen Sie das Feld und verschieben Sie es an den Anfang der Folie.

6. **Klicken Sie oben in der Seitenleiste auf die Schaltfläche TEXTFELD HINZUFÜGEN und geben Sie eine Antwort ein, um Ihre Multiple-Choice-Antworten hinzuzufügen.**

   Für dieses Beispiel verwende ich die Auswahlmöglichkeiten `Warm`, `Kalt` und `Neutral`. Verschieben Sie die Textfelder, um sie auszurichten und als Liste anzuzeigen.

7. **Nachdem Sie Ihre Antwortmöglichkeiten festgelegt haben, klicken Sie in der linken Navigationsleiste auf das ELEMENTE-Symbol und suchen Sie in der angezeigten ELEMENTE-Seitenleiste nach einem Kontrollkästchen oder einer Schaltfläche.**

   Für diese Übung verwende ich das Kontrollkästchen.

8. **Klicken Sie, um das Element neben jeder Antwortmöglichkeit hinzuzufügen.**

   Sie können die Größe der Kontrollkästchen ändern und sie so verschieben, dass sie neben Ihren Antwortmöglichkeiten angezeigt werden. Wenn alles gut geht, sieht Ihr Quiz möglicherweise ähnlich aus wie in Abbildung 4.14 dargestellt.

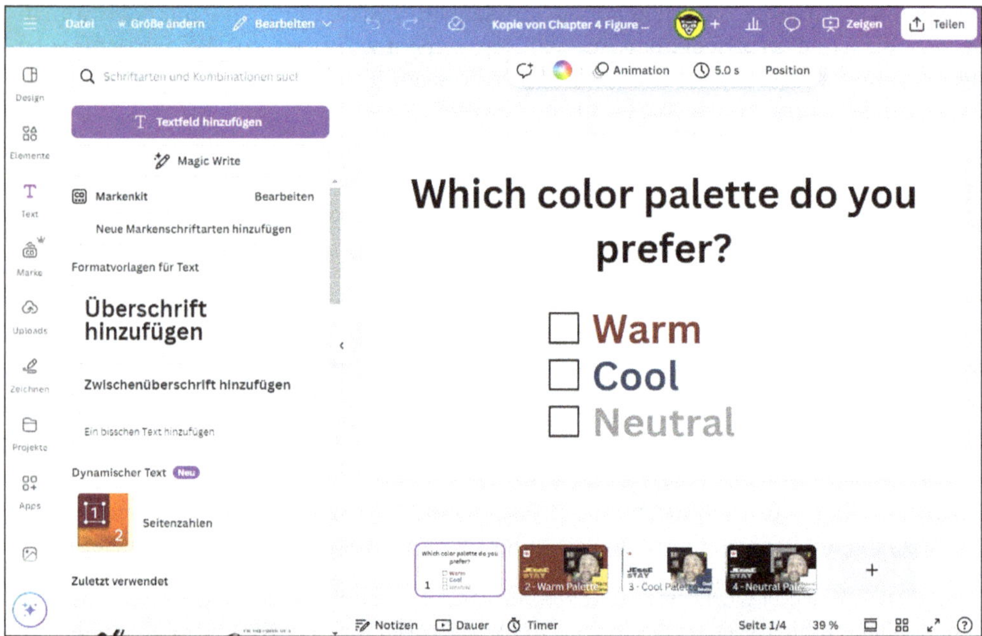

Abbildung 4.14: Ein Canva-Quiz mit Antwortmöglichkeiten

Sie können ein Element, das Sie zu Ihrem Design hinzufügen, duplizieren, statt wiederholt danach suchen zu müssen. Klicken Sie dazu auf das Designelement, zum Beispiel ein Kontrollkästchen, und klicken Sie in der Symbolleiste, die über dem Element angezeigt wird, auf das kleine Symbol mit zwei Quadraten (eines davon enthält ein Pluszeichen), für das DUPLIZIEREN angezeigt wird, wenn Sie den Mauszeiger darüberschieben.

Lassen Sie die Präsentation, die Sie möglicherweise aus der vorhergehenden Schrittliste haben, geöffnet und gehen Sie wie folgt vor, um den Benutzer zu den Ergebnissen für jede mögliche Antwort zu leiten:

1. **Klicken Sie auf die Schaltfläche + (Pluszeichen) unter Ihrer Präsentationsfolie, um am Ende Ihrer Präsentation neue Folien hinzuzufügen.**

   Sie müssen für jede mögliche Quizantwort eine Seite hinzufügen. Im Beispiel klicke ich also dreimal auf die Schaltfläche +, um drei neue Folien hinzuzufügen. Wenn Sie fertig sind, werden Ihnen unterhalb der aktuell im Editor geöffneten Folie Symbole für jede Folie angezeigt, wie in Abbildung 4.15 dargestellt.

Abbildung 4.15: Um am Ende der Präsentation eine Folie hinzuzufügen, klicken Sie auf die Schaltfläche +.

2. **Passen Sie für jede Ihrer Quizantworten eine Folie an, indem Sie personalisierte Empfehlungen oder spezielle Informationen zu der vom Benutzer gewählten Antwort hinzufügen.**

   Abbildung 4.16 zeigt meine drei Folien, die ein Beispiel für jede Farbpalettenauswahl in meinem Quiz geben. Sie können jede Folie für Ihr Quiz beliebig anpassen.

Abbildung 4.16: Die Ergebnisfolien der Farbpaletten Warm, Kalt und Neutral

3. **Klicken Sie mit der rechten Maustaste auf ein Kontrollkästchen oder eine Schaltfläche neben einer Antwortmöglichkeit auf Ihrer ersten Folie und klicken Sie dann im angezeigten Menü auf die Schaltfläche LINK.**

   Alternativ können Sie auch einfach Strg+K (auf einem PC) beziehungsweise cmd ⌘+K (auf einem Mac) drücken, während ein Kontrollkästchen aktiviert ist. Es wird ein Popup-Fenster zur Eingabe eines Links angezeigt (siehe Abbildung 4.17).

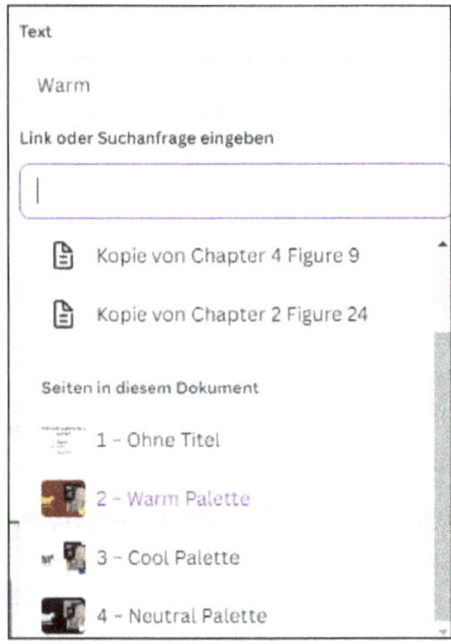

Abbildung 4.17: Auswählen der Ergebnisfolie für den Link in jeder Antwortmöglichkeit

4. **Wählen Sie aus der Liste im Abschnitt SEITEN IN DIESEM DOKUMENT des Popup-Fensters die entsprechende Ergebnisfolie als Ziel für den Link aus.**

Sie müssen Schritt 4 für jede Antwortmöglichkeit in Ihrem Quiz wiederholen.

Ihre Antwortmöglichkeiten sind nun mit der entsprechenden Ergebnisfolie verknüpft. Führen Sie als Nächstes diese Schritte aus, um Ihr Quiz fertigzustellen und herunterzuladen:

1. **Bereiten Sie sich auf den Test Ihres Quiz vor, indem Sie auf die Schaltfläche PRÄSENTIEREN in der oberen rechten Ecke Ihres Editors und dann erneut auf PRÄSENTIEREN klicken.**
2. **Klicken Sie in der resultierenden Präsentation auf jede Antwortmöglichkeit, um zu prüfen, ob die Links richtig eingerichtet sind und das Quiz reibungslos von den Antworten zu den Ergebnissen übergeht.**

3. **Drücken Sie die Esc-Taste auf Ihrer Tastatur, um die Präsentation zu beenden und zu Ihrem Editor zurückzukehren.**

4. **Um das Quiz als PDF herunterzuladen, klicken Sie oben rechts in Ihrem Editor auf die Schaltfläche TEILEN und wählen Sie im angezeigten Dropdown-Menü die Option HERUNTERLADEN.**

5. **Wählen Sie in den angezeigten Dateitypoptionen PDF-STANDARD oder PDF-DRUCK aus.**

   Wenn Sie auf eines dieser Formate klicken, bleiben die Links in Ihrer Präsentation erhalten.

6. **Klicken Sie auf die Schaltfläche HERUNTERLADEN und folgen Sie den Anweisungen, um die Datei auf Ihrem Computer zu speichern.**

Öffnen und testen Sie Ihr heruntergeladenes PDF durch Klicks auf die Links, um zu pürfen, ob sie ordnungsgemäß funktionieren.

Um Ihr getestetes Quiz als Website-Link zu teilen, gehen Sie wie folgt vor:

1. **Klicken Sie oben rechts in Ihrem Editor auf die Schaltfläche TEILEN und wählen Sie im angezeigten Dropdown-Menü die Option LINK FÜR ÖFFENTLICHE ANSICHT.**

2. **Klicken Sie auf die Schaltfläche LINK FÜR ÖFFENTLICHE ANSICHT ERSTELLEN.**

   Canva generiert einen teilbaren, schreibgeschützten Link.

3. **Klicken Sie auf die Schaltfläche KOPIEREN, um den Link in Ihre Zwischenablage zu kopieren.**

4. **Machen Sie den kopierten Link auf Ihrer Website oder direkt in Ihrem Browser ausführbar.**

   Sie können

   - *den kopierten Link verwenden, um das Quiz in Ihre Website einzubetten,* indem Sie den Link zu einer Schaltfläche, einem Hyperlinktext oder einem Bild auf Ihrer Webseite hinzufügen.

Testen Sie den Link auf Ihrer Website, damit er die Benutzer auch wirklich korrekt zum interaktiven Quiz weiterleitet.

- *diesen Link verwenden, um ein Quiz in eine andere Website einzubetten,* die Sie in Canva erstellen, wenn Sie die Embed-Anwendung nutzen, die Sie durch Klicken auf das APPS-Symbol in der linken Navigationsleiste finden. Dies kann nützlich sein, wenn Sie Ihr Design modularisieren oder dasselbe Quiz an mehreren Stellen einsetzen möchten.
- *den Link in die URL-Leiste Ihres Browsers einfügen,* damit das Quiz direkt in Ihrem Browser geladen wird.

In diesem Abschnitt erstellen Sie manuell ein Quiz für Ihr Publikum. Vor Kurzem (während ich dies schreibe) hat Canva ein interaktives Abstimmungstool herausgebracht. Um es auszuprobieren, gehen Sie zu `www.canva.com/poll-maker/`. Sie könnten damit beispielsweise das Quiz aus diesem Abschnitt als interaktive Abstimmung erstellen.

Infografiken erstellen, die eine Geschichte erzählen

Infografiken sind leistungsstarke Tools zur Darstellung komplexer Informationen in einem leicht verständlichen visuellen Format. Canva vereinfacht die Erstellung von Infografiken mit Hunderten von Vorlagen, aus denen Sie wählen können, um Ihre Geschichte optimal zu visualisieren.

Hier die grundlegenden Schritte zum Entwerfen einer Infografik:

1. **Öffnen Sie Canva, klicken Sie auf der Startseite auf die Schaltfläche DESIGN ERSTELLEN und geben Sie `Infografik` in die Suchleiste im angezeigten Dropdown-Menü ein.**

   Wählen Sie alternativ VORLAGE aus dem Scroll-Menü auf der linken Seite und geben Sie `Infografik` in die Suchleiste ein.

2. **Klicken Sie im daraufhin angezeigten Vorlagenfenster auf eine Vorlage, die zu der Art von Informationen passt, die Sie präsentieren möchten.**

   Abbildung 4.18 zeigt ein Beispiel, das zu dem Monat passt, in dem ich dieses Kapitel geschrieben habe. Ich füge einen Link zu diesem Beispiel unter `https://jessestay.com/canvabook` ein, falls Sie selbst mit dieser speziellen Vorlage spielen möchten.

3. **Klicken Sie in der linken Navigationsleiste auf das ELEMENTE-Symbol und geben Sie `Infografik` in das Suchfeld ELEMENTE ein, um relevante Grafiken anzuzeigen, die Ihr Design verbessern können.**

   Sie können Diagramme, Symbole und Bilder verwenden, um die Vorlage anzupassen und Ihre Daten zu visualisieren. Abbildung 4.19 zeigt mögliche Elemente.

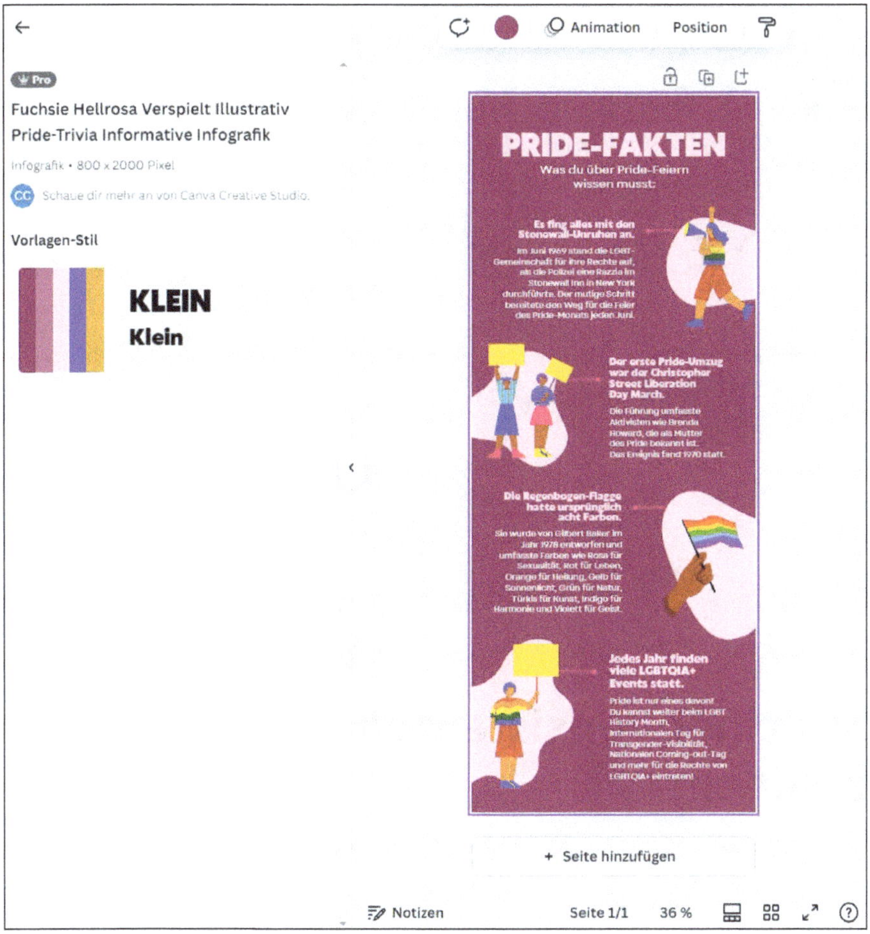

Abbildung 4.18: Eine lustige Infografikvorlage zum Pride-Monat

4. **Fügen Sie nach Bedarf Text- und Bildelemente hinzu und ordnen Sie sie neu an, um die Informationen logisch zu organisieren.**

   Auf diese Weise stellen Sie sicher, dass Ihre Infografik von Anfang bis Ende eine klare und überzeugende Geschichte erzählt.

Wenn Sie ein Portfolio erstellen, versuchen Sie, eine Infografik zu erstellen, die Ihren beruflichen Werdegang für Ihr Portfolio darstellt. Suchen Sie zunächst in der DESIGN-Seitenleiste oder bei der Auswahl einer neuen Vorlage nach `Lebenslauf-Infografik`.

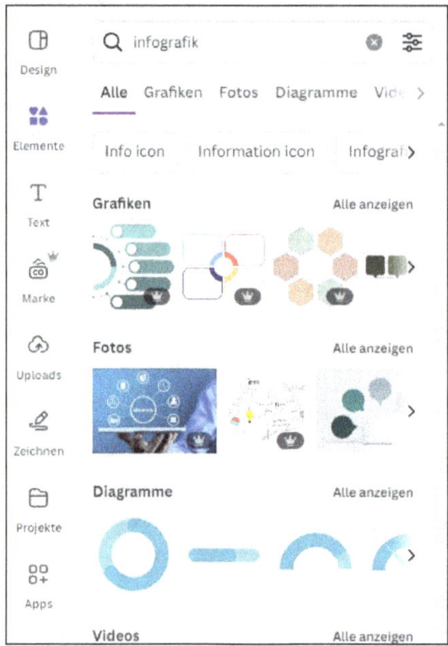

Abbildung 4.19: Suche nach Bildern für mein Infografik-Design

Aufbau einer konsistenten Markenidentität

Irgendwann verlangt Ihr Arbeitgeber von Ihnen vielleicht, dass Sie für alle Designs, die Sie für das Unternehmen erstellen, einen bestimmten Satz Richtlinien verwenden. Dieser Satz von Richtlinien und Stilen wird als *Markenrichtlinie* oder *Styleguide* bezeichnet. Eine konsistente Markenidentität trägt dazu bei, Wiedererkennungswert und Vertrauen bei Ihrer Zielgruppe aufzubauen. Sie können Canvas eigene Markenrichtlinie und den Styleguide unter `https://canvacreative.team/brand` einsehen. In diesem Abschnitt erkläre ich, wie Sie die Markenunterlagen-Funktion von Canva verwenden, visuelle Konsistenz wahren und einer Marke auf verschiedenen Plattformen treu bleiben.

Markenunterlagen von Canva verwenden

Mit Canva steht Ihnen ein vollständiges Toolset zur Verfügung, um die Konsistenz (und Marke) in all Ihren Designs aufrechtzuerhalten. Diese Konsistenz ist an dem Look and Feel – und manchmal sogar den rechtlichen Markenzeichen – der Unternehmen, Kunden und Marken ausgerichtet, mit denen Sie zusammenarbeiten.

Wenn Sie Markenunterlagen für sich selbst oder Ihr Unternehmen erstellen wollen, gehen Sie wie folgt vor:

1. **Klicken Sie auf der Startseite auf das Markensymbol in der linken Navigationsleiste, um die MARKE-Seitenleiste zu öffnen.**

Diese MARKE-Seitenleiste ist eine Canva-Pro-Option. Unter `https://jessestay.com/canvapro` finden Sie einen Link zur 30-tägigen kostenlosen Testversion, die Sie nutzen können, während Sie die Aufgaben in diesem Buch erledigen.

2. **Klicken Sie in der Seitenleiste auf die Option MARKENUNTERLAGEN, um die verfügbaren Markenunterlagen anzuzeigen.**

   Wenn keine Markenunterlagen aufgeführt sind, klicken Sie auf die Schaltfläche + NEU HINZUFÜGEN und folgen Sie den Anweisungen, um Ihre eigenen Markenunterlagen zu erstellen.

3. **Klicken Sie auf der Seite MARKENUNTERLAGEN auf die Markenunterlagen, die Sie bearbeiten möchten.**

   Abbildung 4.20 zeigt meine Markenunterlagen-Seite.

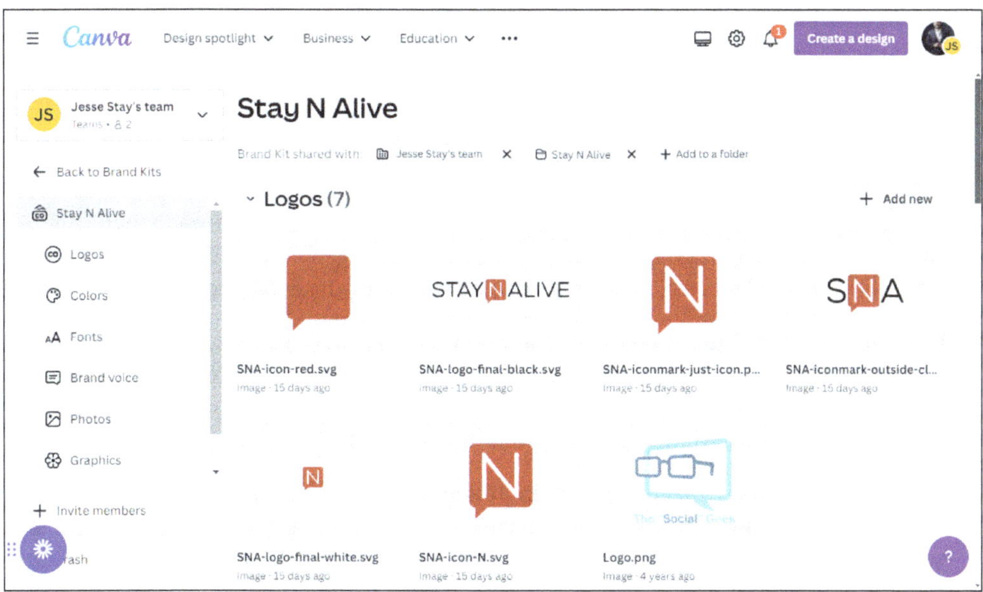

Abbildung 4.20: Eine Markenunterlagen-Seite eines Unternehmens aus der Marken-Seitenleiste

4. **Wählen Sie aus dem Scroll-Menü auf der linken Seite einen Abschnitt der Markenunterlagen aus, zum Beispiel Logos, Farben, Schriftarten und so weiter.**

5. **Klicken Sie in einem der Abschnitte auf die Schaltfläche + NEU HINZUFÜGEN, um neue Farben, Schriftarten und Logos hinzuzufügen oder Richtlinien für jeden Teil Ihrer Marke hinzuzufügen.**

Nachdem Sie Ihre Markenunterlagen erstellt haben, können Sie es auf alle neuen Designs anwenden, um Konsistenz zu wahren. Klicken Sie beim Erstellen eines Designs jederzeit einfach auf das MARKE-Symbol in der linken Navigationsleiste, um Ihre Markenunterlagen im Dropdown-Menü auszuwählen. Nutzen Sie die Logos, Schriftarten und Farben, die Sie dort gespeichert haben, um die Konsistenz in Ihren Designs zu wahren.

Wenn Sie auf der Registerkarte MARKE unter Ihrer Marke auf die Farbpalette klicken, wird die Farbpalette Ihres Designs neu gemischt, um sie auf andere Weise an Ihre Markenfarben anzupassen. Wenn Sie ein Portfolio erstellen (siehe frühere Abschnitte in diesem Kapitel) und Ihre Markenunterlagen eingerichtet haben, klicken Sie bei geöffnetem Portfolio ein paar Mal auf die Farbpalette, um zu beobachten, wie die Farbanpassung funktioniert.

Visuelle Konsistenz wahren

Um visuelle Konsistenz für seine kundenorientierten Materialien zu schaffen und aufrechtzuerhalten, könnte ein Café dieselben Farben, Schriftarten und so weiter für alle Speisekarten, Social Media und Beschilderungen verwenden, um die Marke sofort erkennbar zu machen. Vergleichbar damit könnte ein Immobilienmakler eine einheitliche Platzierung des Logos, Rahmenstile und Farben in Angeboten und Broschüren verwenden, um ein professionelles, wiedererkennbares Erscheinungsbild zu schaffen. Diese einfachen Maßnahmen können Unternehmen dabei helfen, die Markenidentität und das Kundenvertrauen zu stärken. Canva bietet mehrere Tools, die Sie und Ihr Unternehmen dabei unterstützen, genau das zu erreichen.

Hier ein paar Tipps, wie Sie mit den Tools von Canva einheitliche Designelemente in Ihre Projekte integrieren können:

- ✔ **Verwenden Sie Ihre Markenunterlagen.** Sorgen Sie dafür, dass alle Ihre Designs die Farben, Schriftarten und Logos aus Ihren Markenunterlagen verwenden. Lesen Sie den vorhergehenden Abschnitt, in dem es um die Einrichtung Ihrer Markenunterlagen geht.
- ✔ **Erstellen Sie Markenvorlagen.** Verwenden Sie Canva, um Markenvorlagen für verschiedene Arten von Inhalten zu erstellen und so ein einheitliches Erscheinungsbild auf allen Plattformen zu erhalten. Beispielsweise möchten Sie vielleicht, dass alle Ihre Social-Media-Beiträge dieselbe Text- und Bildplatzierung haben.

  Die meisten Beispielvorlagen, die ich in diesem Buch verwende, finden Sie unter `https://jessestay.com/canvabook`. Dabei handelt es sich sowohl um Markenvorlagen als auch um Projektvorlagen. Sie ermöglichen es mir, Ihnen eine bestimmte Struktur anzubieten, wenn Sie sich dafür entscheiden, die Vorlagen zu verwenden und dabei den Anweisungen in diesem Buch zu folgen.

Gehen Sie wie folgt vor, um eine Markenvorlage zu erstellen:

1. **Klicken Sie auf das Markensymbol in der linken Navigationsleiste, um von Ihrer Startseite aus auf die MARKE-Seitenleiste zuzugreifen.**
2. **Wählen Sie die Option MARKENVORLAGEN und klicken Sie im Arbeitsbereich auf die Schaltfläche + NEUES ELEMENT HINZUFÜGEN, um eine neue Markenvorlage zu erstellen.**

   Abbildung 4.21 zeigt die Seite MARKENVORLAGEN in meinem Canva-Arbeitsbereich.
3. **Suchen, wählen und passen Sie beliebige Vorlagentypen an, indem Sie die Elemente Ihrer Markenunterlagen verwenden (Farben, Schriftarten, Logos und so weiter).**

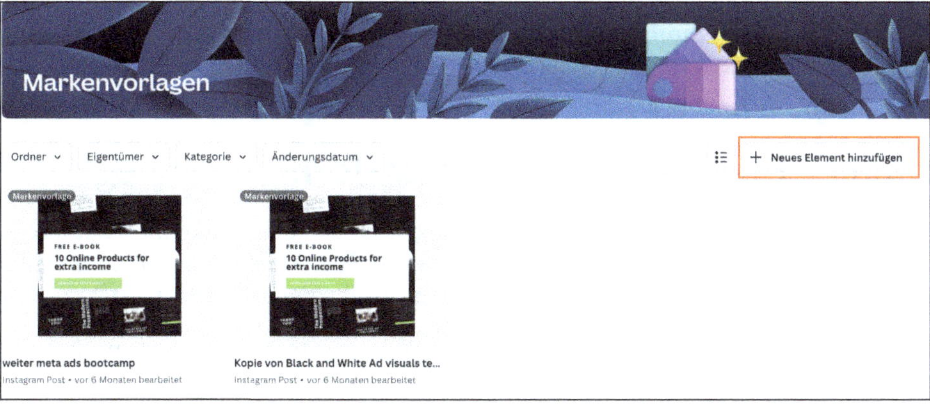

Abbildung 4.21: Erstellen einer neuen Markenvorlage aus dem Abschnitt »Markenvorlagen« der Registerkarte »Marke«

Ausführlichere Anweisungen zum Auswählen und Anpassen von Vorlagen finden Sie in Kapitel 2.

4. **Klicken Sie oben rechts im Editor auf TEILEN, dann auf ALLE ANZEIGEN und dann im Dropdown-Menü auf MARKENVORLAGE, um ein beliebiges Design zu veröffentlichen und es in Ihrem Bereich für Markenvorlagen zu speichern.**

   Abbildung 4.22 zeigt, wie die Seite aus meinem Portfolio als Markenvorlage gespeichert wird. Wenn Sie eine Vorlage auf diese Weise speichern, können Sie und jedes Mitglied Ihres Teams die vereinbarten Markenvorlagen für zukünftige Designs nutzen.

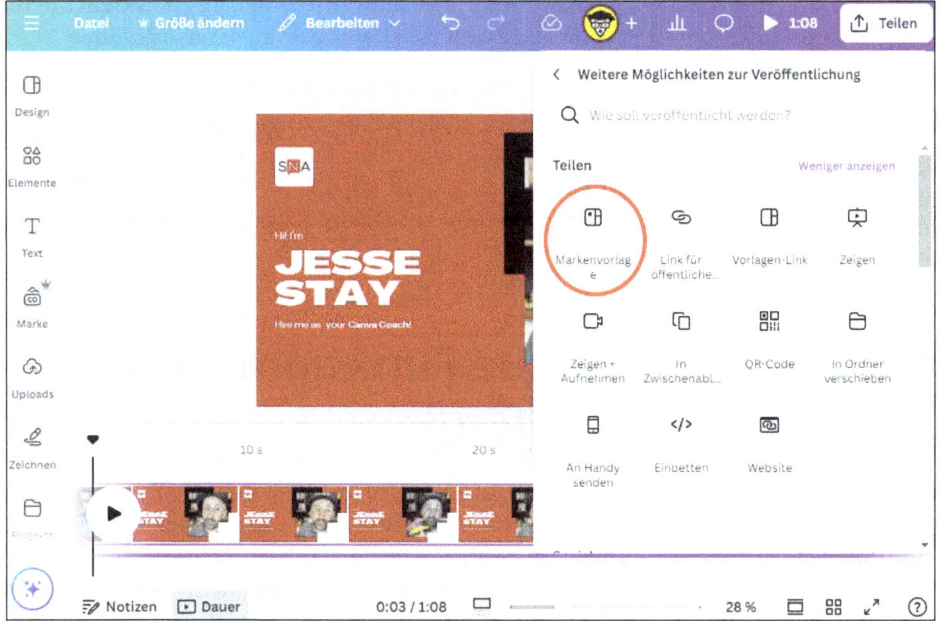

Abbildung 4.22: Klicken Sie in den Teilen-Optionen auf die Schaltfläche »Markenvorlage«, um ein beliebiges Design als Vorlage zu speichern.

Sie müssen Ihre Vorlagen regelmäßig aktualisieren, um alle Änderungen Ihrer Markenidentität widerzuspiegeln.

Branding über verschiedene Plattformen hinweg

Jede Plattform – ob TikTok, Instagram, Facebook, YouTube oder LinkedIn – hat ihre eigenen Anforderungen in Bezug auf das Hosting verschiedener Medientypen. Eine einheitliche Markenidentität auf all diesen Plattformen ist von entscheidender Bedeutung.

Gehen Sie wie folgt vor, um Canva als Tool zur Wahrung Ihrer Markenidentität auf allen Plattformen einzusetzen:

1. **Öffnen Sie Canva und klicken Sie auf Neues Design erstellen, suchen Sie nach einer bestimmten Plattform und wählen Sie eine der angezeigten Vorlagen aus.**

   Sie können Vorlagen auswählen, die für bestimmte Plattformen wie Instagram, Facebook oder LinkedIn entwickelt wurden. Geben Sie bei der Suche nach Ihrer Vorlage beispielsweise `LinkedIn-Post` oder `Facebook Reel` ein.

2. **Klicken Sie mit der ausgewählten Vorlage im Editor auf das Marke-Symbol in der linken Navigationsleiste und wählen Sie Ihre Markenunterlagen aus.**

   Informationen zum Erstellen Ihrer Markenunterlagen finden Sie im Abschnitt *Markenunterlagen von Canva verwenden* weiter vorn in diesem Kapitel.

3. **Wenden Sie Ihre Markenelemente auf die ausgewählte Vorlage an, indem Sie die Logos, Schriftarten und Farben aus Ihren Markenunterlagen auswählen.**

Erstellen Sie Markenvorlagen für jede einzelne Plattform, die Ihr Unternehmen oder Ihre Marke verwendet. Klicken Sie dazu oben in Ihrem Editor auf die Schaltfläche Als Markenvorlage veröffentlichen. So erhalten andere Mitglieder Ihres Teams schnellen Zugriff auf alle genehmigten, ähnlichen Vorlagen, die sie in sozialen Medien und auf anderen digitalen Plattformen verwenden können.

Bleiben Sie über neue Funktionen von Canva auf dem Laufenden

Canva entwickelt sich ständig weiter! Bleiben Sie über neue Funktionen informiert, um Ihre Designs aktuell und innovativ zu halten. Während ich dieses Kapitel schreibe, hat Canva gerade auf seiner jährlichen Canva-Create-Konferenz ein revolutionäres neues Glow-Up-Update veröffentlicht, bei dem es eine Neugestaltung seiner gesamten Website ankündigte! Die gute Nachricht ist, dass ich die neuesten Bilder und Screenshots der Website in meinen Text einbinden konnte. Tatsächlich habe ich meine Markenunterlagen verwendet, um einige der alten Marken, die ich vor dem Glow-Up-Update verwendet habe, mit nur ein paar Klicks automatisch zu ändern.

Wie Sie sich vorstellen können, werden auch bei Canva häufig Änderungen vorgenommen, genau wie Sie Ihre eigenen Designs frisch und innovativ halten möchten. Daher sollten Sie unbedingt wissen, wo Sie nach neuen Entwicklungen suchen können und was zu tun ist, wenn Sie bei Canva etwas sehen, das nicht mit dem übereinstimmt, was Sie in diesem Buch lesen. In diesem Abschnitt erkläre ich, wie Sie mit neuen Tools Schritt halten, Canva für aktuelle Trends nutzen und die Zukunft des Designs mit Canva erkunden.

Mit neuen Tools Schritt halten

Canva veröffentlicht häufig neue Tools und Funktionen, die Ihre Designfähigkeiten verbessern können.

So können Sie auf dem Laufenden bleiben:

✔ **Lesen Sie Canvas eigene Updates auf digitalen Medienplattformen nach.** Canva ist ziemlich gut darin, seinen Blog und seine Social-Media-Kanäle zeitnah zu aktualisieren. Besuchen Sie regelmäßig Canvas Blog und abonnieren Sie ihn oder folgen Sie seinen Social-Media-Kanälen, um über neue Funktionen auf dem Laufenden zu bleiben. Hier informiere ich mich am liebsten über Updates von Canva:

- Canva-Blog: `https://www.canva.com/learn/`
- Canva-Newsroom: `https://www.canva.com/newsroom/news/`
- Canva auf X (früher Twitter): `https://x.com/canva`
- Canva auf Instagram: `https://www.instagram.com/canva/`
- Canva auf Facebook: `https://www.facebook.com/canva`
- Die offizielle Facebook-Gruppe der Canva-Design-Community: `https://www.facebook.com/groups/220885194946296`
- Was ist neu bei Canva: `https://www.canva.com/whats-new`

✔ **Treten Sie der offiziellen Community dieses Buches bei!** Ich habe eine exklusive Community und eine Reihe von Ressourcen nur für die Leser dieses Buches erstellt. Dazu gehören Beispielvorlagen aus dem Buch, Informationen zu meinen Angeboten wie Coaching, Tutorials, Updates, Anleitungen und mehr.

Tatsächlich habe ich die Community aufgebaut und hoste sie sogar in Canva (der Link leitet Sie zu einer Canva-nativen Website weiter)! Sie können auf all dies unter `https://jessestay.com/canvabook` zugreifen. Dieses Buch kratzt nur an der Oberfläche dessen, was Sie bekommen, und verweist Sie beim Lesen auf die Website für tiefergehende Informationen!

- ✔ **Experimentieren Sie mit neuen Tools, die Sie in der Canva-Oberfläche finden.** Der beste Weg, neue Funktionen in Canva zu entdecken, besteht darin, ständig herumzuexperimentieren. Nehmen Sie sich Zeit, neue Tools und Funktionen zu erkunden und auszuprobieren, sobald sie verfügbar sind. Man weiß nie, was man finden könnte!

Canva für aktuelle Trends nutzen

Wenn Sie Canva einsetzen, um über aktuelle Designtrends auf dem Laufenden zu bleiben, können Sie Ihre Inhalte relevant und ansprechend halten. Sie können die neuesten Designtrends untersuchen und sie bei Bedarf in Ihre Canva-Designs integrieren. Recherchieren Sie ein wenig, indem Sie Designblogs, Social Media und Branchenpublikationen verfolgen, um über die neuesten Trends auf dem Laufenden zu bleiben. Meine bevorzugten Ressourcen finden Sie in Tabelle 4.1.

Ressourcenname	Webseite	Was Sie dort finden
Design-Blogs		
Smashing Magazin	`https://www.smashingmagazine.com/`	Bietet Artikel zu Webdesign, Grafikdesign, UX-Design und mehr, mit Schwerpunkt auf praktischen Ratschlägen und Techniken.
Creative Blog	`https://www.creativebloq.com/`	Deckt ein breites Themenspektrum ab, darunter Grafikdesign, Webdesign, Illustration und 3D-Kunst. Außerdem werden Tutorials, Branchennachrichten und Inspirationen angeboten.
Designmodo	`https://designmodo.com/`	Bietet Design- und Entwicklungstutorials, Ressourcen und Branchennachrichten ebenso wie Einblicke in UI/UX-Design, Webentwicklung und digitales Marketing.
AIGA Eye on Design	`https://eyeondesign.aiga.org/`	Dieser von der AIGA, der Berufsvereinigung für Design, betriebene Blog enthält Artikel zu Designtrends, Designerinterviews und ausführliche Besprechungen von Designthemen.
It's nice that	`https://www.itsnicethat.com/`	Konzentriert sich auf die Präsentation kreativer Arbeiten aus verschiedenen Bereichen, darunter Grafikdesign, Illustration, Fotografie und mehr. Außerdem werden Neuigkeiten und Trends aus der Branche behandelt.
Social-Media-Konten		
@creativemarket	`www.instagram.com/creativemarket`	Präsentiert Produkte, Designinspirationen und Tutorials. Creative Market ist eine Plattform für Designressourcen und -tools.

Social-Media-Konten		
@dribble	`www.instagram.com/dribble`	Der Instagram-Account von Dribble präsentiert Top-Designs und Designer aus der Community und sorgt so für einen ständigen Strom an Inspiration.
@behance	`https://x.com/behance`	Offizieller X-Account von Behance mit Projekten, Designtrends und Einblicken aus der Kreativ-Community.
@adobedesign	`https://.com/adobedesign`	Das Designteam von Adobe bietet Updates, Inspirationen und Einblicke hinter die Kulissen seiner kreativen Prozesse.
Branchenpublikationen		
Communication Arts	`www.commarts.com/`	Eine führende Publikation für visuelle Kommunikation, die Grafikdesign, Werbung, Fotografie und Illustration abdeckt. Sie enthält Artikel, Wettbewerbe und Präsentationen der besten Arbeiten.
WIE Design	`https://howdesignlive.com/`	Bietet Ressourcen und Einblicke für Grafikdesigner, darunter Artikel zu Designtrends, Karriereberatung und Tutorials.
Print Magazine	`http://www.printmag.com/`	Konzentriert sich auf visuelle Kultur und Design und bietet Artikel zu Grafikdesign, Typografie, Branding und mehr.
Design Week	`https://www.designweek.co.uk/`	Deckt die neuesten Nachrichten, Trends und Erkenntnisse der Designbranche ab. Es werden Interviews, Fallstudien und Analysen von Designtrends präsentiert.
Graphic Design USA	`http://gdusa.com/`	Bietet Neuigkeiten, Trends und Features zu Grafikdesign, digitalem Design und Inhouse-Design. Außerdem werden Designwettbewerbe und -präsentationen veranstaltet.

Tabelle 4.1: Canva-Designressourcen

Wenn Sie in Tabelle 4.1 neue Trends entdecken, nutzen Sie die Vorlagen und Tools von Canva, um diese in Ihr Portfolio zu integrieren, damit es modern und aktuell bleibt. Wenn beispielsweise minimalistisches Design im Trend liegt, sollten Sie das Layout Ihres Portfolios durch klare Linien und viel Weißraum vereinfachen (sofern Sie die Schritte in diesem Kapitel zum Erstellen eines Portfolios befolgt haben).

Es ist zwar gut, Trends zu folgen, sie müssen jedoch zu Ihrer persönlichen Marke passen und die Botschaft vermitteln, die Sie vermitteln möchten.

Fehlende Informationen finden

Manchmal stoßen Sie auf Lücken in Ihrem Designwissen oder Sie benötigen bestimmte Informationen für Ihr Projekt. Zusätzlich zu den Ressourcen in den vorherigen Abschnitten dieses Kapitels bietet Canva Ressourcen, die Ihnen dabei helfen, diese Lücken zu schließen.

Hier einige Ressourcen, die Sie ausprobieren können:

- ✔ **Erkunden Sie das Hilfecenter von Canva.** Gehen Sie zu `https://canva.com/learn` und klicken Sie im oberen Menü auf LEARN (Lernen) und dann im angezeigten Dropdown-Menü auf HELP CENTER (Hilfecenter) (siehe Abbildung 4.23), um auf das Hilfecenter zuzugreifen. Dort finden Sie Tutorials, FAQs und Artikel zur Verwendung verschiedener Funktionen.

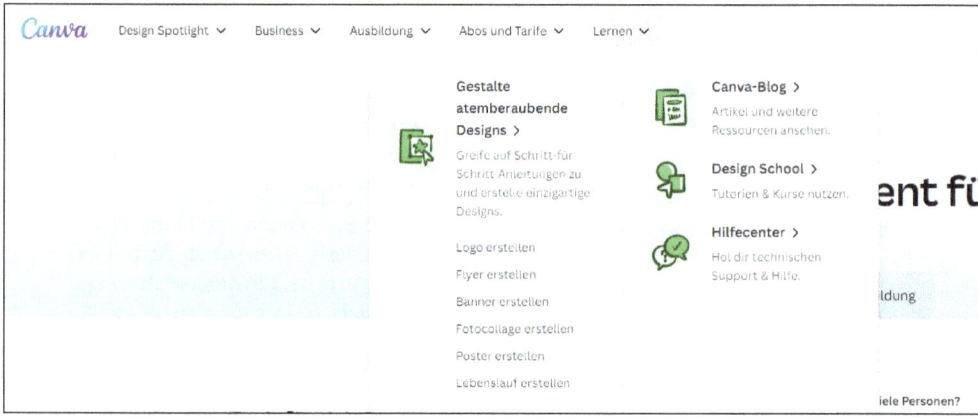

Abbildung 4.23: So finden Sie das Hilfe-Center auf der Canva-Startseite.

- ✔ **Treten Sie den Community-Foren von Canva bei.** Canva hat eine florierende Design-Community auf Facebook. Sehen Sie sich den Link im Abschnitt *Mit neuen Tools Schritt halten* an und beantragen Sie die Aufnahme in die Facebook-Gruppe. In dieser Gruppe können Sie mit anderen Canva-Benutzern in Kontakt treten, Fragen stellen, Tipps austauschen und Feedback zu Ihren Designs erhalten. Suchen Sie dort nach mir und sagen Sie Hallo.

IN DIESEM KAPITEL

Social-Media-Posts gestalten, die auffallen

Brandings zu Social-Media-Kampagnen hinzufügen

Mit dem Inhaltsplaner von Canva planen und nachverfolgen

Ausgefallenere Inhalte für soziale Medien erstellen oder gemeinsam daran arbeiten

Kapitel 5 Canva für Ihre Social-Media-Präsenz

Jetzt ist es an der Zeit, mit Canva Ihren Auftritt in Social Media zu optimieren! Als Canva 2013 auf den Markt kam, war sein ursprünglicher Zweck, als Tool zum Erstellen einfacher visueller Inhalte für die Verwendung in Social Media zu dienen. Später entdeckte das Unternehmen die Möglichkeit, einfache Grafikdesign-Funktionen für nahezu jede Berufsrolle und jedes Arbeitsfeld anzubieten. Damit ist die Grafikgestaltung und -verwaltung für Social Media in jeden Teil der Canva-Benutzeroberfläche integriert.

In diesem Kapitel zeige ich Ihnen die Techniken und Tools, mit denen Sie Ihre Social-Media-Designs optimieren. Und um das Ganze spannender und praktischer zu gestalten, führe ich Sie durch die Erstellung einer Social-Media-Kampagne für die Einführung eines neuen Produkts. Jeder Abschnitt fügt Ihrer Kampagne neue Elemente hinzu und stellt verschiedene Canva-Funktionen vor, die Sie in Ihren eigenen Social-Media-Kampagnen verwenden können. Wenn Sie alle Schritte in diesem Kapitel befolgen, erstellen Sie eine vollständige Social-Media-Kampagne, die Sie für Ihre eigenen Projekte anpassen können!

Entwicklung von Social-Media-Kampagnen

Ihr Social-Media-Publikum verfolgt im Allgemeinen Feeds mit Inhalten, die hauptsächlich von Familienangehörigen und Freunden stammen. Als Canva-Designer besteht Ihre Aufgabe darin, dafür zu sorgen, dass Ihre Inhalte – von einer wenig bekannten Marke – aus dem vorhandenen Strom bekannter Gesichter und Erfahrungen hervorstechen. In diesem

Abschnitt helfe ich Ihnen dabei, die Grundlagen der Canva-Funktionalität zu erkunden, die Sie brauchen, um Ihr Content-Design für Social Media zu verbessern.

Posts für die Ästhetik von Social Media

Wie Sie vielleicht ahnen, bietet Canva eine Vielzahl von Vorlagen, die für die Verwendung in Social Media geeignet sind. Es ist wichtig, eine Vorlage auszuwählen, die für die Social-Media-Plattform geeignet ist, für die Sie entwerfen. Denken Sie jedoch daran, dass Sie eine Vorlage jederzeit an Ihre eigene Marke und Ihren eigenen Stil anpassen können.

Um mit der Einrichtung Ihres Social-Media-Beitrags in Canva zu beginnen, gehen Sie wie folgt vor:

1. **Geben Sie auf der Canva-Startseite `Instagram Post` in die obere Suchleiste ein, wie in Abbildung 5.1 gezeigt.**

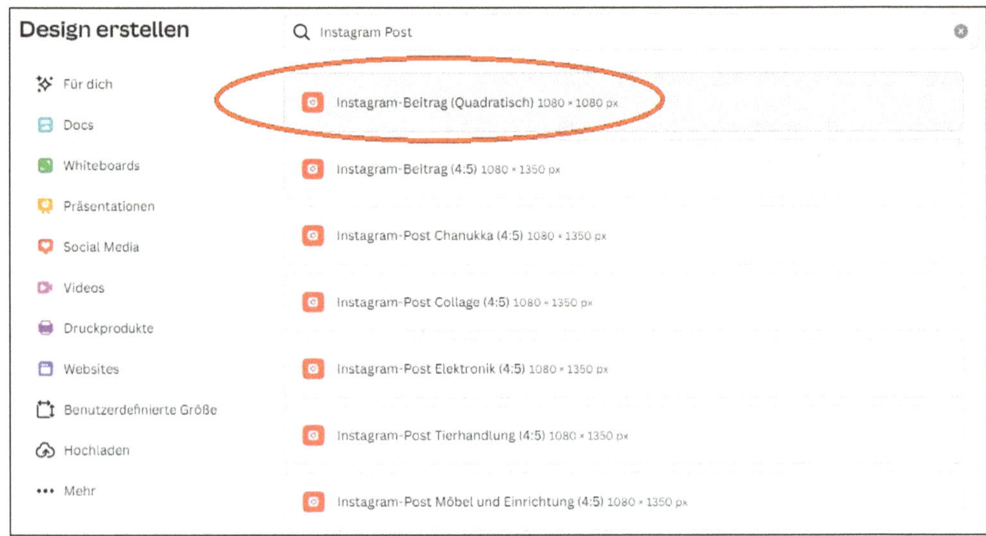

Abbildung 5.1: Suche nach Instagram-Posts auf der Canva-Startseite

2. **Wählen Sie in den Suchergebnissen die Option Instagram-Post (Quadrat) als Format für Ihren Social-Media-Beitrag aus.**

   Die Größe dieser Option (1080 × 1080 Pixel) ist für die meisten Social-Media-Plattformen optimal. In der Seitenleiste wird eine Liste verfügbarer Vorlagen im Format 1080 × 1080 Pixel angezeigt, die Sie für Ihr Design verwenden können.

3. **Wählen Sie eine Vorlage für Ihr Design oder erstellen Sie einen Beitrag über die Option Einen leeren Instagram-Beitrag erstellen von Grund auf neu, wie in Abbildung 5.2 gezeigt.**

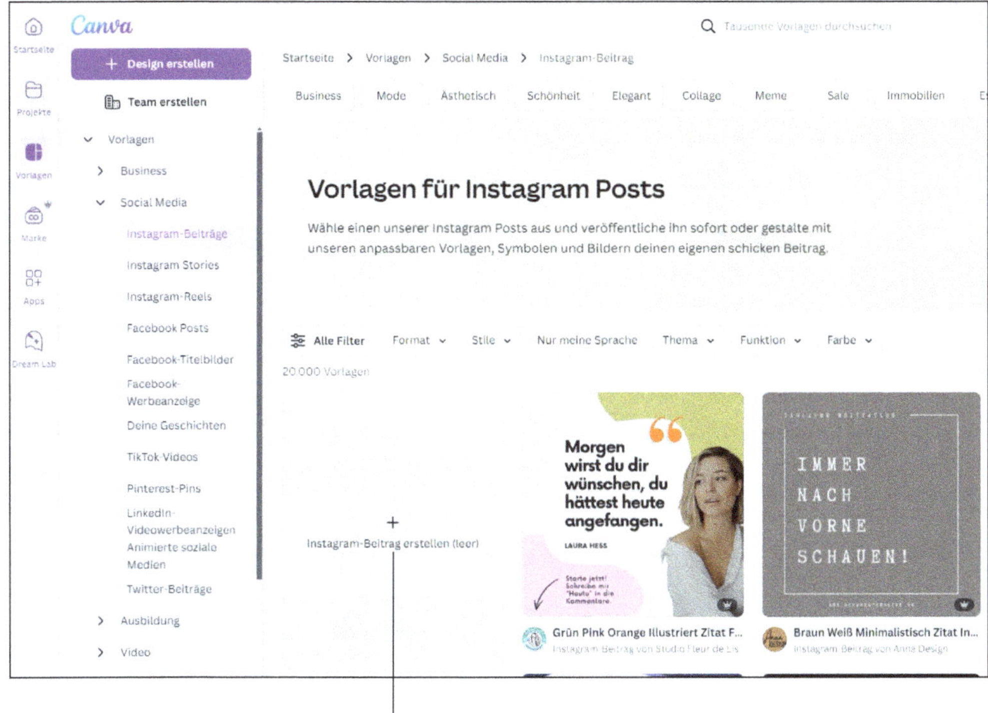

Abbildung 5.2: Klicken Sie auf diese Option, um einen leeren Instagram-Beitrag von Grund auf neu zu erstellen.

Ein leeres Editor-Fenster wird angezeigt.

Für diese Übung schlage ich vor, dass Sie statt eines leeren Instagram-Posts eine Canva-Vorlage auswählen.

4. **Klicken Sie auf die Schaltfläche Diese Vorlage anpassen.**

   Ein Beispiel für eine von Canva bereitgestellte Vorlage ist in Abbildung 5.3 gezeigt.

5. **Klicken Sie in Ihren Vorlagenbereich oder klicken Sie oben links im Vorlagenbereich auf das Symbol In neuer Registerkarte öffnen.**

   Der Editor wird mit der Vorlage Ihrer Wahl angezeigt (siehe Abbildung 5.4).

Abbildung 5.3: Wählen Sie eine vorhandene Vorlage aus der Canva-Bibliothek zum Anpassen aus.

Abbildung 5.4: Das Symbol »In neuer Registerkarte öffnen« öffnet den Editor mit allen verfügbaren Tools in einer neuen Registerkarte.

6. **Klicken Sie auf das ELEMENTE-Symbol in der linken Navigationsleiste, um die ELEMENTE-Seitenleiste zu öffnen, und suchen Sie unter der Registerkarte FOTOS oder VIDEOS nach einem auffälligen Bild oder Video, das Ihr neues Produkt repräsentiert.**

7. **Um das Bild zu Ihrem Beitrag hinzuzufügen, ziehen Sie das ausgewählte Foto oder Video per Drag&Drop auf Ihre Vorlage im Editor und passen Sie die Größe bei Bedarf an Ihr Dokument an.**

Wenn Ihre ausgewählte Vorlage einen vorhandenen Bereich für ein Foto oder Video hat, ziehen Sie Ihr Foto oder Video an diese Stelle. Es wird automatisch auf die Abmessungen des Bereichs des Platzhalterbilds oder -fotos in Ihrer Vorlage formatiert (siehe Abbildung 5.5).

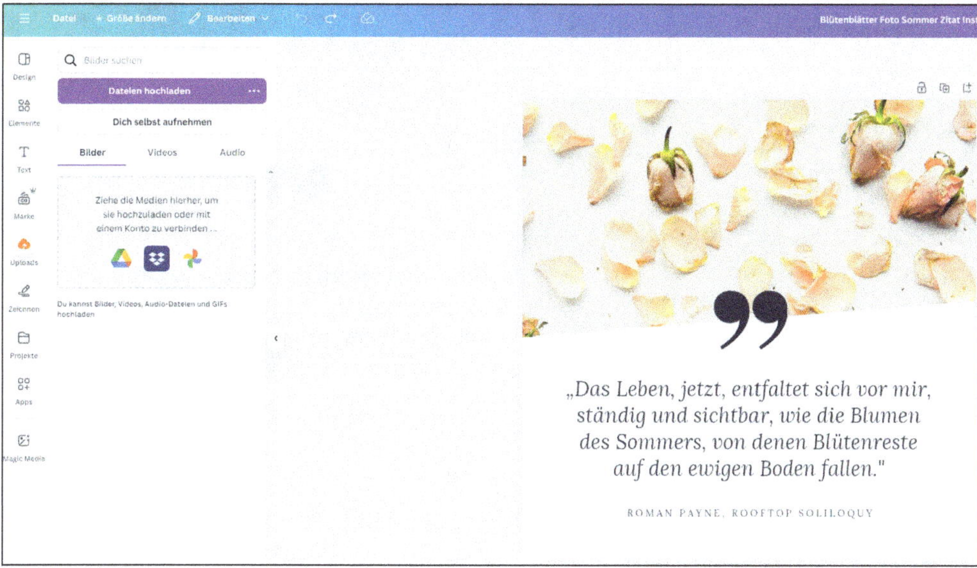

Abbildung 5.5: Ein Foto aus der linken Seitenleiste in den Editor ziehen

Sie können auch Fotos oder Videos aus der Registerkarte UPLOADS in Ihre Vorlage ziehen.

8. **Wählen Sie das Foto oder Video im Editor aus, klicken Sie in der Symbolleiste über dem Foto oder Video auf die Option BEARBEITEN und dann in der Seitenleiste auf ANPASSEN.**

   Auf der linken Seite wird ein neues Menü ANPASSEN angezeigt (siehe Abbildung 5.6). Über dieses Menü können Sie Helligkeit, Kontrast und Sättigung anpassen, damit Ihr Bild hervorsticht.

9. **Doppelklicken Sie in Ihrer Vorlage auf einen beliebigen Text oder andere Vorlagenfunktionen, um sie Ihren Wünschen entsprechend zu bearbeiten.**

   Sie können:

   - *mit der Menüleiste oben in Ihrem Editor Farben, Schriftarten und Schriftgrößen nach Belieben anpassen* (oder einfach die Schriftarten aus der Vorlage beibehalten).
   - *andere Bereiche Ihrer Vorlage auswählen,* beispielsweise den Hintergrundbereich, und versuchen, die Farben zu ändern.
   - *kreativ werden!* In Kapitel 3 finden Sie einige tolle Ideen, wie Sie Ihre Entwürfe noch kreativer gestalten können.

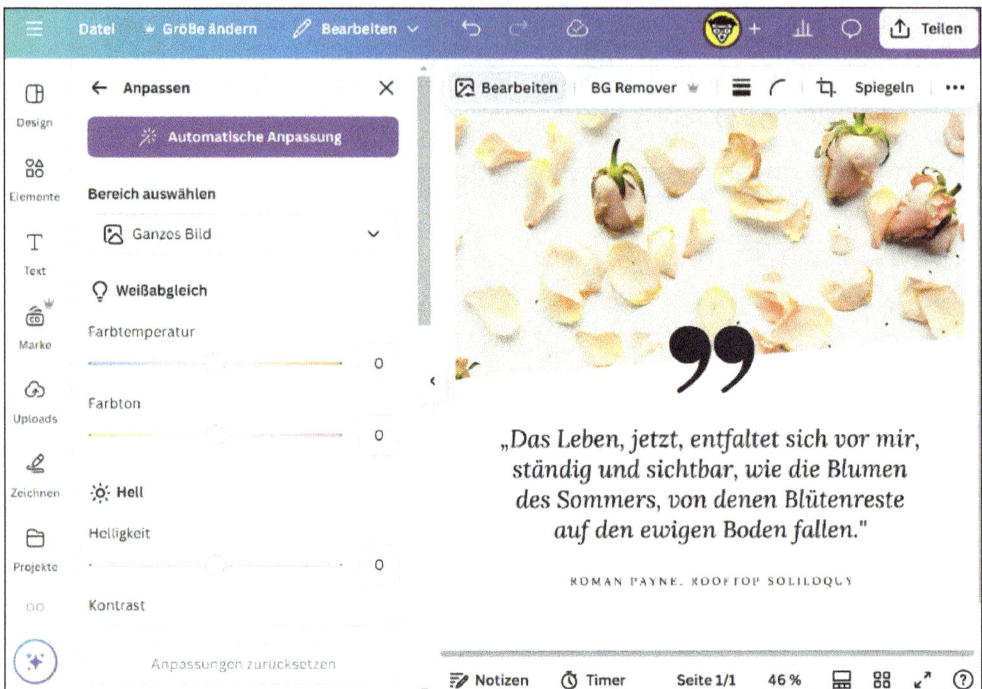

Abbildung 5.6: Das Menü »Anpassen«

Für die Social-Media-Kampagne sieht das endgültige Design wie in Abbildung 5.7 gezeigt aus.

Abbildung 5.7: Ein Social-Media-Beitrag

Eine Größenänderung vornehmen

Nachdem Sie Ihren Social-Media-Beitrag (für eine bestimmte Plattform) in Canva erstellt haben, können Sie den Beitrag an die Formatrichtlinien anderer Social-Media-Plattformen anpassen. Für das Beispiel des quadratischen Instagram-Beitrags im vorherigen Abschnitt kann ich dies an ein größeres Format für Facebook oder eine animierte Form für das vertikale Videoformat von TikTok sowie für andere Plattformen im jeweils optimalen Format anpassen.

Befolgen Sie diese einfachen Schritte, um einen Social-Media-Beitrag, den Sie für eine Plattform erstellen, in zusätzliche Formate für andere soziale Netzwerke umzuwandeln:

1. **Klicken Sie bei einem im Canva-Editor geöffneten Social-Media-Beitrag auf die Schaltfläche Größe ändern in der oberen Symbolleiste.**

Wenn Sie über die Schritte im vorhergehenden Abschnitt einen quadratischen Instagram-Beitrag erstellt haben, können Sie mit diesem Beitrag arbeiten.

2. **Suchen Sie nach Facebook-Beitrag (Querformat) oder klicken Sie im angezeigten Menü auf Social Media und scrollen Sie nach unten. Aktivieren Sie dann das Kontrollkästchen neben der gewünschten Größe für Ihren Facebook-Beitrag im Querformat.**

   Abbildung 5.8 zeigt die Schaltfläche Größe ändern und meine Auswahl des Facebook-Querformatbeitrags mit 1200 × 630 Pixeln.

3. **Suchen Sie nach Twitter-Post und aktivieren Sie das Kontrollkästchen neben der gewünschten Größe für einen Twitter-Post.**

   Hinweis: Twitter heißt zwar jetzt X, dennoch verwendet Canva weiterhin Twitter als Suchbegriff.

   Wenn Sie beide Formate ausgewählt haben, sollte in Ihrem Dropdown-Menü unten 2 ausgewählte Größen angezeigt werden.

4. **Klicken Sie auf die Schaltfläche Kopieren und Größe ändern und zeigen Sie Ihre Designs an.**

   Ein Statusdialogfeld wird angezeigt, das den Fortschritt der Größenänderung Ihres Designs anzeigt. Darauf folgt ein neues Eingabefenster (siehe Abbildung 5.9), das angibt, wie viele kopierte und skalierte Designs Sie jetzt haben und wo Sie sie finden.

5. **Klicken Sie unten im neuen Eingabeaufforderungsfenster auf die Schaltfläche Designs öffnen.**

   Möglicherweise wird eine Eingabeaufforderung angezeigt, in der Sie gefragt werden, ob Sie Popups von Canva zulassen möchten. Wählen Sie die Option Ja. Für jedes der skalierten Designs wird ein neues Fenster oder ein neuer Browsertab geöffnet – mit aktivem Canva. (***Hinweis:*** Ihre Browsereinstellungen bestimmen, ob Sie ein neues Fenster oder eine neue Registerkarte im Browser sehen.) Sie können Ihre Designs jetzt in diesen Fenstern oder Registerkarten für die Verwendung auf jeder Plattform bearbeiten.

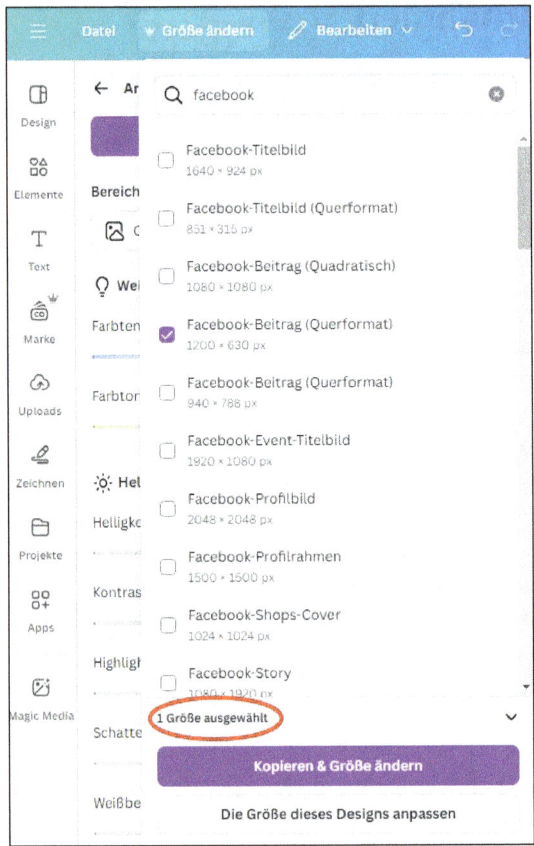

Abbildung 5.8: Auswahl der gewünschten sozialen Netzwerke

Abbildung 5.9: Das Eingabefenster, das Ihre skalierten Designs bestätigt

Alternativ können Sie alle neuen Designs zusammen in einem Standardordner anzeigen, indem Sie, ebenfalls im Eingabefenster, auf das Ordnersymbol GESPEICHERT IN klicken. (Siehe Abbildung 5.9.)

Wenn ein Canva-Popup-Fehler auftritt, nachdem Sie auf die Schaltfläche DESIGNS ÖFFNEN geklickt haben, müssen Sie Popups in Ihrem Browser zulassen. Klicken Sie dazu einfach auf das kleine Fehlersymbol in der URL-Leiste Ihres Browsers. Weitere Informationen hierzu finden Sie in der Dokumentation Ihres Browsers.

6. **Stellen Sie in jedem geöffneten Fenster oder in jeder Registerkarte aus Schritt 5 sicher, dass Ihr Text und Ihre Bilder gut in die neuen Abmessungen passen, und ändern Sie das Layout bei Bedarf, um die visuelle Attraktivität für jede Social-Network-Plattform beizubehalten.**

Jede Social-Media-Plattform hat ihre eigenen optimalen Bildabmessungen. Passen Sie Ihre Designs immer an diese Spezifikationen an, um eine optimale Präsentation zu gewährleisten.

Abbildung 5.10 zeigt, dass ich einen quadratischen Instagram-Beitrag (Sie finden diesen bei meinem Vorlagen) in ein Instagram Reel umgewandelt habe, indem ich das Hauptfoto durch ein bewegtes Video, Text und Hintergrundmusik ersetzt habe. Ich könnte dasselbe Format auch auf TikTok verwenden. Wenn Sie sich für die Größenänderung von Instagram auf Facebook und Twitter (oder X) entscheiden, sollten nicht viele Änderungen notwendig sein, außer das Layout für den Feed der jeweiligen Plattform anzupassen. Sie können die in Abbildung 5.10 gezeigte Instagram-Reel-Version unter `https://jessestay.com/canvabook` herunterladen, wenn Sie mit dem Design herumexperimentieren möchten.

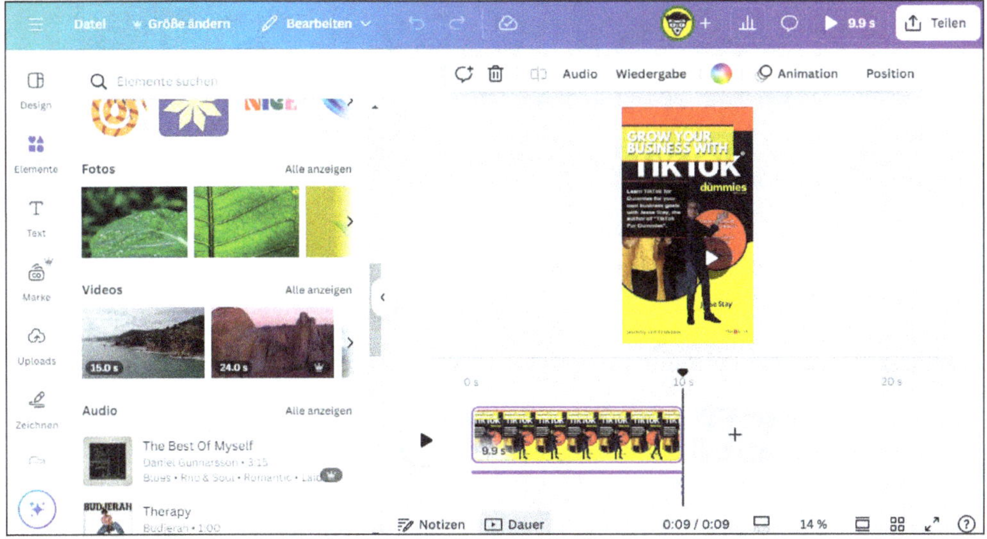

Abbildung 5.10: Der ursprüngliche Instagram-Square-Beitrag, stattdessen neu formatiert als Instagram Reel

Der Canva-Planer für Social-Media-Beiträge

Nehmen wir an, Sie haben für jedes soziale Netzwerk, an das Sie Beiträge senden möchten, einige Social-Media-Beiträge in unterschiedlichen Formaten parat. Canva ermöglicht Ihnen, als Social-Media-Vermarkter nicht nur Ideen zu entwickeln und zu erstellen, sondern auch all Ihre Social-Media-Inhalte direkt von Canva aus zu planen und zu verwalten! In diesem Abschnitt zeige ich Ihnen, wie Sie die von Ihnen erstellten Beiträge direkt in Canva in einen Social-Media-Inhaltskalender einplanen.

Um die Veröffentlichung Ihrer Social-Media-Beiträge auf den gewünschten Plattformen zu planen, gehen Sie wie folgt vor:

1. **Öffnen Sie im Editor den Entwurf für einen Social-Media-Beitrag, klicken Sie in der oberen Leiste auf die Schaltfläche TEILEN und wählen Sie im angezeigten Dropdown-Menü das Symbol PLANEN aus.**

   Siehe Abbildung 5.11.

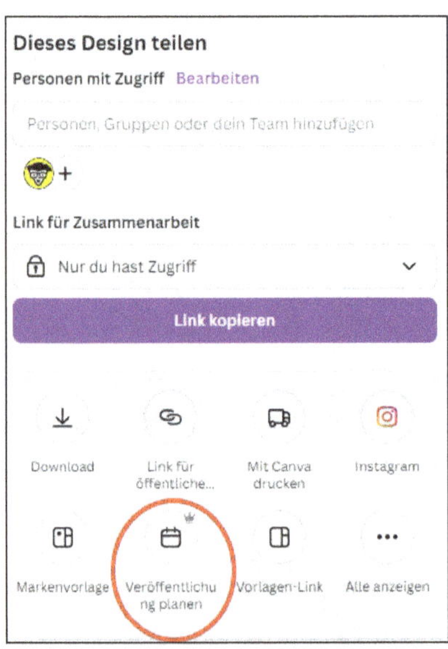

Abbildung 5.11: Das Symbol »Planen« im Dropdown-Menü »Teilen«

2. **Wählen Sie aus dem Kalender ein Datum und eine Uhrzeit für Ihren Beitrag aus.**

   Klicken Sie in einem Kalender (ähnlich dem in Abbildung 5.12 gezeigten) auf den Monat und den Tag für Ihren Beitrag und geben Sie anschließend eine Tageszeit in das Feld unten im Kalender ein.

3. **Klicken Sie auf die Schaltfläche WEITER, um Ihren Veröffentlichungsplan festzulegen.**

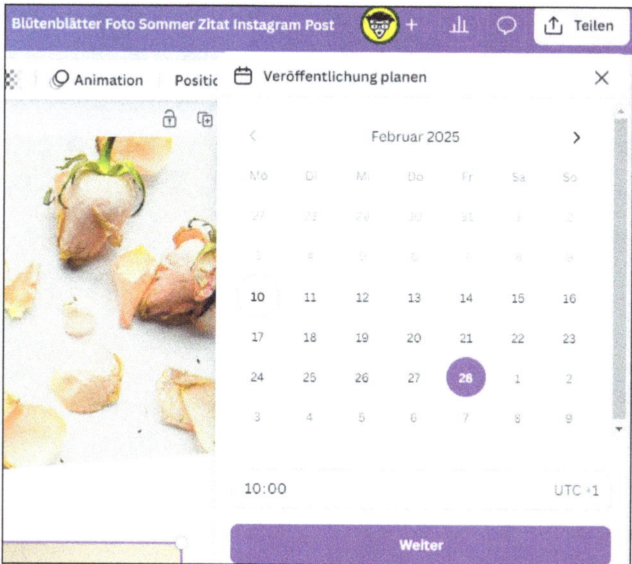

Abbildung 5.12: Auswahl eines Datums und einer Uhrzeit im Kalender

4. **Klicken Sie im Dropdown-Menü Teilen auf die Option Einen Kanal auswählen und dann auf die Option für den Social-Media-Kanal, auf dem Sie posten möchten.**

   Abbildung 5.13 zeigt die Liste der Social-Media-Kanäle.

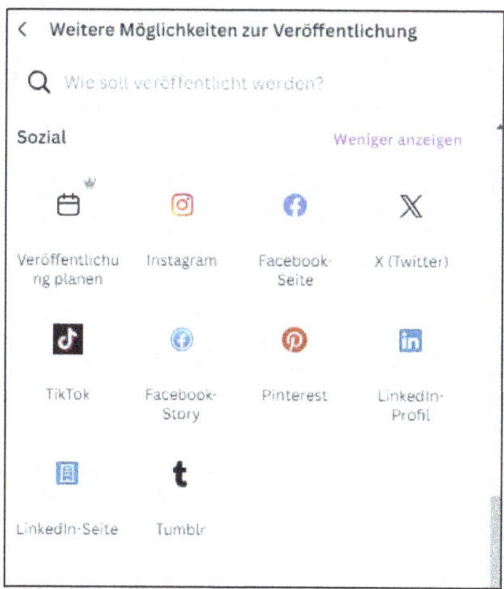

Abbildung 5.13: Auswahl des Social-Media-Kanals, in dem Sie posten möchten

5. **Befolgen Sie die Anweisungen zum Verknüpfen Ihrer Social-Media-Konten, wenn Sie dazu aufgefordert werden.**

   Aufforderungen zum Verknüpfen Ihrer Social-Media-Konten mit Canva können zu jedem Zeitpunkt innerhalb dieser Schritte auftreten. Wenn Sie Ihre Konten bereits verknüpft haben, können Sie diesen Schritt überspringen.

Wenn Ihre Konten noch nicht verknüpft sind, wird ein Eingabeaufforderungsfenster ähnlich dem in Abbildung 5.14 angezeigt. Ihre Eingabeaufforderung sieht für X (Twitter), Facebook und andere soziale Netzwerke jeweils anders aus. Beachten Sie auch, dass Instagram die Planung von Drittanbieter-Apps aus (wie Canva) nur für Instagram-Business-Konten zulässt.

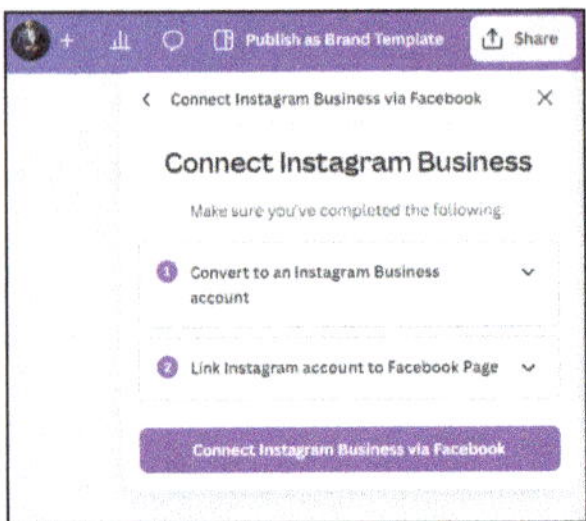

Abbildung 5.14: Wenn Sie ein Social-Media-Konto mit Canva verknüpfen müssen, wird ein Fenster mit einer Eingabeaufforderung angezeigt.

Befolgen Sie die Anweisungen von Canva in den Eingabeaufforderungen, die Sie erhalten, damit Canva am geplanten Datum und zur geplanten Uhrzeit automatisch auf jedem Social-Media-Kanalkonto für Sie posten kann.

6. **Nachdem Sie Ihren Social-Media-Kanal verknüpft haben, geben Sie im Textfeld im Dropdown-Menü (siehe Abbildung 5.15) eine einprägsame Bildunterschrift für Ihren Beitrag ein.**

   Die Idee ist, eine Beschreibung zu verfassen, die Ihre Zielgruppe anspricht und relevante Hashtags enthält, die Ihre potenzielle Zielgruppe möglicherweise zum Durchsuchen der Social-Media-Plattform verwendet.

7. **Klicken Sie unten im Dropdown-Menü auf die Schaltfläche VERÖFFENTLICHUNG PLANEN.**

   Canva plant die Veröffentlichung Ihres Designs mit den Grafiken und der dazugehörigen Beschriftung zum von Ihnen gewählten Datum und Zeitpunkt im Netzwerk.

In Kapitel 8 erfahren Sie, wie Sie Ihre Beiträge in großen Mengen veröffentlichen und diesen Prozess auf eine neue, automatisierte Ebene bringen.

Wenn Sie Ihren Beitrag noch nicht planen wollen, klicken Sie unten im Dropdown-Menü ZEITPLAN auf die Schaltfläche ENTWURF SPEICHERN, um Ihren Beitrag zu speichern, damit Sie später darauf zugreifen, ihn bearbeiten und veröffentlichen können.

Nachdem Ihr Beitrag zur Veröffentlichung geplant wurde, wird durch jede Änderung, die Sie an Ihrem Design vornehmen, die Veröffentlichung Ihres Beitrags aufgehoben und in Social Media unterbrochen. Wenn Sie also Änderungen vornehmen müssen, planen Sie Ihren Beitrag unbedingt neu!

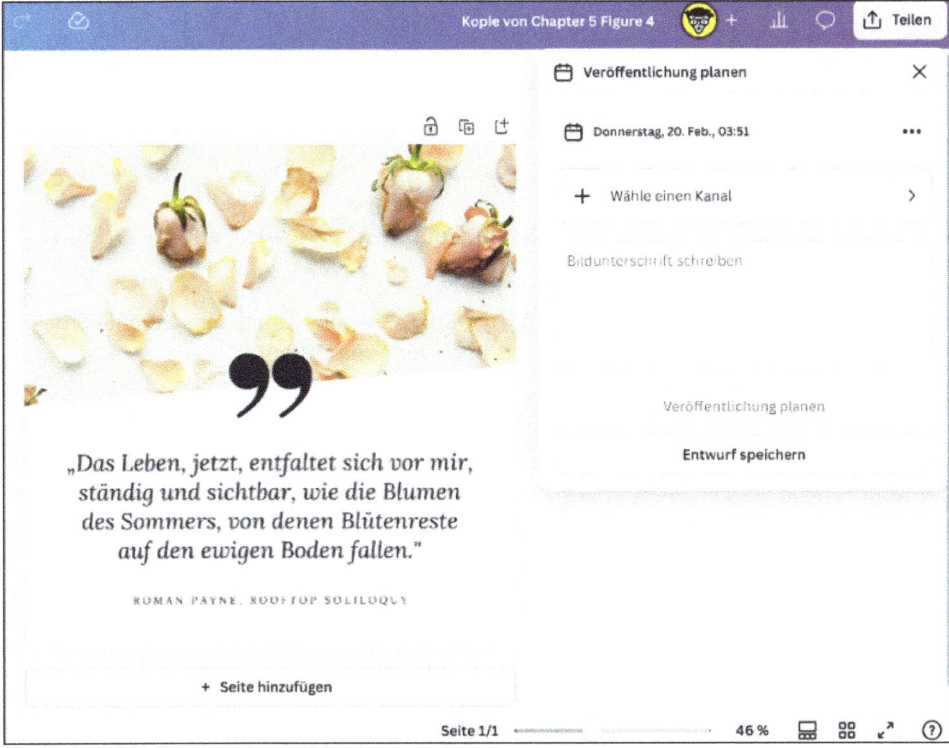

Abbildung 5.15: Eine Bildunterschrift zu Ihrem Social-Media-Beitrag hinzufügen

Das Engagement des Publikums analysieren, um mögliche Verbesserungen zu erkennen

Canva kann eine zentrale Anlaufstelle für die Planung, Erstellung und Analyse all Ihrer Social-Media-Kanäle und -Kampagnen sein. Tatsächlich können Sie sogar einfache Analysen und Einblicke, wie zum Beispiel das Engagement der Benutzer, direkt in der Canva-Oberfläche verfolgen. Im Canva-Editor finden Sie für jedes Design, das Sie in sozialen Medien teilen, ein einfaches Tool, mit dem Sie nachverfolgen können, wie viele Likes, Shares, Kommentare und Aufrufe Ihr Inhalt erhalten hat.

Eine genauere Betrachtung aller Social-Media-Analysen – über die Verfolgung eines einzelnen Beitrags hinaus – finden Sie im Abschnitt *Den Inhaltsplaner von Canva optimal nutzen* weiter hinten in diesem Kapitel.

So können Sie auf diese Analysen zugreifen:

1. **Nachdem Ihr Design auf der Social-Media-Plattform Ihrer Wahl gepostet wurde, klicken Sie bei geöffnetem Design in Canva oben im Editor auf die Schaltfläche INSIGHTS.**

   Wenn Sie auf die kleine Diagrammschaltfläche (siehe Abbildung 5.16) klicken, wird das Dialogfeld INSIGHTS geöffnet, das wertvolle Daten zu Ihrem Design bietet, unabhängig davon, ob es sich um eine Website, ein Teamprojekt oder einen Social-Media-Beitrag handelt.

Abbildung 5.16: Die Schaltfläche »Insights« sieht wie ein kleines Diagramm oben in Ihrem Editor aus.

2. **Klicken Sie im Menü ANSICHTEN links im Dialogfeld INSIGHTS auf die Option SOCIAL MEDIA.**

   Die Ansicht zeigt Daten aus dem verknüpften Social-Media-Kanal, einschließlich der Anzahl der Likes, Reaktionen und Interaktionen für Ihren Inhalt.

3. **Überprüfen Sie in der Social-Media-Ansicht die Daten für Ihren Beitrag.**

   Canva zeigt Ihnen sogar den Prozentsatz der Beteiligten an, denen Ihre Seite gefallen hat, wodurch Sie wissen, wie viele Ihrer Communitys sich weiterhin mit Ihren Inhalten beschäftigen. In dieser Ansicht können Sie auch

   - *direkt zum Social-Media-Beitrag gehen,* indem Sie oben auf den diagonalen Pfeil neben Ihrem Social-Media-Kanal klicken.
   - *Ihren Inhaltsplaner besuchen,* indem Sie auf den Link INSIGHTS FÜR ALLE BEITRÄGE ANZEIGEN klicken.

Durch regelmäßiges Analysieren der Leistung Ihrer Social-Media-Beiträge über Insights in Canva erfahren Sie, welche Inhalte bei Ihrem Publikum gut ankommen, und können Ihre Inhaltsstrategie verfeinern.

Aufbau einer Markenpräsenz in Social Media

Durch den Aufbau einer starken Markenpräsenz in allen sozialen Medienkanälen ist Ihre Marke erkennbar und vertrauenswürdig – überall, wo Ihr Publikum sie sieht. In diesem Abschnitt beschreibe ich die verschiedenen Möglichkeiten, wie Sie Markenkonsistenz an allen Orten gewährleisten können, an denen Ihr Publikum mit Ihrer Marke interagieren kann.

Kanalübergreifendes Branding

Canva bietet einfache Markentools, die Sie oder Ihre Organisation einrichten können, damit Sie immer Zugriff auf die Farben, Logos, Schriftarten und Bilder haben, die Sie benötigen, damit Ihre Designs in Social Media einheitlich bleiben. Lesen Sie Kapitel 4, um zu erfahren, wie Sie die Markenunterlagen-Funktion von Canva einrichten und verwenden. Wenn Sie Teil eines Canva-Teams sind, lesen Sie Kapitel 9 und denken Sie daran, Ihr Unternehmen oder Ihre Organisation zu fragen, ob sie bereits Markenunterlagen für Sie eingerichtet hat.

So können Sie für alle von Ihnen erstellten Designs von vorhandenen Markenunterlagen profitieren:

1. **Suchen Sie auf der Canva-Startseite im Bereich NEUESTE DESIGNS nach einem Design für einen Social-Media-Beitrag oder klicken Sie auf das Symbol PROJEKTE in der linken Navigationsleiste, um die Seitenleiste PROJEKTE zu öffnen.**

2. **Wählen Sie einen der gefundenen Social-Media-Beiträge aus, indem Sie auf das Design klicken, um es in den Canva-Editor zu laden.**

3. **Klicken Sie auf das MARKE-Symbol in der linken Navigationsleiste, um die MARKE-Seitenleiste zu öffnen, Ihre Markenunterlagen auszuwählen und deren Funktionen auf das Design Ihrer Social-Media-Beiträge anzuwenden.**

   Sie können:

   - *auf die Markenfarben klicken,* um die Farben Ihres Designs so zu mischen, dass sie mit denen Ihrer ausgewählten Markenunterlagen übereinstimmen.
   - *ein Markenlogo aus den Markenunterlagen per Drag&Drop in Ihr Social-Media-Design* ziehen.
   - *alle Änderungen rückgängig machen,* indem Sie [Strg]+[Z] (auf einem PC) beziehungsweise [cmd ⌘]+[Z] (auf einem Mac) drücken und es erneut versuchen.

Sie können diese Schritte für andere Social-Media-Beiträge wiederholen, damit sie alle das einheitliche Erscheinungsbild aufweisen, das Sie durch die Verwendung der Farben, Schriftarten und Logos aus Ihren Markenunterlagen erreichen. Konsistenz beim Branding trägt dazu bei, Wiedererkennungswert und Vertrauen bei Ihrem Publikum aufzubauen.

Geschichten über eine Reihe von Posts erzählen – Storyboarding

Um Inhalte oder Produkte, die Sie in Social Media bewerben möchten, erfolgreich zu verkaufen, müssen Sie eine Geschichte erzählen, die Interesse und Begeisterung weckt. Um eine gute Geschichte zu erzählen, müssen Sie einen Beitrag in Social Media zu einer Reihe von Beiträgen ausbauen, die das Publikum fesseln und es neugierig machen, mehr zu erfahren.

Beginnen Sie mit der Arbeit an Ihrer Social-Media-Werbung, indem Sie die wichtigsten Abschnitte Ihrer Beitragsreihe skizzieren. Hier ein einfacher Ablaufplan:

- ✔ **Einführung.** Machen Sie das Publikum durch die Ankündigung Ihrer Werbepost-Reihe neugierig. In meinen Social-Media-Posts gebe ich beispielsweise an, dass mein TikTok- Kurs »demnächst verfügbar« ist.
- ✔ **Entwicklung.** Geben Sie kurze Einblicke in die Inhalte oder Produkte, für die Sie werben. Vielleicht haben Sie für diese Übung Ihr eigenes Produkt. Nehmen Sie dessen beste Eigenschaften und Vorteile in Ihre Beiträge auf.

- **Höhepunkt.** Kündigen Sie an, dass der Inhalt oder das Produkt verfügbar ist, und sagen Sie Ihrem Publikum, wie es daran kommt. Bieten Sie beispielsweise Registrierungs-, Abonnement- oder Bestellinformationen an.

Jetzt müssen Sie den Inhalt für jeden Teil Ihrer Geschichte hinzufügen. Gehen Sie wie folgt vor:

1. **Öffnen Sie von der Canva-Startseite aus den Entwurf für Ihren Social-Media-Beitrag – möglicherweise einen, den Sie mit den Schritten in diesem Kapitel erstellt haben.**

   Ihr Beitragsdesign wird in Ihrem Canva-Editor angezeigt.

Sie können auch einen bestehenden Entwurf in einen Namen Ihrer Wahl umbenennen, indem Sie auf den Namen des Entwurfs in der oberen rechten Leiste des Canva-Editors klicken und einen neuen Namen eingeben.

2. **Klicken Sie für jeden neuen Beitrag, den Sie zu Ihrem Handlungsbogen hinzufügen möchten, unten im Editor auf die Schaltfläche SEITE HINZUFÜGEN.**

   Hier zwei Beispiele für mögliche Ergänzungen der Geschichte in einer Reihe von Beiträgen:

   - *Erfahrungsberichte,* in denen Sie positive Bewertungen oder Erfolgsgeschichten eines Testpublikums oder früherer ähnlicher Inhalte oder Produkte teilen.

     Für meine TikTok-Kurswerbung füge ich Bilder von Geschäftsinhabern ein, die den Kurs in der Vorschau ansehen (Sie können auch geeignete Stockfotos nehmen). Und ich begleite die Bilder mit Text, der Zitate meiner Kurs-Betatester enthält. Zum Beispiel eine positive Bewertung wie: »Dieser Kurs ist ein Wendepunkt für meine Social-Media-Strategie!« – John Smith, Geschäftsinhaber

Klicken Sie auf einer neuen Seite mit *Erfahrungsberichten* auf das DESIGN-Symbol (in der linken Navigationsleiste), um die DESIGN-Seitenleiste zu öffnen. Anschließend können Sie mit Begriffen wie `Social Media Post Erfahrungsbericht` nach Designs suchen, um Vorlagen zu finden, die bereits ein entsprechendes Design haben, das Ihren Wünschen für diesen Beitrag entsprechen könnte.

   - *Nachrichten vom Typ »Jetzt registrieren« oder »Jetzt kaufen«,* die als letzter Beitrag Ihrer Reihe dienen, um die Einführung Ihrer Inhalte oder die Verfügbarkeit Ihres Produkts anzukündigen.

   - Je nachdem, was Sie bewerben, können Sie Registrierungsdetails für Ihren Inhalt bereitstellen oder dem Publikum mitteilen, wo es Ihr Produkt kaufen kann. Dieser Beitrag sollte einen klaren Call-to-Action (CTA) und einen Link zum Kaufen oder Registrieren enthalten. Für meinen TikTok-Kurs lautet der Text etwa: »Melden Sie sich noch heute bei TikTok for Business an! Klicken Sie hier, um sich zu registrieren: [Website-Link].«

     Nachdem die neuen Beiträge für Ihre gesamte Geschichte als Seiten zu Ihrem Design hinzugefügt wurden, folgen Sie den Anweisungen im Abschnitt *Der Canva-Planer für Social-Media-Beiträge* weiter vorn in diesem Kapitel, um einen gestaffelten Zeitplan der Beiträge bis zu Ihrem Startdatum und Ihrem letzten Beitrag zu erstellen.

Interaktion mit Ihrem Publikum

Wenn Sie mehr Aufrufe, Follower, Likes, Shares und Kommentare für Ihre Social-Media-Beiträge erzielen möchten, ist es wichtig, Ihr Publikum einzubinden. Hier ein paar einfache Tipps, um mehr Interaktion mit den Beiträgen zu fördern, die Sie mit Canva erstellen:

✔ **Bauen Sie Handlungsaufforderungen (Call-to-Actions, CTAs) in Ihre Beiträge ein.** Sätze wie »Sagen Sie uns, was Sie denken!« oder »Teilen Sie Ihre Erfahrungen« regen Ihr Publikum dazu an, sich mit Ihren Beiträgen zu beschäftigen. Manchmal gebe ich ihnen sogar ein Wort zum Kommentieren vor: »Schreiben Sie *Zustimmen,* wenn Sie zustimmen!«

Suchen Sie in Ihrer ELEMENTE-Seitenleiste auf Canva nach dem Begriff `CTA-Schaltflächen`, um Ihr Publikum visuell zur Interaktion mit Ihren Inhalten zu animieren. Abbildung 5.17 zeigt einige unterhaltsame Schaltflächen, die Sie verwenden können.

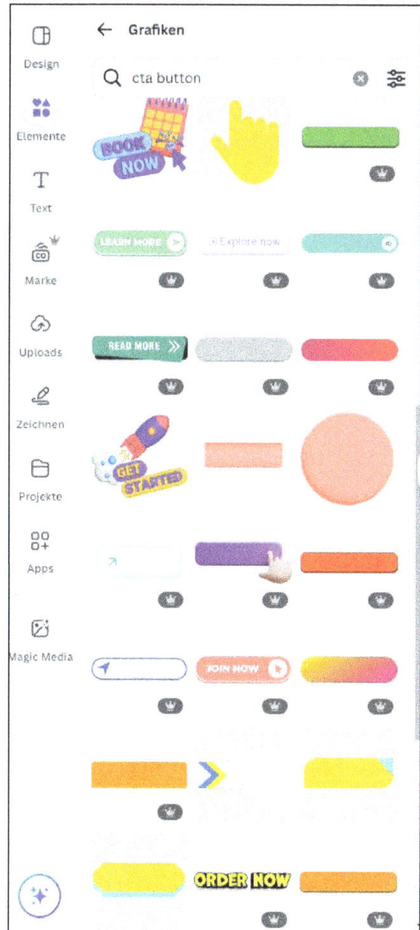

Abbildung 5.17: CTA-Schaltflächen zur Förderung der Interaktion in Social Media verwenden.

- ✔ **Antworten Sie auf Kommentare und Nachrichten.** Wenn Sie Ihre Social-Media-Insights in Canva für ein bereits veröffentlichtes Design überprüfen (siehe Abschnitt »Das Engagement des Publikums analysieren, um mögliche Verbesserungen zu erkennen« weiter vorn in diesem Kapitel) und Sie sehen, dass Ihr Beitrag eine Interaktion zeigt, gehen Sie unbedingt darauf ein. Klicken Sie sich durch den Beitrag und stellen Sie sicher, dass Sie auf diese Kommentare antworten und mit Ihrem Publikum interagieren. Dadurch bauen Sie Vertrauen und eine Gemeinschaft mit Ihrem Publikum auf.

Social-Media-Werbekampagnen erstellen

In den vorigen Abschnitten haben Sie erfahren, wie Sie mit Canva kostenlose Inhalte für Ihre Social-Media-Beiträge erstellen. Canva bietet außerdem eine Vielzahl von Vorlagen, aus denen Sie wählen können, um kostenpflichtige Anzeigen (für die Sie bezahlen) für jedes beliebige soziale Netzwerk zu erstellen. In diesem Abschnitt zeige ich Ihnen, wie Sie eine Facebook-Anzeige für Ihr Produkt erstellen. Als Beispiel möchte ich einen Kurs bewerben, der mein Buch *TikTok for Dummies* begleitet.

Denken Sie daran, dass Sie diese Schritte auf jedes soziale Netzwerk anwenden können – ersetzen Sie einfach den Begriff ***Facebook*** durch *X(**ehemals Twitter**)*, ***TikTok*** oder ***Instagram***, um eine Anzeige zu erstellen, die den entsprechenden Abmessungen und Anforderungen für Ihre gewählte Social-Media-Plattform entspricht.

So gestalten Sie eine Werbekampagne für Facebook:

1. **Suchen und wählen Sie auf der Canva-Startseite die Option Facebook-Anzeige und klicken Sie auf die Vorlage, die Ihnen am besten gefällt.**

   Siehe Abbildung 5.18.

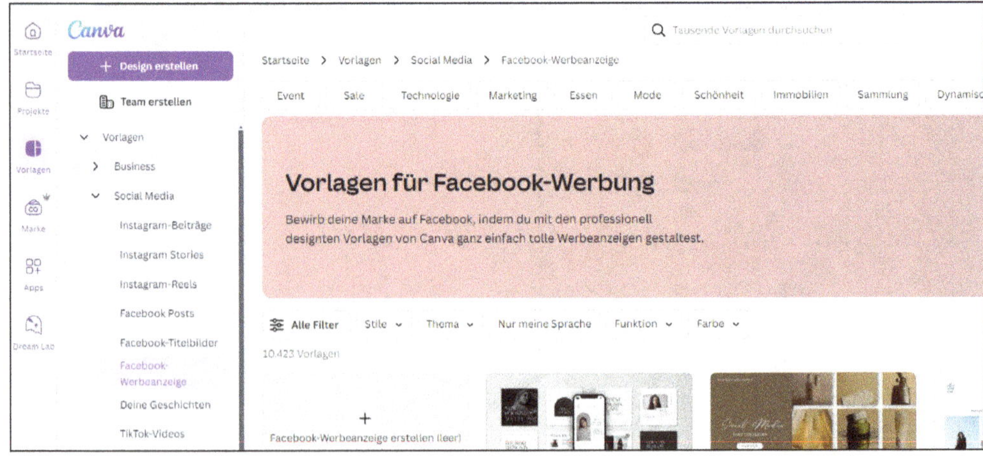

Abbildung 5.18: Suche nach Facebook-Anzeigenvorlagen auf Canva

2. **Nachdem die Vorlage in Ihrem Editor geladen wurde, klicken Sie auf die Schaltfläche DIESE VORLAGE ANPASSEN.**

3. **Passen Sie Text und Grafiken oder Videos innerhalb der von Ihnen gewählten Vorlage an.**

   Wenden Sie alle Markenelemente unbedingt über die Registerkarte MARKE an, wie im Abschnitt »Kanalübergreifendes Branding« weiter vorn in diesem Kapitel beschrieben.

4. **Richten Sie eine Reihe von Werbebeiträgen ein, die Sie zur Bewerbung Ihrer Inhalte oder Produkte planen möchten.**

   Sie können:

   - *die von Ihnen gewählte Vorlage oder eine neue Vorlage aus der Design-Seitenleiste verwenden,* um mehrere Anzeigen mit unterschiedlichen visuellen Elementen und Nachrichten zu entwerfen und zu beobachten, welche die beste Leistung bringt.
   - *eine neue Version Ihrer Anzeige erstellen.* Klicken Sie dafür unten in Ihrem Design auf die Schaltfläche SEITE HINZUFÜGEN und ziehen Sie dann die gewünschte Vorlage auf die neue Seite.
   - *die erste Seite der Anzeige kopieren.* Klicken Sie dafür auf das Symbol SEITE DUPLIZIEREN in der oberen rechten Ecke der Seite, die Sie kopieren möchten (siehe Abbildung 5.19).

Abbildung 5.19: Das Symbol »Seite duplizieren«

5. **Wenn Ihre Anzeigenserie abgeschlossen ist, starten Sie Ihre Social-Media-Werbekampagne.**

   Sie können:

   - *die Veröffentlichung Ihrer Anzeigen planen.* Folgen Sie dafür den Hinweisen im Abschnitt *Der Canva-Planer für Social-Media-Beiträge* weiter vorn in diesem Kapitel.
   - *Ihr Designbild auf Ihr Gerät oder Ihren Desktop herunterladen* und es dann in den Meta Ads Manager (`https://adsmanager.facebook.com`) oder auf die Werbeplattform Ihrer Wahl hochladen, um eine Werbekampagne zu starten. (Weitere Informationen zum Herunterladen Ihres Designbilds finden Sie in Kapitel 4.)

Wenn Sie Ihre Anzeige mit dem Planer oder Inhaltsplaner von Canva planen (siehe nächster Abschnitt), handelt es sich standardmäßig nicht um eine bezahlte Anzeige. Stattdessen handelt es sich lediglich um einen Beitrag. Sie können jeden Beitrag auf Facebook und anderen Werbeplattformen in eine bezahlte Anzeige umwandeln. Wie das geht, erfahren Sie von der betreffenden Plattform.

Den Inhaltsplaner von Canva optimal nutzen

Im Abschnitt *Der Canva-Planer für Social-Media-Beiträge* weiter vorn in diesem Kapitel zeige ich Ihnen, wie Sie einzelne Beiträge planen, indem Sie auf die Schaltfläche TEILEN klicken und dann die Option PLANEN für ein einzelnes Canva-Design auswählen. Canva verfügt auch über einen Inhaltsplaner, mit dem Sie Social-Media-Beiträge in großen Mengen planen können, um sie automatisch auf den von Ihnen ausgewählten Social-Media-Kanälen zu teilen. Wenn Sie den Inhaltsplaner von Canva effektiv einsetzen, können Sie Ihre Social-Media-Aktivitäten optimieren und konsistente, regelmäßige Beiträge erstellen, ohne sich um Tools von Drittanbietern kümmern zu müssen.

Planen Sie Ihren Social-Media-Kalender

In diesem Abschnitt möchte ich Ihnen den Inhaltsplaner von Canva vorstellen. Gehen Sie wie folgt vor:

1. **Klicken Sie auf der Canva-Startseite auf das APPS-Symbol in der linken Navigationsleiste, um die APPS-Seitenleiste zu öffnen.**

   Sie sollten die Option INHALTSPLANER im Seitenleistenabschnitt EMPFOHLEN sehen, wie in Abbildung 5.20 dargestellt.

2. **Klicken Sie auf die Option INHALTSPLANER.**

   Als Ergebnis (siehe Abbildung 5.21) sollte ein Kalender voller geplanter Beiträge angezeigt werden – sofern Sie welche haben – beziehungsweise ein leerer Kalender, wenn nicht.

3. **Klicken Sie im Inhaltsplaner auf die Schaltfläche EREIGNIS ZUM KALENDER HINZUFÜGEN.**

   Ein Dialogfeld ähnlich dem in Abbildung 5.22 wird angezeigt.

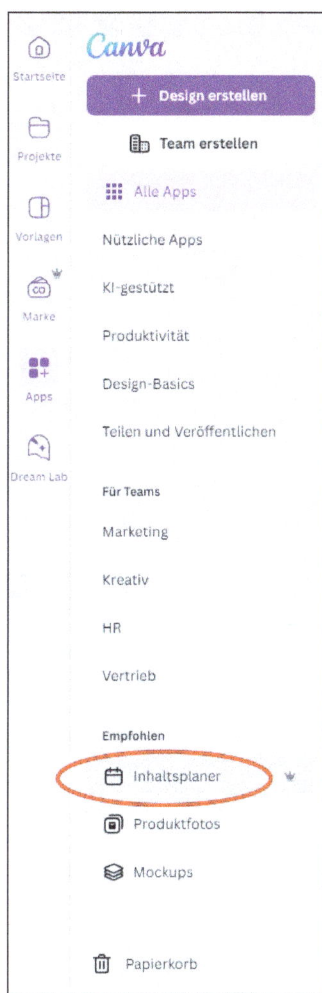

Abbildung 5.20: Wählen Sie auf der Canva-Startseite unter »Apps« die Option »Inhaltsplaner«.

4. **Wählen Sie ein Datum, geben Sie einen Ereignisnamen ein und klicken Sie auf die Schaltfläche Speichern, um Ihr Ereignis zum Kalender hinzuzufügen.**
5. **Wiederholen Sie die Schritte 3 und 4 für alle Produkteinführungen, Feiertage und Sonderaktionen.**

   Beachten Sie, dass Canva bereits eine Liste mit weltweiten Feiertagen als Erinnerung enthält.

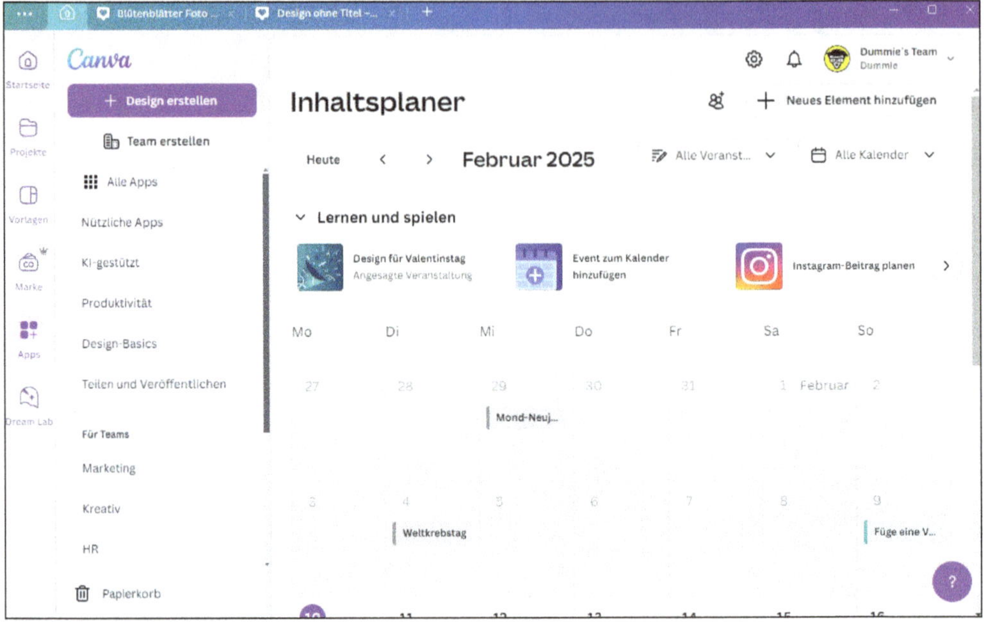

Abbildung 5.21: Der Inhaltsplaner

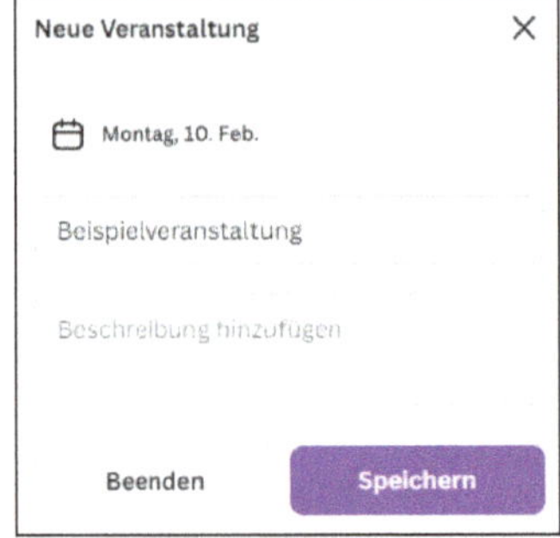

Abbildung 5.22: Eigene Ereignisse zum Inhaltsplaner hinzufügen

6. **Stellen Sie sicher, dass Sie Beiträge geplant haben, die mit den wichtigen Ereignisdaten übereinstimmen, die Sie dem Kalender hinzufügen.**

   Sie können:

   - *auf einen Feiertag in Ihrem Kalender klicken.* Daraufhin wird eine Liste mit Vorlagen für diesen Feiertag angezeigt. Abbildung 5.23 zeigt eine Vorlage für den Valentinstag. Wählen Sie eine Vorlage aus und beginnen Sie mit der Gestaltung!
   - *wenn Sie mit der Gestaltung Ihres Social-Media-Beitrags zu den Feiertagen fertig sind, den Anweisungen im Abschnitt* Der Canva-Planer für Social-Media-Beiträge *weiter vorn in diesem Kapitel folgen,* um Ihren Beitrag für jeden geplanten Feiertag oder jedes geplante Ereignis zu planen.

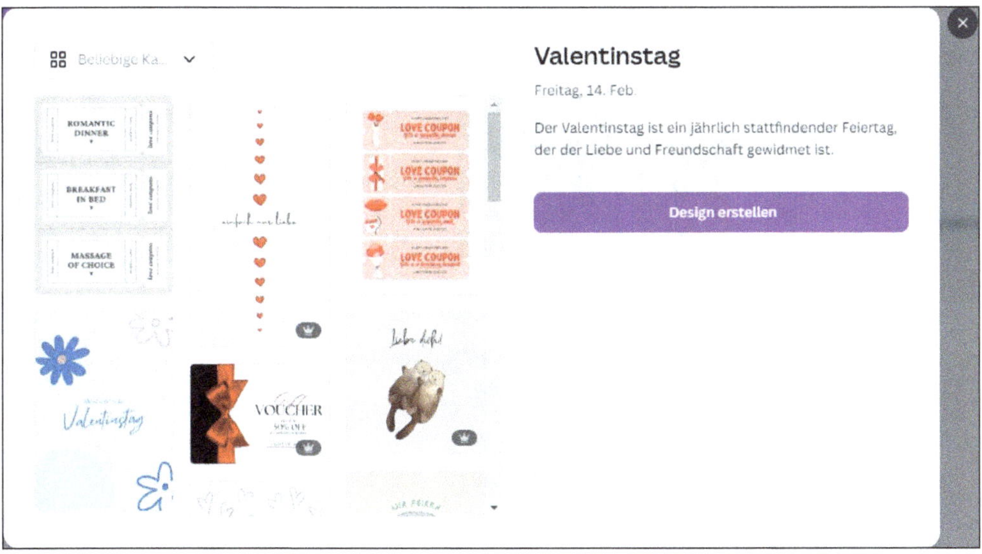

Abbildung 5.23: Eine Liste mit Vorlagen zum Thema Valentinstag zur Auswahl

Wenn Sie Ihre Beiträge mit weltweiten und nationalen Feiertagen und Ereignissen verknüpfen, können Sie ganz einfach relevante und aktuelle Inhalte für Ihr Social-Media-Publikum erstellen. Nutzen Sie die Feiertage so oft wie möglich, um Ihr Social-Media-Engagement und Ihre Followerschaft zu steigern!

Posts für mehr Effizienz automatisieren

Um im Inhaltsplaner Beiträge zu erstellen und für die automatische Veröffentlichung in Ihren Social-Media-Kanälen zu planen, gehen Sie wie folgt vor:

1. **Klicken Sie in der oberen rechten Ecke des Inhaltsplaners auf die Schaltfläche NEU HINZUFÜGEN und wählen Sie in der Dropdown-Liste die Option POSTEN aus.**

   Im Fenster NEUER BEITRAG wird eine Liste Ihrer letzten Projekte sowie vorgeschlagene Vorlagen für neue Designs angezeigt (siehe Abbildung 5.24).

2. **Wählen Sie ein aktuelles Design aus, das Sie in Social Media veröffentlichen möchten, oder klicken Sie auf den Link DEINE PROJEKTE, um nach einem Projekt zu suchen.**

   Alternativ können Sie aus den vorgeschlagenen Vorlagen ein neues Design erstellen.

3. **Wählen Sie im Dropdown-Menü KANAL AUSWÄHLEN einen Social-Media-Kanal aus, auf dem Sie posten möchten.**

4. **Legen Sie Datum und Uhrzeit für den Beitrag fest, indem Sie im Fenster NEUER BEITRAG auf das Datum klicken und ein Datum und eine Uhrzeit für die Planung Ihres Beitrags auswählen.**

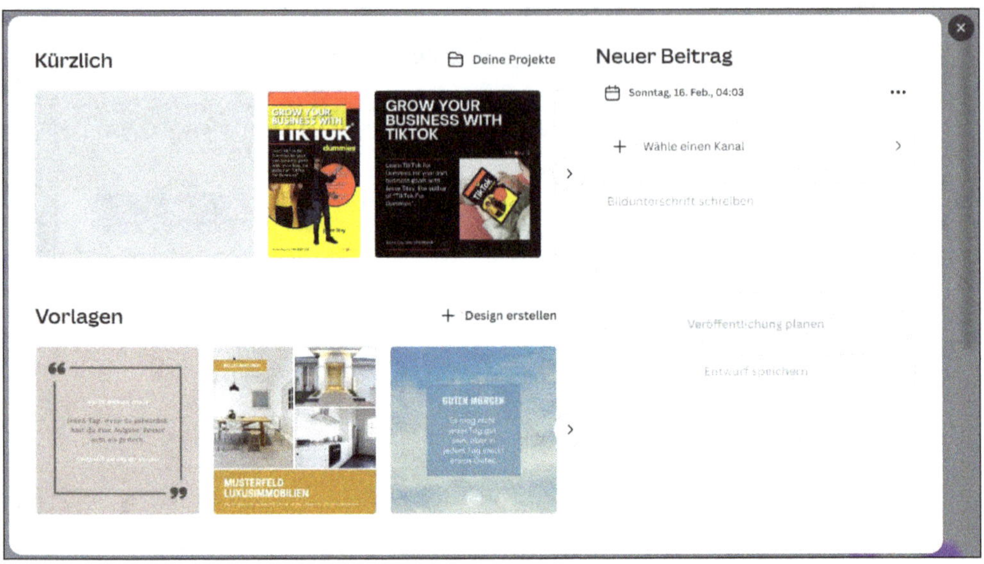

Abbildung 5.24: Auswahl eines zu planenden Beitrags oder Erstellen eines neuen Beitrags aus der Liste der vorgeschlagenen Vorlagen

5. **Geben Sie in das Textfeld Beschriftung schreiben eine Beschriftung für Ihren Beitrag ein.**

   Der Beschriftungstext wird mit Ihrem Beitrag im Textbereich unter dem Datum angezeigt.

6. **Klicken Sie auf die Schaltfläche Planen, und Ihr Design wird automatisch zum gewählten Datum und zur gewählten Uhrzeit versendet!**

Eine Alternative zur Verwendung von Canva zum Planen von Posts ist ein Social-Media-Toolkit namens Buffer, das Sie unter `https://buffer.com` finden. Mit Buffer können Sie so viele Social-Media-Posts hochladen, wie Sie möchten, ohne sich Gedanken über Datum und Uhrzeit des Postens machen zu müssen. Sie sagen Buffer, wie viele Posts Sie pro Tag oder Woche teilen möchten, und es ermittelt automatisch die besten Tageszeiten und Wochentage zum Posten Ihrer Inhalte.

In Kapitel 8 finden Sie einige wirklich coole Möglichkeiten zur Massenautomatisierung von Social-Media-Inhalten, die Sie in Canva erstellen.

Mit fortgeschrittenen Social-Media-Strategien glänzen

Da ich selbst ein riesiger Nerd bin, liebe ich es, neue und fortgeschrittene Dinge zu entdecken, die ich mit Canva machen kann. Hier ein paar lustige Tricks, mit denen Sie in Canva Ihre Social-Media-Fähigkeiten verbessern.

Schöne Titel- und Profilfotos gestalten

Zu meinen Lieblingsanwendungen von Canva gehört die Erstellung schöner Bilder für meine Titel- und Profilbilder auf meinen verschiedenen Social-Media-Kanälen. Um ein eigenes Bild zu erstellen, müssen Sie nur auf der Canva-Startseite nach `[Name des sozialen Netzwerks] Titelbild` oder `[Name des sozialen Netzwerks] Profilbild` suchen und auf die Schaltfläche CANVA-VORLAGEN klicken. Daraufhin wird eine umfangreiche Liste mit Canva-Vorlagen angezeigt, aus denen Sie auswählen können (siehe Abbildung 5.25).

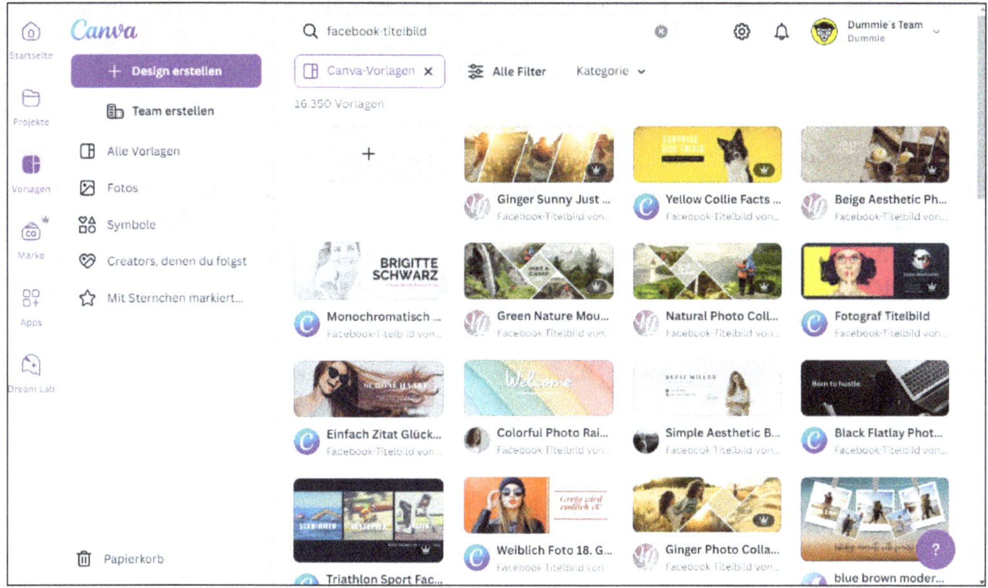

Abbildung 5.25: Auswahl aus einer Liste mit vorgeschlagenen Titelbildvorlagen

Wählen Sie die gewünschte Vorlage aus, bearbeiten Sie sie nach Herzenslust, laden Sie das endgültige Bild herunter und laden Sie es in Ihr bevorzugtes soziales Netzwerk hoch.

Andere unterhaltsame Vorlagendesigns, nach denen Sie suchen können, sind `YouTube-Intro`, `YouTube-Outro` oder sogar `YouTube-Thumbnail`. Designs, die diese Vorlagen verwenden, eignen sich hervorragend, um noch mehr Aufmerksamkeit auf Ihre YouTube-Videos zu lenken. Um sie zu erstellen, folgen Sie einfach den genannten Schritten und ersetzen Sie den Suchbegriff durch die entsprechende YouTube-Vorlage, die Sie finden möchten.

Zusammenarbeit bei Social-Media-Designs

Die Teamzusammenarbeit ist eine meiner Lieblingsfunktionen von Canva und macht die Zusammenarbeit an Inhaltskalendern und Post-Designs zum Kinderspiel. Hier nur einige Möglichkeiten, wie Sie die Teamfunktion von Canva nutzen können, um gemeinsam an Ihren Social-Media-Designs zu arbeiten:

- **Teilen Sie Ihr Design direkt mit Teammitgliedern, die in Echtzeit mitarbeiten.** Klicken Sie auf die Schaltfläche TEILEN in der oberen rechten Ecke eines beliebigen Designs und laden Sie Teammitglieder (per E-Mail) ein, Ihr Design gemeinsam mit Ihnen anzuzeigen oder zu bearbeiten. Das Teilen auf diese Weise macht besonders bei Zoom-Anrufen und virtuellen Meetings Spaß, da Ihr gesamtes Team gemeinsam zum Design beitragen oder zusehen kann, wie Sie Dinge hinzufügen, und Feedback geben kann.
- **Zusammenarbeit über eingebettete Kommentare.** Für den Fall, dass Sie nicht alle gemeinsam an einer Live-Telefonkonferenz teilnehmen, um das Design zu besprechen, können Teammitglieder, die Sie zum Anzeigen oder Bearbeiten Ihres Designs einladen, auch die Kommentarfunktion von Canva nutzen, um Feedback zu jedem Design zu geben und zu erhalten.
- **Teilen Sie Inhaltskalender.** Sie können Teammitgliedern auch Zugriff auf den Social-Media-Inhaltsplaner in Canva gewähren. Mit dem gemeinsamen Zugriff auf den Inhaltsplaner können Sie allen Teammitgliedern die Möglichkeit geben, Inhalte auf Ihren Social-Media-Kanälen zu veröffentlichen oder zu planen (je nach den von Ihnen festgelegten Berechtigungen), ohne ihnen direkten Zugriff auf Ihre Konten in den einzelnen sozialen Netzwerken gewähren zu müssen.

In Kapitel 9 erfahren Sie mehr über die einzelnen Funktionen zum Teilen und Zusammenarbeiten.

IN DIESEM KAPITEL

Ihr Logo und Brandings in Canva einrichten

Die grundlegenden Schritte zum Erstellen von Geschäftsmaterialien kennenlernen

Für die Besonderheiten von Geschäftsmaterialien gestalten

Visitenkarten, E-Mail-Signaturen, Präsentationen und mehr erstellen

Kapitel 6
Canva für allgemeine Geschäftszwecke nutzen

Canva entwickelt sich rasant weiter – es ist nicht mehr nur ein Kreativ-Tool, mit dem Sie alle Ihre geschäftsbezogenen Dokumente erstellen können, wobei strukturiertes und unterstütztes Design im Vordergrund steht. In diesem Kapitel helfe ich Ihnen, Canva mit in Markenunterlagen integrierten Markenspezifikationen für Ihr Unternehmen einzurichten. Und ich zeige Ihnen, wie Sie mit Canva ein umfassendes Set an Geschäftsmaterialien erstellen.

Wenn Sie die Anweisungen in diesem Kapitel befolgen, lernen Sie, eine stimmige Sammlung an Materialien zu erstellen, darunter Visitenkarten, Briefköpfe, E-Mail-Header, Präsentationen, Berichte, Broschüren, Flyer, Logos und sogar Beschilderungen.

Zu Demonstrationszwecken verwende ich für dieses Kapitel das fiktive Unternehmen *Stay N Creative with Canva*. Sie können diesen Namen und die Designgrundlage gerne durch Ihren eigenen Firmennamen und Ihre eigene Marke ersetzen.

Canva-Assets zur Verwendung als Geschäftsmaterialien einrichten

Die in Canva erstellten Geschäftsressourcen folgen dem grundlegenden Prozess, den ich im Abschnitt *Professionelle Geschäftsmaterialien erstellen* beschreibe. Darüber hinaus müssen Sie die verfügbaren Canva-Tools zum Erstellen der einzelnen Asset-Arten, die Vorteile der einzelnen Assets für Ihr Unternehmen und den Wert einer einheitlichen Markenbildung verstehen. Die Markenbildung ist das Sahnehäubchen auf dem Kuchen, wenn Sie Ihre Assets entwerfen. Jetzt ist es an der Zeit, mit dem Designen zu beginnen!

Gestaltung eines Markenauftritts

Eine einheitliche Markenidentität ist für Unternehmen, die sich professionell präsentieren möchten, unerlässlich. Mit den Markenunterlagen von Canva, die ich in Kapitel 4 beschreibe, können Sie das Logo und die Designelemente Ihres Unternehmens speichern, wie beispielsweise Schriftarten und Farben, sodass sie für alle Ihre Designprojekte leicht zugänglich sind. Egal, ob Sie Visitenkarten, Broschüren oder E-Mail-Signaturen entwerfen – wenn Sie diese Elemente sofort zur Hand haben, sparen Sie Zeit und sorgen für Markenkonsistenz.

Ein Logo erstellen

Normalerweise beginne ich Designprojekte mit einer Grundlage, die eine Farbpalette, Schriftarten und eine einheitliche Darstellung der Textelemente umfasst. (Wie Sie diese Grundlage schaffen, erfahren Sie in Kapitel 3.) Wenn diese Grundlage erst einmal steht, sollten Sie beim Entwurf Ihrer Marke als Erstes das Logo in Betracht ziehen. Ein Logo ist ein visuelles Symbol oder eine Grafik, die Ihr Unternehmen repräsentiert. Wie alle Geschäftsmaterialien sollten Logos die Mission und die Marke Ihres Unternehmens repräsentieren, was bedeutet, dass Sie bei der Verwendung von Schriftarten, Farben und Stil konsistent bleiben müssen.

Befolgen Sie die Schritte im nächsten Abschnitt, um im Canva-Editor ein Logo zu erstellen. Beginnen Sie mit der Suche nach dem Wort `Logo`.

Wenn Sie dieses Format als Grundlage für Ihr eigenes Logo verwenden möchten, können Sie darauf – und auf alle anderen Vorlagen in diesem Kapitel – zugreifen, indem Sie zu `https://jessestay.com/canvabook` gehen und nach dem Link zu Kapitel 6 suchen.

In Abbildung 6.1 sehen Sie viele der verschiedenen Logovorlagen, die in Canva verfügbar sind. Beachten Sie, dass Sie zwischen runden Logos, Logos mit Symbolen und Logos mit nur Text wählen können. Sie finden auch Logos, die viele grafische Elemente enthalten, und übersichtlichere Logos mit einfachem Text und Grafiken. Die Wahl bleibt Ihnen überlassen.

Obwohl Canva mit Tausenden von verfügbaren Logovorlagen die Erstellung von Logos vereinfacht, sollten Sie eine Canva-Vorlage nicht für ein Logo einsetzen, das Sie später als Marke schützen möchten. Logos, die aus Canva-Vorlagen erstellt wurden, können nicht als Marke eingetragen werden. Die Bedingungen von Canva gestatten Ihnen, diese Designs zu verwenden, wo immer Sie möchten, aber denken Sie daran, dass Sie für die Erstellung Ihres Logos die Arbeit einer anderen Person nutzen. Der Versuch, ein Design, das Sie mithilfe einer Canva-Vorlage erstellt haben, als Marke schützen zu lassen, verstößt gegen die

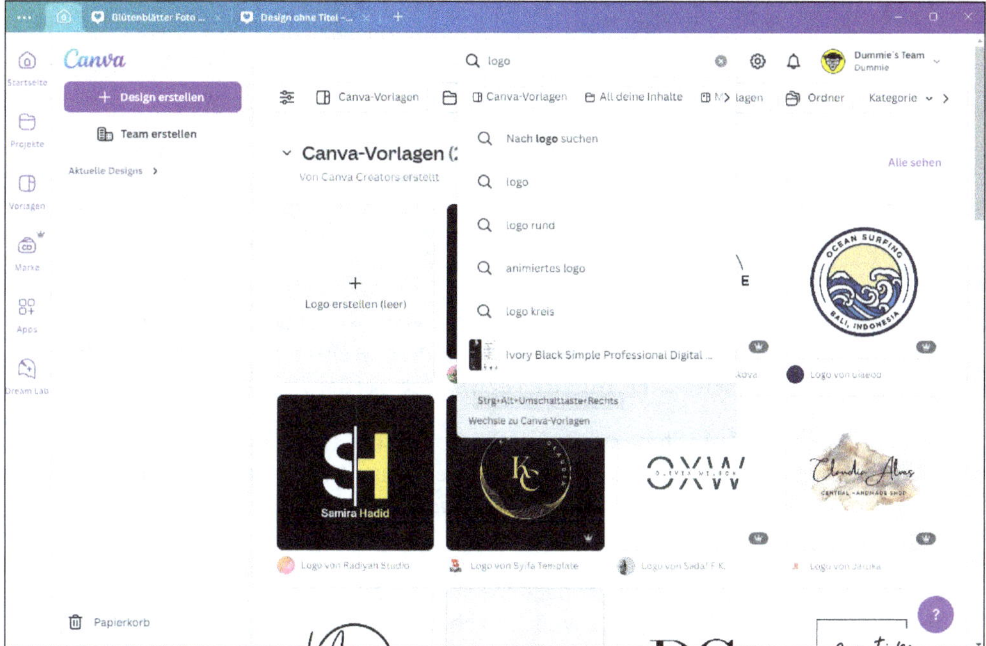

Abbildung 6.1: Einige der unzähligen Logovorlagen in Canva

Nutzungsbedingungen von Canva. Das Markenrecht verlangt in den meisten Ländern, dass Ihre Arbeit ursprünglich von Ihnen kommt. Wenn Sie ein Logo erstellen möchten, das Sie als Marke schützen können, erstellen Sie entweder eines mit einem leeren Editor in Canva oder beauftragen Sie einen professionellen Designer, ein Logo für Sie zu erstellen.

Nachdem Sie Ihr eigenes Logo erstellt haben (oder zunächst mit dem Logo *Stay N Creative with Canva* arbeiten, wenn Sie nur üben möchten), sollten Sie es zu Ihren Markenunterlagen hinzufügen, um es für alle Ihre geschäftsbezogenen Materialien zu speichern. In Kapitel 4 erfahren Sie, wie Sie Ihre Markenunterlagen in Canva erstellen.

Professionelle Geschäftsmaterialien erstellen

Die Erstellung hochwertiger Geschäftsmaterialien ist der Schlüssel zur professionellen Darstellung Ihrer Marke. Visitenkarten, Briefköpfe, E-Mail-Signaturen und Präsentationen sprechen für Ihr Unternehmen und helfen dabei, Ihre Botschaft effektiv zu kommunizieren.

In diesem Abschnitt zeige ich Ihnen eine Reihe allgemeiner Schritte, mit denen Sie alle Arten von Geschäftsmaterialien entwerfen und speichern können. Legen Sie also los und beginnen Sie mit den Elementen, die Sie am dringendsten benötigen!

1. **Öffnen Sie Canva und melden Sie sich bei Ihrem Konto an.**

   Wenn Sie Hilfe beim Anmelden oder Erstellen eines Canva-Kontos benötigen, lesen Sie in Kapitel 1 nach.

2. **Klicken Sie auf der Startseite auf das Symbol VORLAGEN in der linken Navigationsleiste, um die Seitenleiste VORLAGEN zu öffnen.**

   Über die Seitenleiste VORLAGEN haben Sie Zugriff auf vorgefertigte Layouts für verschiedene Dokumenttypen.

3. **Geben Sie in die Suchleiste oben auf der Seite VORLAGEN den Namen des Geschäftsdokumenttyps ein, nach dem Sie suchen. Achten Sie darauf, dass keine urheberrechtlich geschützten Inhalte verwendet werden.**

   Vielleicht möchten Sie Visitenkarten, Briefköpfe, E-Mail-Header oder -Footer erstellen, die Ihr Unternehmen identifizieren, oder andere Elemente, die Sie im Abschnitt *Das Besondere an Geschäftsmaterialien und -dokumenten* weiter hinten in diesem Kapitel finden.

   Nachdem Sie eingegeben haben, wonach Sie suchen, zeigt Ihnen Canva verschiedene Vorlagen an. (Siehe Abbildung 6.2, wo ich nach dem Begriff `Visitenkarten` suche.)

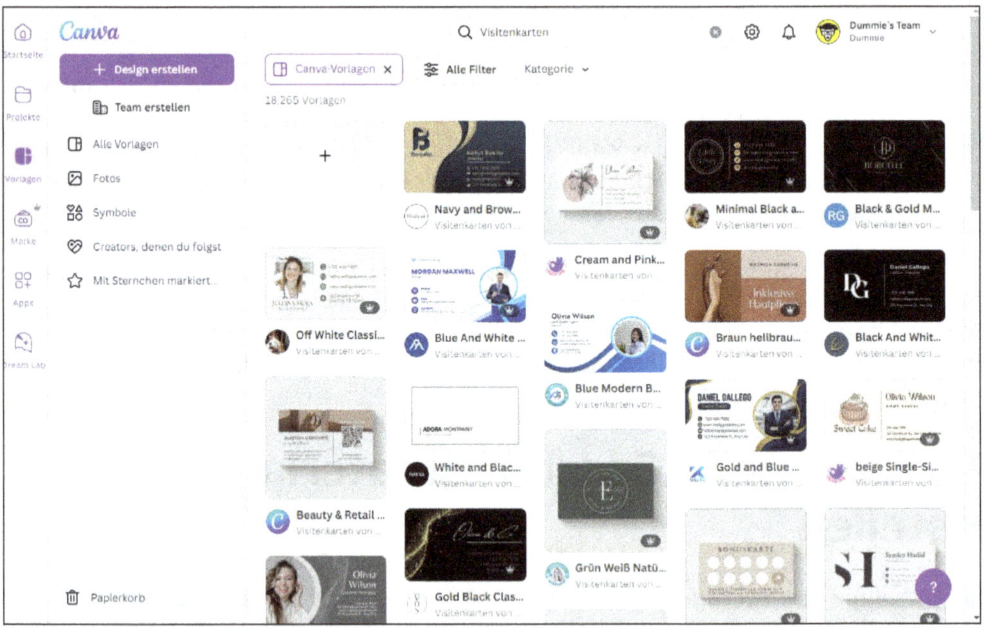

Abbildung 6.2: Auswählen einer Visitenkartenvorlage

4. **Durchsuchen Sie die verfügbaren Vorlagen und wählen Sie durch Anklicken eine aus, die zur Marke und zum Produkt beziehungsweise zur Dienstleistung Ihres Unternehmens passt.**

   In diesem Fall habe ich eine Vorlage mit einem freundlich aussehenden Design ausgewählt, das die freundliche, lehrreiche Marke von *Stay N Creative with Canva* repräsentiert.

5. **Wenn die von Ihnen gewählte Vorlage im Arbeitsbereich des Canva-Editors angezeigt wird, klicken Sie auf die Schaltfläche DIESE VORLAGE ANPASSEN.**

6. **Öffnen Sie die gewählte Vorlage im Canva-Editor und klicken Sie auf die darin enthaltenen Textfelder, um die Informationen dort zu bearbeiten.**

   Ersetzen Sie den Beispieltext durch Informationen zu Ihrem Unternehmen, einschließlich Name, Telefonnummer, E-Mail-Adresse und Website, wie in Abbildung 6.3 für *Stay N Creative with Canva* gezeigt.

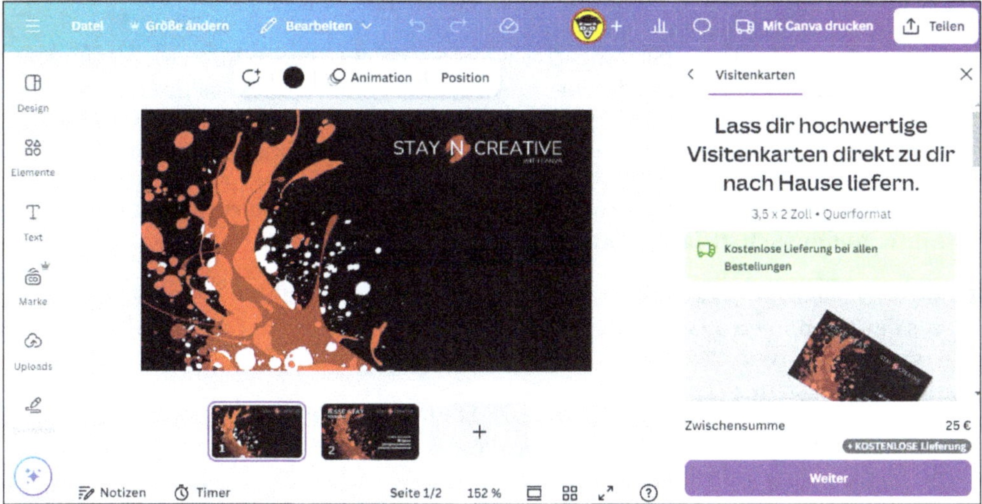

Abbildung 6.3: Eine individuelle Visitenkarte

7. **Um die Schriftarten in der Vorlage anzupassen, klicken Sie auf den Text, den Sie ändern möchten, und beachten Sie die Symbolleiste, die oben im Editor angezeigt wird.**

8. **Wählen Sie aus der Symbolleiste eine klare, professionelle Schriftart wie Open Sans aus und ändern Sie die Farbe des Textes, damit er zum Branding Ihres Unternehmens passt.**

   Sie können auch auf Markenunterlagen von Canva zurückgreifen (siehe Abschnitt *Gestaltung eines Markenauftritts* weiter vorn in diesem Kapitel, in dem ich die Erstellung von Markenunterlagen empfehle), um die dort angegebenen Schriftarten auszuwählen.

   Für *Stay N Creative with Canva* habe ich Schwarz-, Weiß- und Rottöne gewählt, die zum Designthema passen. (Siehe Abbildung 6.3.)

9. **Fügen Sie ein Firmenlogo hinzu, indem Sie auf das UPLOAD-Symbol in der linken Navigationsleiste klicken, um die UPLOAD-Seitenleiste zu öffnen.**

10. **Klicken Sie auf die Schaltfläche DATEIEN HOCHLADEN, wählen Sie Ihre Logodatei von Ihrem Computer aus und ziehen Sie sie an die richtige Stelle auf der Visitenkarte.**

    Sie können das Logo flexibel positionieren und in der Größe anpassen.

Auch hier gilt, dass Sie möglicherweise bereits ein Logo in Ihren Markenunterlagen gespeichert haben. Statt es hochzuladen, können Sie es aus Ihren Unterlagen abrufen. Sie können auch das von Ihnen erstellte Logo verwenden, wenn Sie die Schritte unter *Ein Logo erstellen* weiter vorn in diesem Kapitel befolgt haben.

11. **Wenn Sie mit Ihrem Design zufrieden sind, klicken Sie oben rechts im Canva-Editor auf die Schaltfläche TEILEN.**

12. **Wählen Sie im angezeigten Fenster HERUNTERLADEN, wählen Sie eine Option aus der Dropdown-Liste DATEITYP und klicken Sie unten auf die Schaltfläche HERUNTERLADEN.**

    Wählen Sie in diesem Fall die Option PDF-DRUCK für qualitativ hochwertige Ausdrucke aus (siehe Abbildung 6.4). Wenn Sie diese Reihenfolge befolgen, wird die Datei auf Ihrem Computer gespeichert.

    Hinweis: Abbildung 6.4 zeigt das Herunterladen eines Dokuments mit dem Briefkopf für *Stay N Creative with Canva*.

Sie können den Druckservice von Canva auch nutzen, um Ausdrucke direkt zu bestellen oder die Datei zu speichern und eine Druckerei in Ihrer Nähe zu nutzen. Der Druckservice von Canva bietet verschiedene Druckoptionen, darunter Papierqualität und Veredelung.

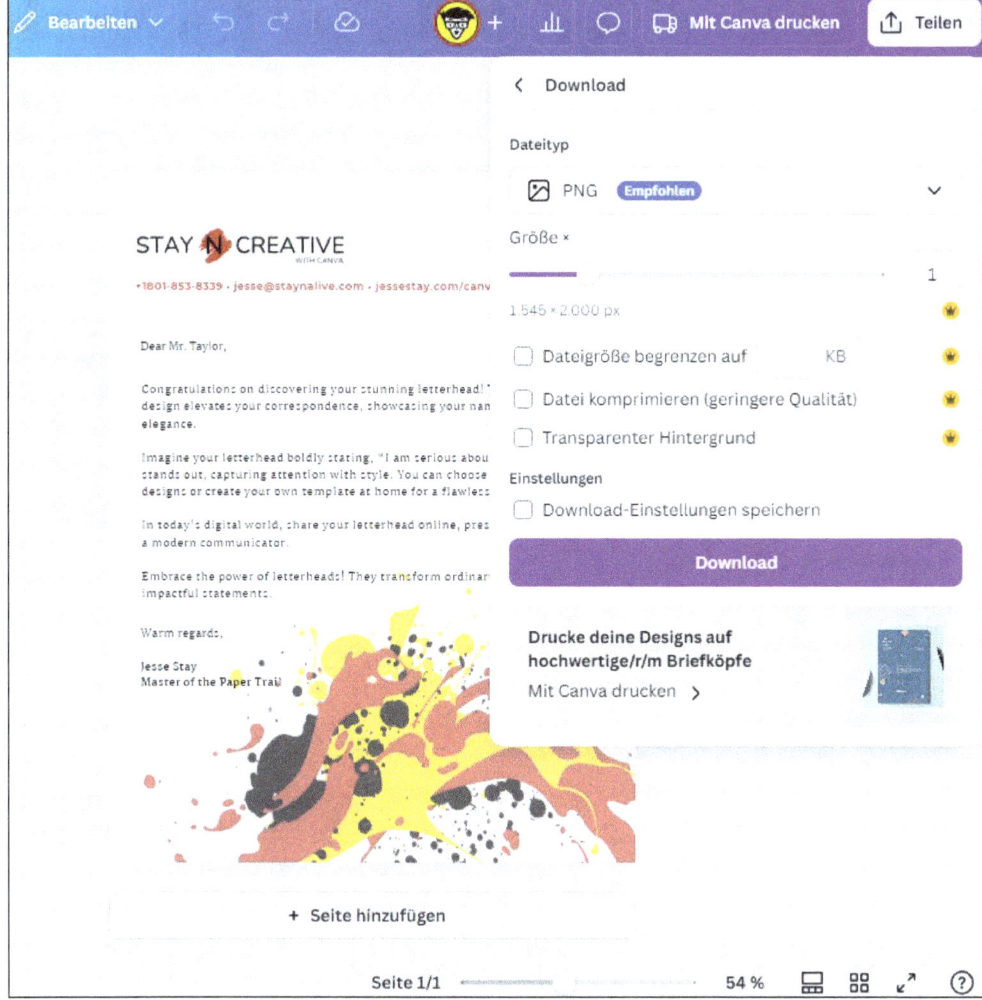

Abbildung 6.4: Herunterladen Ihrer Designs in eine PDF-Datei

13. **Um den Druckservice von Canva für jedes Design zu nutzen, klicken Sie einfach auf die Schaltfläche MIT CANVA DRUCKEN oben rechts in deinem Editor – siehe Abbildung 6.5 – und folgen Sie den Anweisungen.**

    Damit sind die allgemeinen Schritte zum Erstellen von Geschäftsmaterialien abgeschlossen. Abhängig von der Art der von Ihnen erstellten Geschäftsunterlagen stehen Ihnen weitere Optionen zum Teilen und Integrieren dieser Dokumente in Ihre Geschäftskommunikation zur Verfügung. Im nächsten Abschnitt erfahren Sie mehr über diese Optionen und erhalten hilfreiche Tipps, um sie auf verschiedene von Ihnen erstellte Materialien anzuwenden.

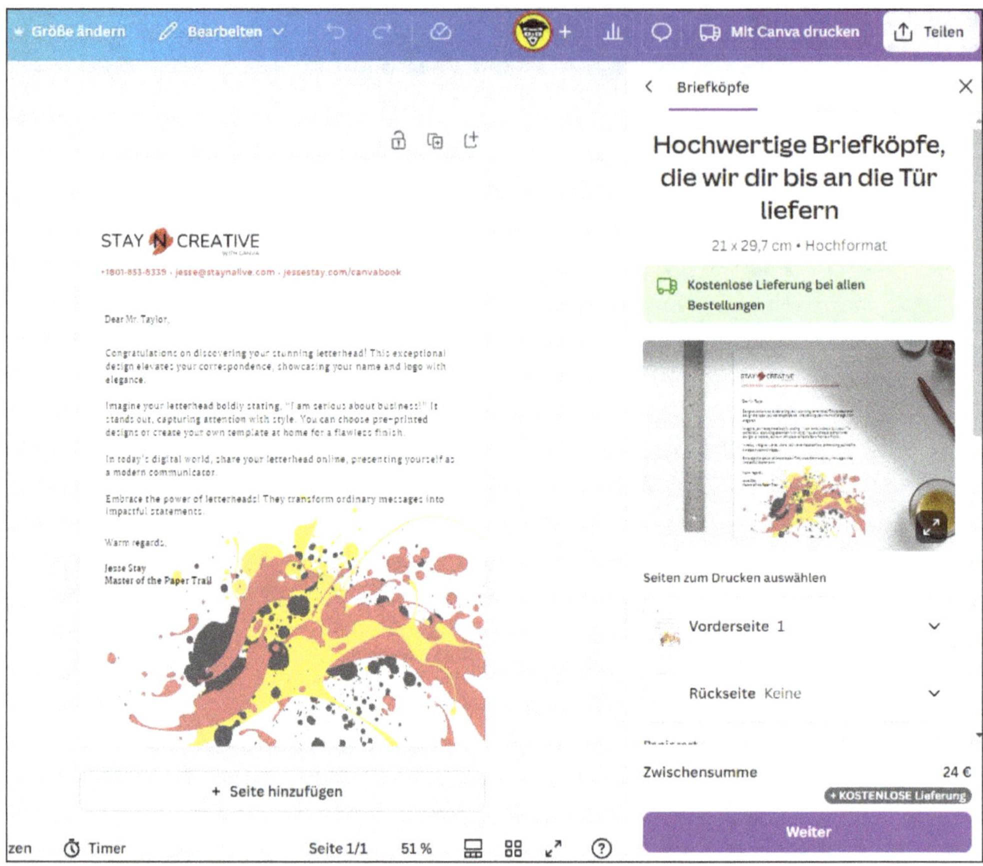

Abbildung 6.5: Sie können den Druckservice von Canva nutzen.

Das Besondere an Geschäftsmaterialien und -dokumenten

Wenn es um Geschäftsdokumente geht, ist jede Art, die Sie erstellen, eine Erweiterung Ihrer Marke. Jede Art von Dokument – ob Präsentation, Broschüre oder Visitenkarte – dient einem einzigartigen Zweck: der Förderung Ihres Unternehmens, der Kommunikation mit Kunden, der Ausbildung Ihrer Schüler oder der Wahrung eines professionellen Erscheinungsbilds. In diesem Abschnitt gehe ich mit Ihnen die spezifischen Überlegungen zu jeder Art von Geschäftsdokument durch und erkläre Ihnen, warum diese Details für den Erfolg Ihres Unternehmens wichtig sind.

Gestaltung von Visitenkarten und Briefpapier

Die Erstellung auffälliger Visitenkarten und Briefköpfe ist eine meiner bevorzugten Methoden, um die Marke meines Unternehmens zu bewerben. Visitenkarten sind praktisch, um Kontaktdaten weiterzugeben. Ein klares, professionelles Design mit leicht lesbarem Text sorgt dafür, dass die Kartenempfänger Sie sich leicht merken und mit Ihnen Kontakt aufnehmen können. Briefköpfe verleihen offiziellen Dokumenten Gewicht. Ob für Rechnungen, formelle Mitteilungen oder juristische Dokumente – Briefköpfe vermitteln Autorität und Professionalität. Beide Materialien sind unerlässlich, wenn Sie möchten, dass jemand Ihr Unternehmen ernst nimmt.

Beim Design mit Canva sollten Sie folgende Besonderheiten berücksichtigen:

- ✔ **Angleichen der Kontaktdaten.** Die Kontaktdaten (Telefonnummer, E-Mail-Adresse, Website-URL) sowohl auf Visitenkarten als auch auf Briefpapier müssen einheitlich platziert sein. Dieses Detail sorgt für ein einheitliches, professionelles Erscheinungsbild aller Materialien.
- ✔ **Berücksichtigen Sie für den Druck das verwendete Papier.** Denken Sie beim Entwurf von Visitenkarten daran, wie sie auf verschiedenen Papiersorten aussehen könnten. Mit den Druckoptionen von Canva können Sie zwischen mattem, glänzendem oder Recyclingpapier wählen, was das endgültige Design weiter verbessert.
- ✔ **Doppelseitige Visitenkarten.** Mit Canva können Sie beide Seiten einer Visitenkarte gestalten. Nutzen Sie die Rückseite, um zusätzliche Informationen wie einen Slogan, Social-Media-Namen oder einen QR-Code mit einem Link zu Ihrer Website einzufügen.
- ✔ **Platznutzung auf Briefköpfen.** Ihr Briefkopf muss genügend Platz für den Hauptteil Ihres Briefes lassen. Der obere Abschnitt sollte Ihr Logo und Ihre Kontaktdaten enthalten, während der Rest der Seite für den Inhalt reserviert sein sollte.

E-Mail-Header und -Signaturen perfektionieren

E-Mail-Header und -Signaturen sind wichtig, um ein professionelles Image zu wahren und das Markenimage Ihres Unternehmens in Ihrer Kommunikation widerzuspiegeln. E-Mail-Header sind Banner, die oben in E-Mail-Newslettern angezeigt werden, und Signaturen werden am Ende Ihrer E-Mails hinzugefügt.

Folgendes sollten Sie beim Entwerfen eines E-Mail-Headers oder einer E-Mail-Signatur in Canva beachten:

- ✔ **Visuelle Konsistenz.** E-Mail-Header und -Signatur müssen mit dem Branding Ihres Unternehmens übereinstimmen; verwenden Sie also dieselben Schriftarten, Farben und das gleiche Logo wie auf Ihren Visitenkarten und Briefköpfen.
- ✔ **Fügen Sie anklickbare Links hinzu.** Fügen Sie beim Erstellen Ihrer Signatur anklickbare Links zu Ihrer Website, Ihren Social-Media-Profilen oder einen Call-to-Action (wie beispielsweise »Besprechung planen«) ein.
- ✔ **Gehen Sie mit Bildern vorsichtig um.** Achten Sie darauf, dass die Bildgröße klein ist, damit die Signatur in manchen E-Mail-Programmen nicht verpixelt aussieht. Logos oder Symbole werden oft als PNGs mit transparentem Hintergrund hinzugefügt.

Um Ihre neue Signatur in ein E-Mail-Programm zu integrieren, habe ich Anweisungen für die drei wichtigsten E-Mail-Programme beigefügt:

- ✔ **Gmail.** Nachdem Sie die Signatur in Canva gestaltet haben, laden Sie sie als PNG herunter. Gehen Sie zu den Gmail-Einstellungen, scrollen Sie zum Abschnitt SIGNATUR und laden Sie das Bild hoch. Sie können auch direkt darunter Text für zusätzliche Kontaktdaten hinzufügen.
- ✔ **Outlook.** Nachdem Sie die Signatur entworfen haben, laden Sie sie als HTML- oder PNG-Datei herunter. Öffnen Sie eine neue Nachricht und wählen Sie dann SIGNATUR|SIGNATUREN. Wählen Sie im Feld ZU BEARBEITENDE SIGNATUR AUSWÄHLEN die Signatur aus, der Sie ein Logo oder Bild hinzufügen möchten. Suchen Sie Ihre Bilddatei und wählen Sie EINFÜGEN.
- ✔ **Apple Mail.** Erstellen Sie die Signatur in Canva und speichern Sie sie als PNG- oder HTML-Datei. Gehen Sie in Apple Mail zu EINSTELLUNGEN|SIGNATUREN und fügen Sie das Bild dann als Teil des Signaturblocks hinzu.

Präsentationen und Berichte erstellen

Das Erstellen von Präsentationen und Berichten ist für die Kommunikation der Pläne, Leistungen und Vorschläge Ihres Unternehmens von entscheidender Bedeutung. Und wissen Sie was? Canva kann wunderbare Präsentationen erstellen – möglicherweise sogar besser als die besten Präsentationstools auf dem Markt! Dieser Abschnitt beschreibt einige einzigartige Funktionen von Präsentationen und Berichten, die bei ihrem Design berücksichtigt werden sollten.

Sie können Präsentationen Übergänge und Effekte hinzufügen. Wählen Sie in Canva eine Folie aus und klicken Sie dann auf die Schaltfläche ANIMATION, um Übergänge wie Überblendungen oder Zooms zwischen Präsentationsfolien hinzuzufügen. Diese Effekte machen Ihre Präsentation dynamischer und ansprechender. Eine ausführlichere Anleitung zu Animationen finden Sie in Kapitel 10, in dem ich ausführlich auf den Live-Präsentationsmodus und Animationen eingehe.

Irgendwann möchten Sie Ihre Präsentation mit anderen teilen. Hier einige Möglichkeiten, die Sie in Betracht ziehen sollten:

- ✔ **Live-Präsentationsmodus.** Präsentieren Sie direkt von Canva aus und ermöglichen Sie mit diesen Schritten eine Live-Interaktion mit Ihrem externen Publikum:

  Klicken Sie auf die Schaltfläche TEILEN oben rechts im Canva-Editor und dann auf den Button mit der Aufschrift ZEIGEN.

  Diese Funktion der Live-Präsentation ist besonders nützlich für Online-Meetings und Webinare. Weitere Einzelheiten zur Verwendung dieser Funktion finden Sie in Kapitel 10.
- ✔ **Teilen per Link.** Erstellen Sie einen Link, um Ihre Präsentation an Kollegen oder Kunden zu senden und sie mit ihnen zu teilen.
- ✔ **Exportieren nach PowerPoint.** Wenn Sie lieber offline oder in PowerPoint präsentieren, laden Sie die Datei als PPT herunter.

Berichte verfügen ebenfalls über einzigartige Funktionen, die Sie berücksichtigen sollten. Hier nur einige davon:

- **Verwenden von Diagrammen und Grafiken.** Um Diagramme und Grafiken in Ihre Berichte einzubinden, nutzen Sie die integrierten Diagrammtools von Canva, um Ihre Daten übersichtlich zu visualisieren. Es sind Balkendiagramme, Kreisdiagramme und Liniendiagramme verfügbar und leicht anzupassen.

- **Hinzufügen von Infografiken.** Canva bietet Infografik-Vorlagen, die dabei helfen, komplexe Daten zu vereinfachen. Integrieren Sie diese visuellen Elemente in Ihre Berichte, um eine ansprechende und leicht verständliche Präsentation der Informationen zu ermöglichen.

- **Verwenden Sie eine einheitliche Formatierung.** Ihre Überschriften, Unterüberschriften und der Fließtext sollten jeweils dieselbe Schriftart und Farben verwenden, um ein klares, professionelles Erscheinungsbild zu erzielen.

Broschüren und Flyer erstellen

Broschüren und Flyer sind hervorragende Tools für Marketing und Werbung. Es ist keine Überraschung, dass Canva die Erstellung professioneller Druckmaterialien ganz einfach macht. Broschüren und Flyer helfen dabei, Ihr Unternehmen und seine Angebote bekannt zu machen. Daher ist ein professionelles Erscheinungsbild für Ihren Geschäftserfolg von entscheidender Bedeutung.

Broschüren sind informative Dokumente, die in der Regel zu einem Faltblatt gefaltet werden, das Sie potenziellen Kunden oder Besuchern aushändigen können. Flyer sind einseitige Anzeigen, mit denen für Veranstaltungen, Produkte oder Dienstleistungen geworben wird. Hier einige Überlegungen, die Sie beim Entwerfen von Flyern und Broschüren in Canva beachten sollten:

- **Um wirkungsvolle Flyer zu gestalten, verwenden Sie kräftige Schriftarten und Farben.** Flyer werden normalerweise verwendet, um für Veranstaltungen oder Angebote zu werben. Nehmen Sie kräftige Schriftarten und Farben, um wichtige Informationen wie Daten, Orte und Angebote hervorzuheben. Halten Sie das Design einfach und auffällig.

  Tipps zur Auswahl der richtigen Schriftarten und Farbschemata finden Sie in Kapitel 4, wo ich die Verwendung der Markenunterlagen von Canva zur Wahrung der Konsistenz erläutere.

- **Erwägen Sie zum Erstellen informativer Broschüren die Verwendung von zwei- und dreifach gefalteten Broschürenvorlagen.** Canva bietet diese Art von Broschürenvorlagen an, mit denen Sie Informationen in übersichtliche Abschnitte unterteilen können. Mit einer Mischung aus Text und Bildern wecken Sie das Interesse der Leser wecken.

  Weitere Informationen zur effektiven Verwendung von Vorlagen finden Sie in Kapitel 3, wo ich ausführlicher auf die Anpassung von Vorlagen eingehe.

- **Damit Ihre Kunden Sie finden können, fügen Sie Kontaktinformationen hinzu.** Vergessen Sie nicht, wichtige Kontaktdetails wie die URL Ihrer Website, E-Mail-Adresse und Telefonnummer unten auf Ihrem Flyer oder Ihrer Broschüre anzugeben. Es ist wichtig, diese Informationen bereitzuhaben, bevor Sie mit dem Design beginnen, wie ich in Kapitel 4 erläutere.

Gestaltung von Beschilderungen

Beschilderungen wie Poster, Banner und Außenschilder sind sowohl für das Branding im Büro als auch für die Event-Werbung nützlich. Mit den Vorlagen von Canva können Sie auffällige Beschilderungen entwerfen, die die Aufmerksamkeit auf sich ziehen und Ihre Botschaft klar vermitteln.

Beachten Sie Folgendes, wenn Sie mit Canva die optimale Beschilderung für Ihre Marke oder Ihr Unternehmen erstellen möchten:

- **Erstellen Sie auffällige Poster und Banner.** Verwenden Sie helle Farben und große Schriftarten, damit Ihre Botschaft auch aus der Ferne sichtbar ist. Poster eignen sich hervorragend für Veranstaltungen, während Banner Werbeaktionen unterstützen können. Einen tieferen Einblick in die Gestaltung mit Farben und Schriftarten erhalten Sie in Kapitel 4, wo ich die Markenunterlagen von Canva und die Wahrung der Konsistenz zwischen Designs beschreibe.
- **Schilder für den Außenbereich gestalten.** Achten Sie beim Gestalten von Schildern für den Außenbereich darauf, dass die Botschaft einfach und leicht zu lesen ist. Fügen Sie wichtige Informationen wie Kontaktdaten oder Website-URLs ein. Weitere Tipps zum Gestalten von Materialien, die leicht zu lesen und optisch ansprechend sind, finden Sie in Kapitel 3, wo es um Designtechniken geht.

IN DIESEM KAPITEL

Marketingmaterialien mit visuellen Inhalten aufpeppen

Die Analysetools von Canva nutzen

Die Massenerstellung von Materialien für Marketingkampagnen nutzen

Kapitel 7
Canva für Marketingzwecke

Die effektive Vermarktung Ihres Unternehmens ist entscheidend, um Kunden zu gewinnen und Ihre Marke aufzubauen. Canva vereinfacht diesen Prozess durch eine Vielzahl von Vorlagen und Tools, die Ihnen die Arbeit erleichtern. In diesem Kapitel zeige ich Ihnen, wie ich Canva für verschiedene Marketingzwecke verwende. Und um den Inhalt des Kapitels verständlicher zu machen, verwende ich das fiktive Unternehmen *Stay N Creative with Canva*, um Beispiele für Marketingmaterialien zu demonstrieren, die Sie erstellen können.

Ihr Marketing mit visuellen Inhalten verbessern

Damit Ihre Inhalte die Aufmerksamkeit Ihrer Kunden auf sich ziehen und sie auf Ihr Geschäftsangebot aufmerksam machen, ist es wichtig, sie visuell attraktiv zu gestalten. Canva macht es einfach, visuell ansprechende Materialien zu erstellen, die Ihre Zielgruppe erreichen und Ihre Marke bewerben. In diesem Abschnitt gehe ich auf Ideen ein, wie Sie bestimmte Elemente aus Canva nutzen können, um Ihr Marketing zu verbessern.

Ich empfehle Ihnen, die Funktionen und Vorlagen von Canva weiter zu erkunden, um neue und innovative Wege zur Vermarktung Ihres Unternehmens zu finden. Mit etwas Übung – zum Beispiel indem Sie die Schritte befolgen, die ich Ihnen in diesem Kapitel zeige – können Sie Profi bei der Erstellung auffälliger und effektiver Marketingmaterialien werden, die Ihrem Unternehmen zu Ergebnissen verhelfen.

Gestaltung wirkungsvoller Werbeanzeigen

Eine der einfachsten Möglichkeiten, die Aufmerksamkeit potenzieller Kunden auf Ihr Geschäftsangebot zu lenken, ist Werbung. Mit Canva ist es ganz einfach, auffällige Anzeigen zu erstellen. Befolgen Sie diese Schritte, um eine Anzeige für Ihr Unternehmen zu erstellen. Ich verwende das Unternehmen *Stay N Creative with Canva* als Beispiel:

1. **Melden Sie sich bei Ihrem Canva-Konto an und klicken Sie auf das Symbol VORLAGEN in der linken Navigationsleiste, um die VORLAGEN-Seitenleiste zu öffnen.**

2. **Geben Sie `Facebook-Werbeanzeige` in die Suchleiste ein, um entsprechende Vorlagen zu finden.**

3. **Durchsuchen Sie die verfügbaren Vorlagen und klicken Sie auf eine, die zu Ihrer Marke passt.**

   Für das Unternehmen *Stay N Creative with Canva* habe ich eine Vorlage mit einem klaren, modernen Look ausgewählt.

Die Vorlagen, die ich in diesem Buch verwende, und mehr, einschließlich der Anzeigenvorlage, die ich in diesem Abschnitt zeige, finden Sie unter `https://jessestay.com/canvabook`.

4. **Klicken Sie auf die Textfelder in der gewählten Vorlage, um sie zu bearbeiten und für Ihr Unternehmen anzupassen.**

   Ersetzen Sie beispielsweise den Platzhaltertext durch eigene Inhalte.

5. **Fügen Sie Bilder hinzu, die Ihr Produkt zeigen, Ihr Logo vorstellen oder Ihrer Anzeige auf andere Weise visuelle Informationen hinzufügen, indem Sie sie per Drag&Drop aus verschiedenen Quellen ziehen.**

   Sie können beispielsweise:

   - auf das UPLOADS-Symbol in der linken Navigationsleiste klicken, um Ihre eigenen Bilder hochzuladen.
   - die Fotobibliothek von Canva verwenden, indem Sie auf das ELEMENTE-Symbol klicken und in der angezeigten ELEMENTE-Seitenleiste suchen.
   - auf visuelle Elemente in den Markenunterlagen Ihres Unternehmens zugreifen, indem Sie auf das MARKE-Symbol klicken und Ihre Markenunterlagen durchsuchen. Anweisungen zur Einrichtung mit der Markenunterlagen-Funktion von Canva finden Sie in Kapitel 4.

6. **Klicken Sie auf ein beliebiges Element, um dessen Farbe oder Schriftart über die Symbolleiste oben im Canva-Editor zu ändern.**

   Die Farben und Schriftarten Ihrer Anzeige sollten zur Identität Ihrer Marke passen (Markenunterlagen).

Wenn Sie fertig sind, sollte Ihre Anzeige Ihr Unternehmen und das Produkt darstellen, das Sie vermarkten möchten. In Abbildung 7.1 sehen Sie die Anzeige, die ich mit Canva für *Stay N Creative with Canva* erstellt habe.

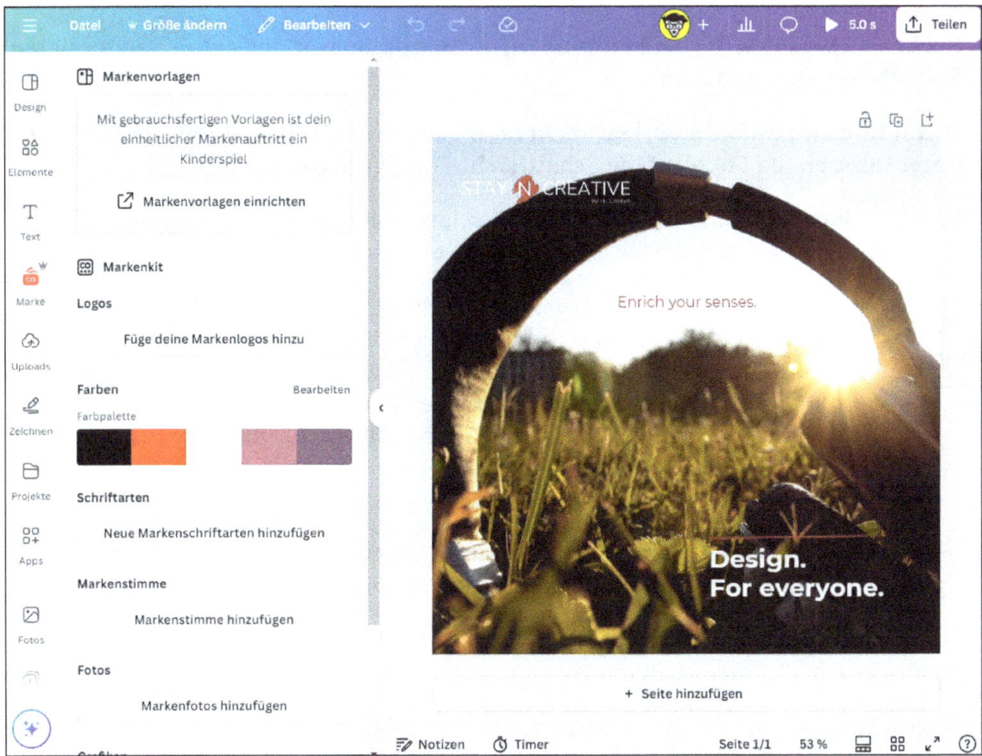

Abbildung 7.1: Passen Sie eine Anzeigenvorlage für Ihr Unternehmen an.

Wenn Sie an einem Storyboard mit mehreren Seiten arbeiten, haben Sie im Editor zwei Ansichten – Miniaturansicht und Scroll-Ansicht –, zwischen denen Sie wechseln können. In der *Miniaturansicht* werden die Miniaturbilder jeder Folie unter der Folie angezeigt, die aktuell im Editor angezeigt wird. In der *Scroll-Ansicht* scrollen Sie durch jede Folie nach unten, um sie im Editor-Fenster anzuzeigen. Sie können zwischen diesen Ansichten umschalten. Wenn Sie sich beispielsweise in der Scroll-Ansicht befinden, klicken Sie auf das Symbol oben rechts über der ersten Folie (das Symbol sieht aus wie ein +-Zeichen in einem Quadrat), um zur Miniaturansicht zu wechseln.

Visuelles Storytelling für Marken

Im Marketing weiß man, dass guter Inhalt immer eine gute Geschichte beinhaltet. Besonders wenn Sie planen, Videoinhalte zu entwickeln, ist ein gutes Storyboard eine der besten Möglichkeiten, die Geschichte zu skizzieren, die Sie erzählen möchten. Canva macht das Erstellen eines Storyboards mit Hunderten von Präsentationsvorlagen, die speziell für das Storyboarding entwickelt wurden, ganz einfach. Folgen Sie nur diesen Schritten:

1. **Öffnen Sie Canva, melden Sie sich bei Ihrem Konto an und klicken Sie in der linken Navigationsleiste auf das Symbol VORLAGEN.**

2. **Suchen und wählen Sie eine Storyboard-Präsentationsvorlage aus der angezeigten Seitenleiste VORLAGEN aus.**

3. **Wenn Ihre ausgewählte Vorlage nicht bereits mehrere Folien enthält, klicken Sie unter Ihrer ersten Folie auf die Schaltfläche (+) (SEITE HINZUFÜGEN).**

   Fügen Sie Ihrer Präsentation genügend Folien hinzu, um die wichtigsten Punkte der Geschichte darzustellen, die Sie für Ihre Marke erzählen möchten.

   Erwägen Sie, eine kurze Übersicht über die Heldenreise zu geben, die Ihr Kunde bei der Verwendung des Produkts Ihres Unternehmens erlebt. Die *Heldenreise* im Marketing findet statt, wenn der Kunde ein Problem hat, es mit Ihrem Produkt löst und dann glücklicher, reicher, attraktiver wird. Um mehr über die Heldenreise zu erfahren, beginnen Sie beispielsweise mit dem Klassiker von Joseph Campbell: *Der Heros in tausend Gestalten.*

4. **Klicken Sie in der linken Navigationsleiste auf das Symbol ELEMENTE und fügen Sie aus der angezeigten Seitenleiste visuelle Elemente ein (zum Beispiel Bilder, Symbole und Illustrationen), um Ihre Story spannender zu gestalten.**

   Storyboard-Vorlagen verfügen häufig über spezielle Bereiche, in denen Sie diese Elemente per Drag&Drop platzieren können, um Ihre Geschichte zu erzählen.

   Suchen Sie in der Seitenleiste ELEMENTE nach Storyboards oder Skizzen, um vorhandene Skizzen für Ihr Storyboard zu finden. Oder entwickeln Sie eigene Ideen für Fotos und andere Elemente, mit denen Sie Ihre Geschichte erzählen.

5. **Verwenden Sie die Textfelder in der von Ihnen gewählten Vorlage, um Ihre Geschichte zu erzählen, indem Sie Ihren Inhalt eingeben oder kopieren und einfügen.**

   Halten Sie Ihren Text kurz und prägnant. In Abbildung 7.2 sehen Sie ein Beispiel, wie ich mithilfe von Canva eine Geschichte erstellt habe, um die Designfrustrationen eines Lesers zu lösen. (Erkennen Sie, was ich erzähle?) Das Storyboard, das ich erstellt habe, verwendet die 6-Panel-Storyboard-Vorlage von Canva Creative Studio.

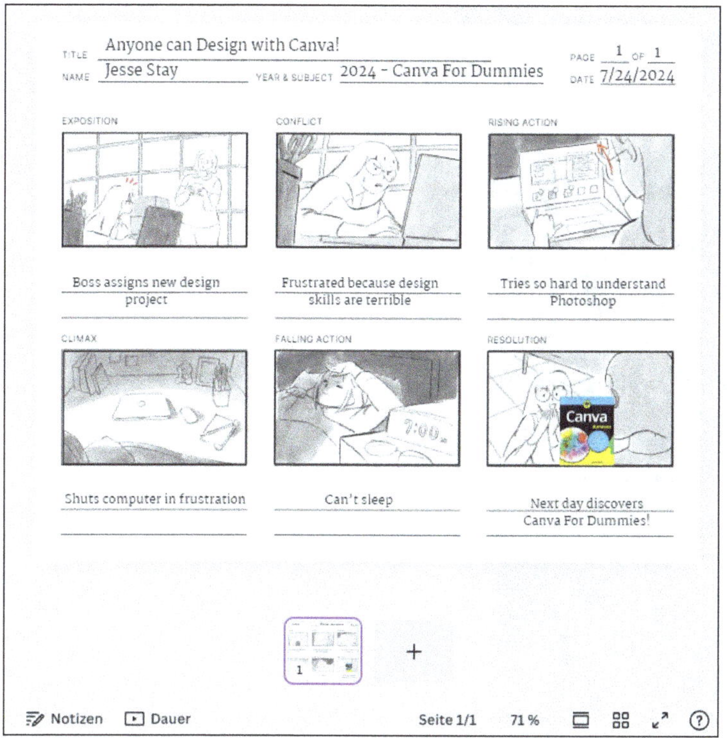

Abbildung 7.2: Erstellen Sie ein Storyboard mit Ihrem Markennamen, um Ihre Geschichte zu erzählen.

Werbung für Ihre Produkteinführungen und Events

Canva bietet alle Arten von Vorlagen, mit denen Sie Ihre Produkteinführungen und Events ganz einfach mit auffälligen Grafiken gestalten und bewerben können. In Kapitel 6 geht es um das Erstellen von Flyern, Broschüren und Beschilderungen, aber in diesem Kapitel biete ich die folgenden kurzen Schritte zum Erstellen eines Eventflyers an:

1. **Klicken Sie in der linken Navigationsleiste auf das Symbol Vorlagen und suchen Sie in der angezeigten Seitenleiste Vorlagen nach Eventflyer. Wählen Sie eine Vorlage aus, die zu Ihrem Event passt.**

2. **Passen Sie die Details Ihres Events an, indem Sie die Textfelder bearbeiten und den Namen, das Datum, die Uhrzeit und den Ort einfügen.**

   Fügen Sie alle weiteren gewünschten relevanten Details hinzu.

3. **Integrieren Sie alle Markenelemente Ihres Unternehmens (wie Ihr Logo und Ihre Markenfarben) in Ihren Flyer, um die Markenkonsistenz zu wahren.**

   Wenn Sie Markenunterlagen erstellt haben (Informationen hierzu finden Sie in Kapitel 4), können Sie sich davon inspirieren lassen. Ich füge mein Stay-N-Creative-Logo mit Canva ein, wie in Abbildung 7.3 gezeigt.

Abbildung 7.3: Passen Sie einen Eventflyer für Ihre bevorstehende Party an.

4. **Laden Sie den Flyer als PDF- oder Bilddatei herunter und teilen Sie ihn auf Ihren Social-Media-Plattformen und Ihrer Website. Oder klicken Sie auf die Schaltfläche MIT CANVA DRUCKEN, damit Canva Ihre Flyer für Sie druckt.**

Mit Canva können Sie die Größe Ihrer Grafiken schnell für die Verwendung auf verschiedenen Social-Media-Plattformen anpassen. Weitere Informationen finden Sie in Kapitel 5.

Vermarkten Sie Ihre Inhalte mit Infografiken

Infografiken sind eine großartige Möglichkeit, eine fesselnde Geschichte visuell in einer einzigen Grafik zu erzählen. Canva bietet Tausende von Vorlagen, die Ihnen dabei helfen.

Hinweis: Infografiken müssen mehr sein als nur visuell ansprechend (obwohl visuelle Attraktivität wichtig ist); sie müssen das Unternehmen oder Produkt, das Sie vermarkten, genau widerspiegeln und für Ihre Zielgruppe von Bedeutung sein.

Gehen Sie wie folgt vor, um eine Infografik zu erstellen, die die Geschichte Ihres Unternehmens oder Produkts erzählt:

1. **Klicken Sie in der linken Navigationsleiste auf das Symbol VORLAGEN, suchen Sie in der angezeigten Seitenleiste VORLAGEN nach `Infografiken` und wählen Sie eine Vorlage aus, die zu Ihrem Inhalt passt.**

   Wenn Sie Ihre Infografik beispielsweise auf Instagram teilen möchten, wählen Sie eine Vorlage mit den passenden Abmessungen für einen Beitrag auf Instagram. (In diesem Fall reicht es aus, nach `Infografik-Instagram-Beitrag` zu suchen; oder suchen Sie einfach nach einer Vorlage mit quadratischen Abmessungen.)

   Wenn Ihr gesamtes Design nicht nur aus einer Infografik bestehen soll, sondern Infografiken in Ihr gesamtes Design integriert sein sollen, können Sie auch in der Seitenleiste ELEMENTE links im Canva-Editor nach `Infografiken` suchen. Ziehen Sie dann die ausgewählte Infografik per Drag&Drop in Ihr Dokument.

2. **Klicken Sie auf die Textfelder in Ihrer Vorlage, um die Beschriftung und weitere Erklärungen für Ihre Infografik-Nachricht einzugeben.**

   Verwenden Sie gegebenenfalls Diagramme und Grafiken, um Ihre Daten und Nachrichten visuell darzustellen.

3. **Passen Sie die Farben, Schriftarten und Bilder Ihrer Infografik an den Stil Ihrer Marke an.**

   Über die MARKE-Seitenleiste können Sie Elemente aus Ihren Markenunterlagen per Drag&Drop verschieben und so visuelle Elemente hinzufügen, die für Ihre Marke spezifisch sind.

4. **Klicken Sie oben rechts im Editor auf die Schaltfläche TEILEN und wählen Sie im Dropdown-Menü die Menüelemente aus, mit denen Sie die Infografik speichern und teilen möchten.**

   Sie können die Infografik als Bild oder PDF-Datei speichern und in Ihrem Blog, in sozialen Medien oder in E-Mail-Newslettern teilen.

Abbildung 7.4 zeigt die endgültige Version der Infografik, die ich mit Canva für *Stay N Creative with Canva* erstellt habe.

Abbildung 7.4: Erstellen einer Infografik, die Ihre Produktgeschichte erzählt

Marketingarbeit analysieren und verbessern

Sie sollten die Leistung Ihrer Marketingarbeit analysieren, um zu verstehen, was funktioniert und was nicht. Canva bietet Tools, mit denen Sie Ihre Marketingleistung direkt in Canva selbst analysieren können!

Die Leistung visueller Inhalte messen

Ganz gleich, ob Sie Ihre Inhalte an Kollegen weitergeben, eine Website erstellen und sie mit Ihren Betrachtern verlinken oder einen Beitrag in Social Media über Canva veröffentlichen (siehe Kapitel 5) – solange Ihre Entwürfe von Menschen angesehen werden, können Sie diese Entwürfe mit Canva verfolgen und nützliche Daten sammeln.

Hier einige Daten, die Sie direkt in Canva verfolgen können:

- ✔ **Interaktionen mit bestimmten Designs.** Wenn Sie ein Canva-Pro-Konto haben (einen Link zu einer 30-tägigen kostenlosen Testversion erhalten Sie unter `https://`

jessestay.com/canvapro), können Sie auf Analysen, sogenannte Insights, für Ihre Designs zugreifen. Diese Funktion zeigt Ihnen, wie oft Leute Ihre Designs ansehen und mit ihnen interagieren. Um alle gesammelten Daten über diejenigen anzuzeigen, die eines Ihrer Designs ansehen, klicken Sie oben in Ihrem Design auf das ANALYSEN-Symbol (ein kleines Balkendiagramm), wie in Abbildung 7.5 dargestellt. Sie finden Informationen wie Ansichten, durchschnittliche Anzeigedauer und Anzahl der Linkklicks für die Designs, die Sie in den Analysen geteilt haben.

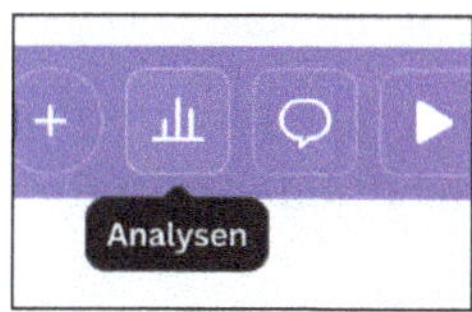

Abbildung 7.5: Verwenden Sie Canva-Analysen, um die Inhaltsleistung zu verfolgen.

- **Social-Media-Engagement.** Mit den die Analysetools Ihrer Social-Media-Plattformen (Facebook, Instagram und so weiter) können Sie die Leistung Ihrer mit Canva gestalteten Beiträge verfolgen. Achten Sie insbesondere auf Kennzahlen wie Likes, Shares, Kommentare und Klickraten. Sie können auch direkt im Inhaltsplaner von Canva begrenzte Informationen über Reaktionen, Klicks und Engagement erhalten. In Kapitel 5 zeige ich Ihnen, wie das geht.
- **Ergebnisse von E-Mail-Kampagnen.** Die meisten E-Mail-Marketingplattformen bieten Analysen zu Öffnungsraten, Klickraten und Konvertierungen. Zu dem Zeitpunkt, an dem ich dieses Kapitel schreibe, können Sie diese Kennzahlen in Canva nicht verfolgen, aber Sie können die Erkenntnisse, die Sie von Ihrer bevorzugten E-Mail-Marketingplattform gewinnen, nutzen, um Ihre zukünftigen Kampagnen zu verfeinern.

Zu meinen bevorzugten Plattformen mit E-Mail-Marketinglösungen gehören MailChimp (https://mailchimp.com), Wix (www.wix.com) und Aweber (www.aweber.com).

A/B-Test Ihrer Canva-Designs

»Testen, testen, testen Sie Ihre Marketinginhalte!« Das sage ich meinen Kunden im digitalen Marketing unaufhörlich. Ich sage auch, dass Ihr erster Versuch, eine Marketingbotschaft zu entwickeln, falsch sein kann. Deshalb ist das Testen verschiedener Botschaften im Marketing so wichtig.

Beim A/B-Testen werden zwei Versionen eines Inhalts verwendet, zwischen den beiden Designs wird jeweils eine Sache geändert. Anschließend werden die aus der Präsentation der beiden Versionen gesammelten Daten genutzt, um zu ermitteln, welches der beiden Designs die beste Leistung bringt. Damit finden Sie heraus, welches Design das von Ihnen mit dem Marketingelement angestrebte Ziel am besten erreicht.

Da Canva so schnell und effizient schöne Designs erstellt, werden A/B-Tests für Ihre Marketingkampagnen wirklich einfach! Gehen Sie wie folgt vor, um A/B-Tests für Ihre Designs durchzuführen:

1. **Erstellen Sie mindestens zwei Varianten des Designs Ihres Marketingmaterials.**

   Sie können mehr als zwei Versionen Ihrer Marketingmaterialien erstellen – beispielsweise Social-Media-Beiträge oder E-Mail-Header –, aber denken Sie daran, in jeder Version nur ein oder zwei Elemente zu ändern. Weitere Informationen finden Sie im Kasten *Designs zum Testen klonen*.

2. **Verteilen Sie alle Versionen Ihres Designs gleichmäßig an Ihr Publikum, um zu sehen, welche besser ankommt.**

   Entscheiden Sie, welche Kennzahlen Sie verfolgen möchten – zum Beispiel die Anzahl der Kommentare oder die Anzahl der Link-Klicks –, bevor Sie die Designs zum A/B-Test verteilen.

Bestimmen Sie Ihre Zielgruppe und segmentieren Sie sie, damit jede Version des Designs die gleiche Personengruppe erreicht und so die unvoreingenommensten Ergebnisse erzielt.

3. **Verwenden Sie die Analysetools Ihrer Social-Media- oder E-Mail-Plattformen, um die Leistung der einzelnen Versionen anhand der zuvor ermittelten Kennzahlen zu vergleichen.**

   Mit Tools wie Adobe Target oder Google Optimize können Sie ganz einfach Vergleiche anstellen. Zum Testen von Online-Werbung verfügen Meta (Facebook und Instagram), TikTok, Google und X (Twitter) über A/B-Testfunktionen mit Analysen, um Ergebnisse zwischen jeder Designänderung anzuzeigen. Sie können beispielsweise nach Unterschieden bei Engagement und Konversionsraten zwischen den einzelnen Designs suchen.

4. **Nutzen Sie die Erkenntnisse, die Sie durch A/B-Tests verschiedener Designs gewinnen, um Ihre Designs für die gewünschten Ergebnisse zu optimieren.**

   Behalten Sie die Elemente bei, die gut funktionieren, und passen Sie diejenigen, die dies nicht tun, an oder entfernen Sie sie.

Designs zum Testen klonen

Der einfachste Weg zum A/B-Testen besteht darin, Duplikate Ihres Designs zu erstellen und dann in jeder Kopie nur ein oder zwei Elemente zu ändern (wenn Sie mehr als ein Element ändern, nennt man das multivariantes Testen und es wird komplexer). In Canva gibt es zwei gängige Möglichkeiten, Duplikate zu erstellen.

- ✔ Sie können im Dropdown-Menü auf DATEI und dann auf KOPIE ERSTELLEN klicken. Daraufhin wird ein völlig neues Dokument mit Ihrer Designkopie angezeigt. Nehmen Sie dann zum Testen eine Änderung in der neuen Kopie vor.

✔ Sie können jede Designänderung als separate Seite im selben Dokument anzeigen. Um eine Seite zu duplizieren, klicken Sie auf das Symbol SEITE DUPLIZIEREN in der oberen rechten Ecke über der Seite, die Sie duplizieren möchten. Eine neue Seite mit demselben Design wie die erste wird angezeigt.

Nachdem Sie das duplizierte Design haben, nehmen Sie eine Änderung am kopierten Dokument oder der kopierten Seite vor, und speichern Sie dann jede Version, um sie mit Ihrem Publikum auf der vorgesehenen Plattform zu testen – beispielsweise auf Ihrer Website oder in Social Media. Um diese Tests in großen Mengen durchzuführen, sollten Sie die Funktion MASSENERSTELLUNG von Canva verwenden (siehe den Abschnitt *Massenerstellung für Marketingkampagnen* weiter hinten in diesem Kapitel) und eine Tabelle mit Wörtern oder Ausdrücken zum Testen erstellen. Auf diese Weise können Sie mehrere Versionen Ihres Designs erstellen und es mit jedem einzelnen Ausdruck testen.

Publikumsfeedback einholen

Feedback zu Ihren Designs ist wichtig, um sie zu verbessern und sicherzustellen, dass sie bei Ihrem Publikum gut ankommen. Canva bietet mehrere Funktionen, die das Sammeln von Feedback erleichtern, sowohl innerhalb Ihres Teams als auch von der breiteren Canva-Community.

Die Kommentarfunktion von Canva nutzen

In jedem Design befindet sich eine Funktion, mit der Sie Ihren Entwurf mit anderen teilen und ihnen die Möglichkeit bieten können, Kommentare zu hinterlassen. Gehen Sie wie folgt vor, um die Kommentarfunktion in Canva zu verwenden:

1. **Geben Sie Ihr Design an andere weiter und bitten Sie sie, Kommentare zu hinterlassen. Gehen Sie dazu wie folgt vor:**

   - Klicken Sie bei geöffnetem Design oben rechts im Editor auf die Schaltfläche TEILEN.

     In einem Dropdown-Menü werden die Personen angezeigt, die Zugriff auf Ihr Design haben. Außerdem gibt es einen Link, den Sie zur Zusammenarbeit mit anderen freigeben können, sowie Optionen zum Einladen anderer.

   - Klicken Sie auf das Dropdown-Menü für die Option LINK FÜR DIE ZUSAMMENARBEIT.

     In einem Dropdown-Menü können Sie auswählen, welche Art von Zugriff andere Personen haben sollen, die auf Ihren Link klicken.

   - Klicken Sie auf die Option JEDER MIT DEM LINK, damit jeder, mit dem Sie diesen Link teilen, auf Ihr Design zugreifen kann.

   - Klicken Sie auf das Dropdown-Menü rechts neben der Option JEDER MIT DEM LINK, um auszuwählen, welchen Zugriff Sie Ihrem ausgewählten Publikum gewähren möchten.

     Für diese Übung schlage ich vor, die Option KANN KOMMENTIEREN auszuwählen.

- Klicken Sie auf die Schaltfläche LINK KOPIEREN unter den Dropdown-Menüs für Zusammenarbeitslinks, um einen Link, den Sie freigeben, in Ihre Zwischenablage zu kopieren.

  Sie können den Link dann in eine E-Mail, eine Textnachricht, in Social Media oder überall dort einfügen, wo andere Zugriff haben sollen, um Ihr Design zu kommentieren.

- Alternativ können Sie andere direkt zu Ihrem Canva-Team einladen, um Kommentare einzuholen, indem Sie ihre E-Mail-Adressen im oberen Bereich des Dialogfelds TEILEN eingeben, wie in Abbildung 7.6 gezeigt.

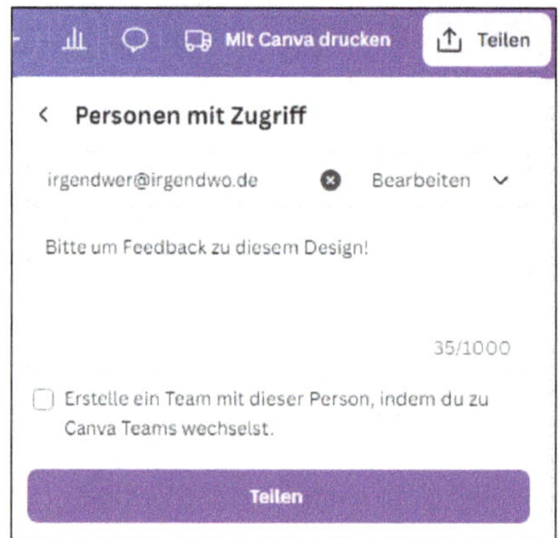

Abbildung 7.6: Teilen eines Designs mit anderen per E-Mail

Die Personen, deren E-Mail-Adressen Sie eingeben, müssen über die Berechtigung zum Kommentieren verfügen, wie in den vorherigen Schritten gezeigt.

2. **Geben Sie den Personen, die Sie zum Teilen Ihres Designs eingeladen haben, etwas Zeit und sehen Sie sich dann die Kommentare an, die Sie erhalten.**

   Ihre eingeladenen Gäste können auf beliebige Elemente Ihres Designs klicken und dann auf das Kommentarsymbol (das wie eine Sprechblase aussieht, wie in Abbildung 7.7 dargestellt), um ihre eigenen Kommentare hinzuzufügen.

Abbildung 7.7: Klicken Sie auf das Kommentarsymbol neben einem Element, um Ihre eigenen Kommentare hinzuzufügen.

Wenn Sie die Designs anderer kommentieren, geben Sie unbedingt detailliertes Feedback zu einzelnen Designelementen. Diese Art von Feedback ist nützlicher als ein allgemeiner Kommentar wie: »Sieht gut aus!«

3. **Um alle Kommentare, die Sie gesammelt haben, an einem Ort anzuzeigen, klicken Sie auf das Kommentarsymbol in der oberen rechten Leiste Ihres Canva-Arbeitsbereichs, wie in Abbildung 7.8 gezeigt.**

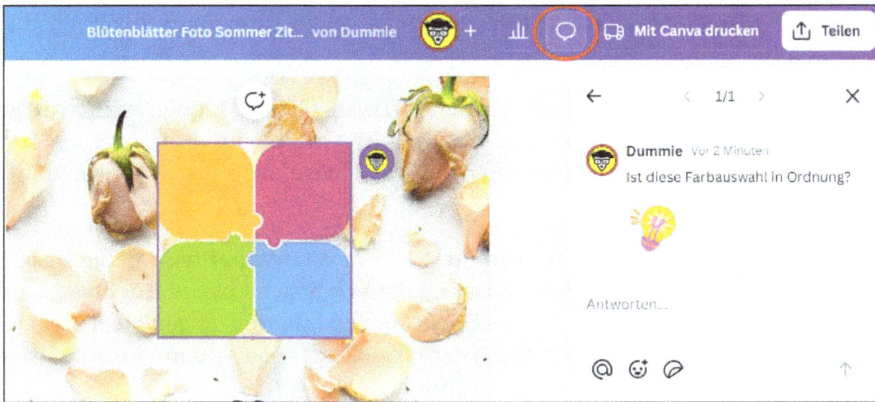

Abbildung 7.8: Klicken Sie oben im Canva-Arbeitsbereich auf das Kommentarsymbol, um alle Kommentare anzuzeigen.

4. **Lösen Sie jeden Kommentar auf, indem Sie auf den Kommentar klicken und eine Antwort in den Antwortbereich des Kommentarfelds rechts eingeben.**

   Nachdem Sie das gesamte Feedback berücksichtigt haben, können Sie die Kommentare als erledigt markieren, um den Designprozess zu organisieren. Um einen Kommentar aufzulösen, klicken Sie auf das Häkchen, wie in Abbildung 7.9 gezeigt.

Abbildung 7.9: Auflösen eines Kommentars durch Klick auf das Häkchen

Die Online-Community von Canva nutzen

Eine weitere hervorragende Möglichkeit, Feedback zu Ihren Canva-Designs zu erhalten, sind die fantastischen Communitys von Canva sowie die , die ich speziell für die Leser dieses Buches eingerichtet habe. Hier einige der vielen verfügbaren Ressourcen:

- **Treten Sie der Facebook-Gruppe »Canva for Dummies« bei.** Ich habe ein paar Facebook-Gruppen nur für Sie, die Leser dieses Buches, erstellt. Um diese zu finden, gehen Sie zu `https://jessestay.com/canvabook`, wo ich die Links zu jeder Ressource und mehr aufliste.

- **Treten Sie der offiziellen Facebook-Gruppe von Canva bei.** Canva hat eine offizielle Facebook-Gruppe, in der Benutzer ihre Designs teilen und Feedback erhalten können. Um diese zu finden, suchen Sie entweder auf Facebook nach `Canva Design Community (Official)` oder gehen Sie zu `https://www.facebook.com/groups/canvadesigncommunity` und beantragen Sie die Mitgliedschaft. Sagen Sie, dass Sie von *Canva für Dummies* kommen, und taggen Sie mich (Jesse Stay), damit ich Hallo sagen kann!

Posten Sie Ihre Designs sowohl in der offiziellen Gruppe für dieses Buch als auch in der offiziellen Canva-Design-Community-Gruppe und bitten Sie um konstruktives Feedback. Seien Sie offen für Vorschläge und nutzen Sie sie, um Ihre Designs zu verbessern.

- **Nehmen Sie an Design-Wettbewerben teil.** Canva veranstaltet regelmäßig Design-Wettbewerbe, die die Kreativität fördern und die Möglichkeit bieten, Feedback von anderen Benutzern zu erhalten. Um mehr darüber zu erfahren, folgen Sie den Social-Media-Kanälen und treten Sie vor allem der offiziellen Design-Community auf Facebook bei, die ich im vorherigen Tipp erwähnt habe.
- **Teilen und lernen Sie.** Posten Sie einen Link zu Ihren Designs in Social Media oder senden Sie ihn per Direktnachricht oder per E-Mail. So können auch Ihre Familie und Freunde Feedback zu Ihren Designs geben.
- **Folgen Sie Influencern.** Folgen Sie Design-Influencern auf Canva und anderen Social-Media-Plattformen. Lernen Sie von ihren Tipps und integrieren Sie ihre Ideen in Ihre Arbeit.

  Um einem Designer auf Canva zu folgen, klicken Sie auf eine beliebige Vorlage in der Seitenleiste VORLAGEN und suchen Sie nach dem Namen des Erstellers. Klicken Sie auf die Schaltfläche FOLGEN neben dem Namen des Erstellers (siehe Abbildung 7.10 oben). Die Vorlagen werden nun (wie unten in Abbildung 7.10) auf der Registerkarte VORLAGEN auf Ihrer Startseite unter der Option FOLGEN angezeigt.

Strategien auf der Grundlage von Testerkenntnissen anpassen

Marketing ist ein kontinuierlicher Zyklus aus wiederholten Experimenten, der Auswertung von Daten und der Durchführung damit verbundener Änderungen, die Sie Ihren Zielen näherbringen. Wenn Sie neue Designs erstellen, Ihre Designs testen und Feedback von Ihrem Publikum erhalten, sollten Sie diese Ideen nutzen, um Ihr Design kontinuierlich anzupassen und bessere Ergebnisse zu erzielen:

- **Überprüfen Sie die Analysen und Rückmeldungen,** die Sie gesammelt haben, um über Ihre Marketingleistung auf dem Laufenden zu bleiben.

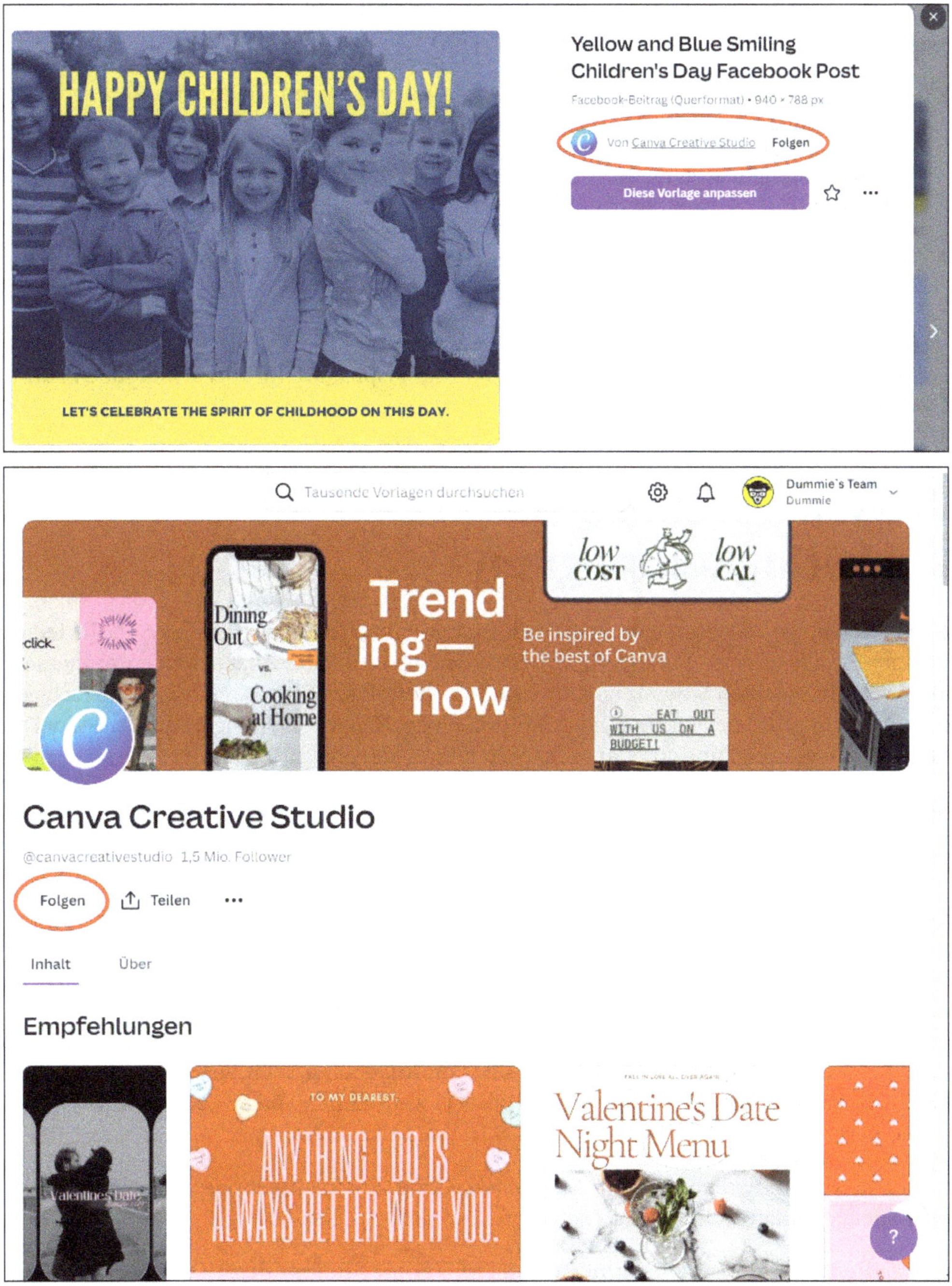

Abbildung 7.10: Folgen Sie Ihrem Lieblings-Designer auf Canva.

- ✔ **Identifizieren Sie Trends** in den Daten, die anzeigen, welche Arten von Inhalten bei Ihrem Publikum am besten ankommen.
- ✔ **Verfeinern Sie die Ansprache** Ihrer Zielgruppe und passen Sie Ihre Marketing-Strategien auf der Grundlage dieser Erkenntnisse an.

  Konzentrieren Sie sich darauf, mehr Inhalte zu erstellen, die den von Ihnen definierten Kennzahlen entsprechen, und weniger Inhalte, die dies nicht tun.
- ✔ **Experimentieren und innovieren Sie** kontinuierlich, indem Sie neue Designideen und Marketing-Taktiken erkunden und testen.

  Verwenden Sie die vielseitigen Tools von Canva, wie beispielsweise Magic Write, oder erkunden Sie die Vielzahl an benutzerdefinierten Apps, um Ihre kreativen Ideen zum Leben zu erwecken.

Massenerstellung für Marketingkampagnen

Angenommen, Sie möchten eine Reihe von Zitaten teilen (beispielsweise als Social-Media-Beiträge), die alle dieselbe Vorlage nutzen, ohne den Text für jedes Zitat eintippen zu müssen. Oder vielleicht möchten Sie ganz einfach A/B-Tests desselben Designs mit leicht unterschiedlichen Änderungen erstellen, ohne jeden Text oder jedes Bild manuell eingeben zu müssen. Die Tools zur Massenerstellung von Canva machen diesen Vorgang ganz einfach.

Lernen Sie die Massenerstellungsfunktionen von Canva kennen

Canva verfügt über ein integriertes Tool namens »Mehrere Designs erstellen«, mit dem Sie eine Tabelle oder ein Arbeitsblatt mit Daten in Canva importieren oder einfügen und die Daten in jeder Spalte an bestimmte Elemente in Ihrem Design anhängen können. Diese Funktion erstellt eine nahezu unendliche (natürlich nicht wirklich unendliche) Anzahl von Design-Iterationen basierend auf der Anzahl der Zeilen in Ihrer Tabelle. Für diese Übung zeige ich Ihnen, wie Sie automatisch eine Reihe von Angeboten in großen Mengen erstellen. Und ich demonstriere, wie dies für mein fiktives Unternehmen *Stay N Creative with Canva* funktioniert.

So verwenden Sie die Funktion zur Massenerstellung, um Zitatbeiträge zu generieren, die Sie in Social Media veröffentlichen können:

1. **Erstellen Sie eine Tabelle (zum Beispiel in Google Sheets oder Microsoft Excel), die den eigentlichen Text und die URLs der Bilder enthält, die Sie in Ihren Designs verwenden möchten.**

   Für dieses Beispiel beschrifte ich die ersten drei Tabellenspalten in der ersten Tabellenzeile mit `Zitat`, `Autor` und `Bild-URL`, wie in Abbildung 7.11 gezeigt. Dann trage ich die

Zitate, die ich verwenden möchte, in die Spalte `Zitat` und die Autoren der Zitate in die Spalte `Autor` ein. Für dieses Beispiel klicke ich mit der rechten Maustaste auf einzelne Bilder auf meiner Website und wähle BILDADRESSE KOPIEREN, um jede Zeile der Spalte `Bild-URL` auszufüllen. Sie können die in Abbildung 7.11 gezeigte Tabelle auch unter `https://jessestay.com/canvabook` herunterladen.

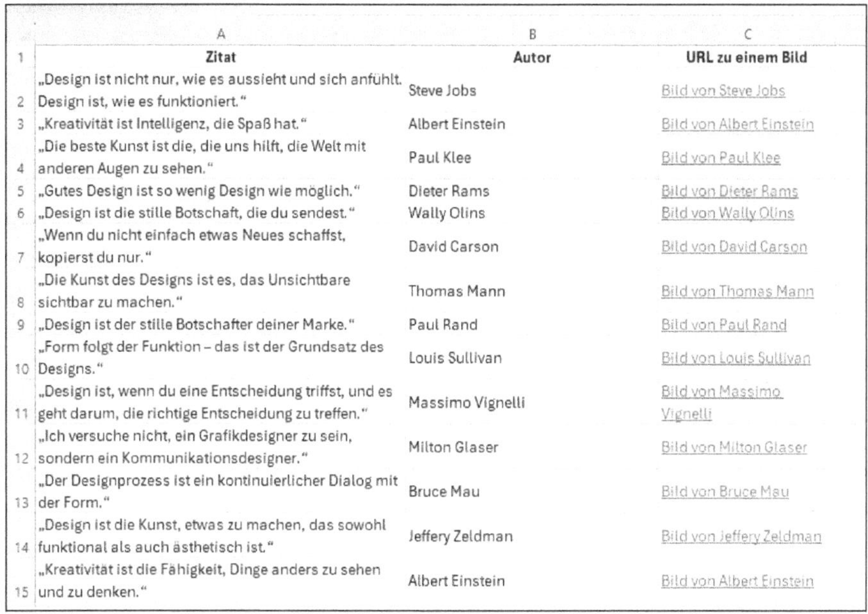

	A	B	C
1	Zitat	Autor	URL zu einem Bild
2	„Design ist nicht nur, wie es aussieht und sich anfühlt. Design ist, wie es funktioniert."	Steve Jobs	Bild von Steve Jobs
3	„Kreativität ist Intelligenz, die Spaß hat."	Albert Einstein	Bild von Albert Einstein
4	„Die beste Kunst ist die, die uns hilft, die Welt mit anderen Augen zu sehen."	Paul Klee	Bild von Paul Klee
5	„Gutes Design ist so wenig Design wie möglich."	Dieter Rams	Bild von Dieter Rams
6	„Design ist die stille Botschaft, die du sendest."	Wally Olins	Bild von Wally Olins
7	„Wenn du nicht einfach etwas Neues schaffst, kopierst du nur."	David Carson	Bild von David Carson
8	„Die Kunst des Designs ist es, das Unsichtbare sichtbar zu machen."	Thomas Mann	Bild von Thomas Mann
9	„Design ist der stille Botschafter deiner Marke."	Paul Rand	Bild von Paul Rand
10	„Form folgt der Funktion – das ist der Grundsatz des Designs."	Louis Sullivan	Bild von Louis Sullivan
11	„Design ist, wenn du eine Entscheidung triffst, und es geht darum, die richtige Entscheidung zu treffen."	Massimo Vignelli	Bild von Massimo Vignelli
12	„Ich versuche nicht, ein Grafikdesigner zu sein, sondern ein Kommunikationsdesigner."	Milton Glaser	Bild von Milton Glaser
13	„Der Designprozess ist ein kontinuierlicher Dialog mit der Form."	Bruce Mau	Bild von Bruce Mau
14	„Design ist die Kunst, etwas zu machen, das sowohl funktional als auch ästhetisch ist."	Jeffery Zeldman	Bild von Jeffery Zeldman
15	„Kreativität ist die Fähigkeit, Dinge anders zu sehen und zu denken."	Albert Einstein	Bild von Albert Einstein

Abbildung 7.11: Eine Beispieltabelle zur Verwendung im Tool »Mehrere Designs erstellen« von Canva

2. **Suchen Sie auf der Canva-Startseite oben nach `Instagram-Zitat` und wählen Sie in Canva eine Vorlage aus, die Sie zum Erstellen Ihrer Massen-Social-Media-Beiträge einsetzen möchten.**

   Suchen Sie für diese Schritte nach Vorlagen, die deutlich Platz für Zitattext bieten. Wählen Sie dann die Vorlage aus, um sie in den Canva-Editor zu laden.

3. **Öffnen Sie die Vorlage in Ihrem Canva-Editor, klicken Sie in der linken Navigationsleiste auf das APPS-Symbol und suchen Sie in der Apps-Seitenleiste nach MEHRERE DESIGNS ERSTELLEN.**

4. **Klicken Sie auf das Symbol für die App MEHRERE DESIGNS ERSTELLEN, das angezeigt wird, wie in Abbildung 7.12 dargestellt.**

   Das Tool MEHRERE DESIGNS ERSTELLEN wird mit Optionen zum manuellen Eingeben von Daten oder zum Hochladen der Daten für Ihre Beiträge geöffnet.

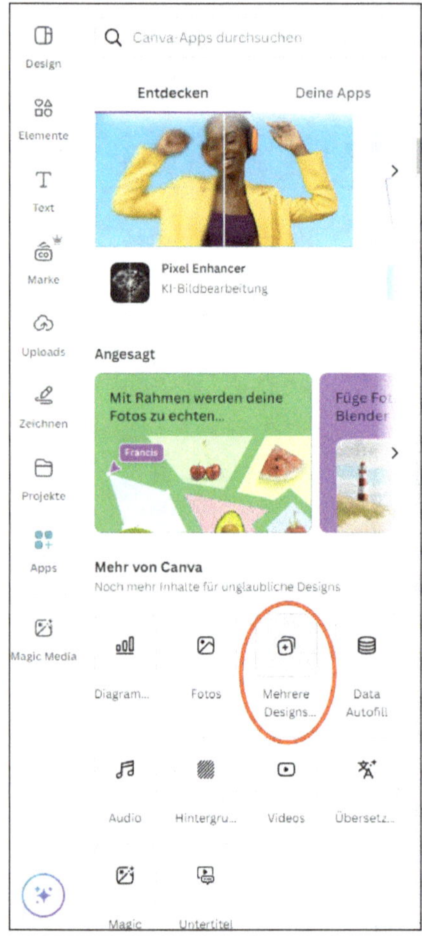

Abbildung 7.12: Das Symbol für die App »Mehrere Designs erstellen«

5. **Wählen Sie eine Option zum Integrieren der Daten für Ihre Massendesigns, wie in Abbildung 7.13 gezeigt.**

   - *Klicken Sie auf die Schaltfläche* DATEN MANUELL EINGEBEN, wenn Sie die Spalten Ihrer Tabelle kopieren und direkt in Canva einfügen möchten.
   - *Klicken Sie auf die Schaltfläche* DATEN HOCHLADEN, um eine Kopie Ihrer Tabelle direkt von Ihrer Festplatte hochzuladen und Canva die Arbeit für Sie erledigen zu lassen.

   Für diese Schritte verwende ich die Option DATEN HOCHLADEN. Folgen Sie den Anweisungen zum Hochladen Ihrer Tabelle und klicken Sie auf FORTFAHREN, um die geladenen Daten anzuzeigen.

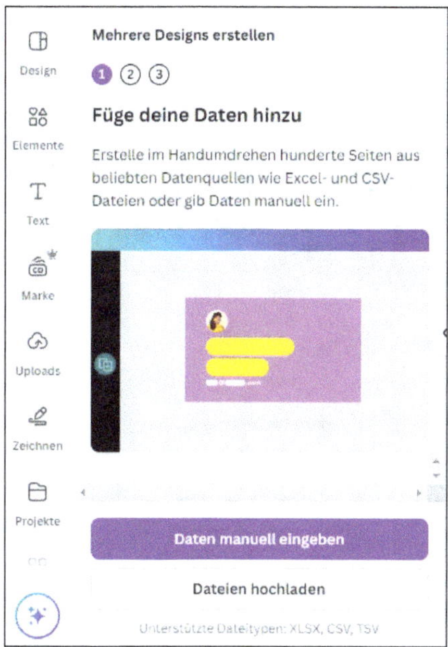

Abbildung 7.13: Die Seitenleiste »Mehrere Designs erstellen« mit Optionen zur Dateneingabe

6. **Nachdem Sie Ihre Tabelle hochgeladen haben, müssen Sie jede Spalte der Tabelle an die Teile Ihres Designs anhängen, in denen die Daten in den Spalten angezeigt werden sollen.**

   Die Spalten in der hochgeladenen Tabelle, die ich verbinden möchte, sind mit `Zitat`, `Autor` und `Bild-URL` beschriftet.

   - Um das Design und die Tabelle zu verbinden, wählen Sie den Zitattext aus der Zitatvorlage aus und klicken Sie auf das Symbol mit den drei Punkten, das oben rechts im Zitattext angezeigt wird.
   - Klicken Sie im angezeigten Menü auf die Option DATEN VERBINDEN (siehe linke Seite in Abbildung 7.14). Das Dialogfeld DATEN VERBINDEN wird geöffnet.
   - Geben Sie `Zitat` in das Eingabetextfeld ein und drücken Sie die ↵ oder klicken Sie einfach auf den angezeigten Zitattext, wie rechts in Abbildung 7.14 gezeigt.

     Ihre Zitatspalte aus der Tabelle ist jetzt mit diesem Textbereich in Ihrem Design verknüpft.

7. **Wiederholen Sie Schritt 6 für den Autorennamen und das Hintergrundbild in Ihrer Vorlage.**
8. **Nachdem alle Elemente an Spalten aus Ihrer Tabelle angehängt wurden, klicken Sie auf die Schaltfläche WEITER in der Seitenleiste MEHRERE DESIGNS ERSTELLEN, wie in Abbildung 7.15 gezeigt.**

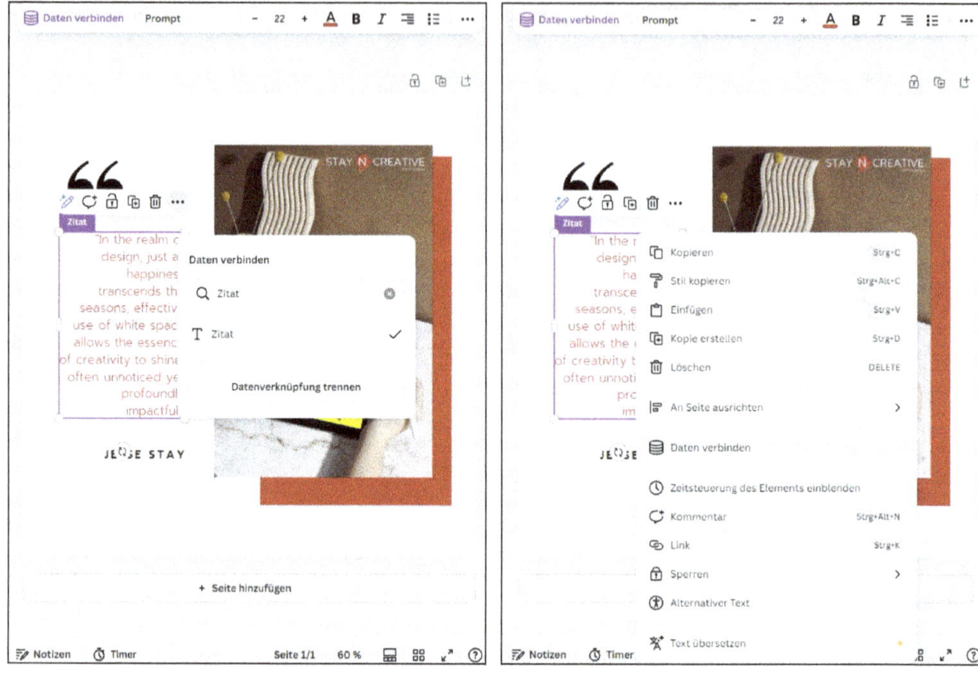

Abbildung 7.14: Wählen Sie Daten aus, die Ihrem Design angehängt werden sollen.

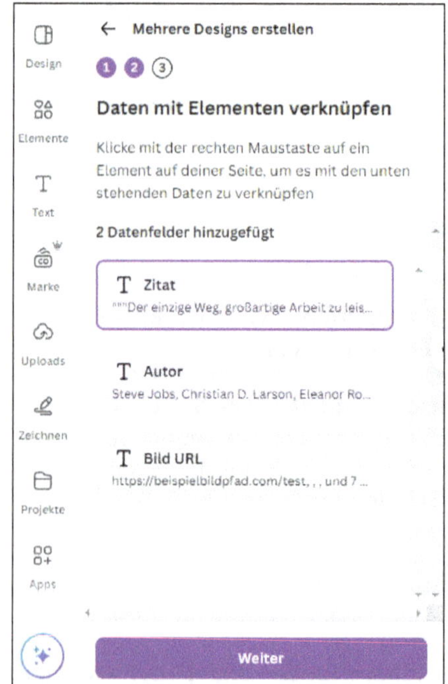

Abbildung 7.15: Klicken Sie in der Seitenleiste »Mehrere Designs erstellen« auf die Schaltfläche »Weiter«.

9. **Bestätigen Sie, dass die Daten auf der resultierenden Seite korrekt sind, und klicken Sie dann auf die Schaltfläche ## DESIGNS GENERIEREN.**

   Auf der Schaltfläche stellt das ## die Anzahl der Zeilen in Ihrer Tabelle dar, wie in Abbildung 7.16 gezeigt.

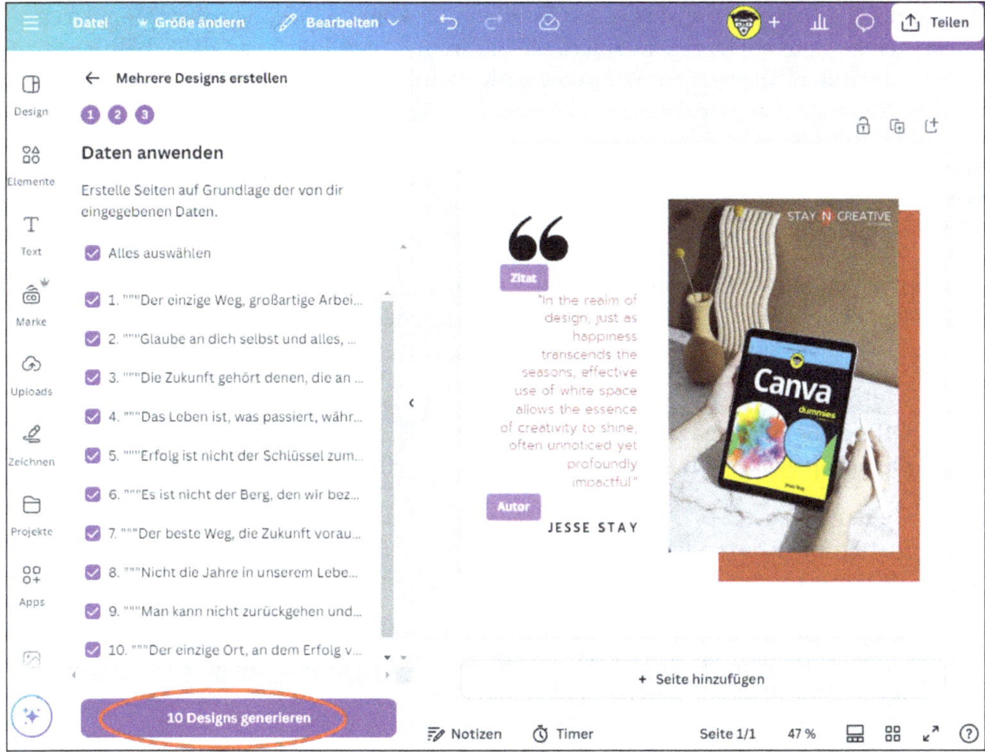

Abbildung 7.16: Klicken Sie auf die Schaltfläche »## Designs generieren«, um Ihre Designs zu erstellen.

Canva generiert ein neues Projekt mit individuellen Designs für jede Zeile in Ihrer Tabelle. Jedes Design erhält eine eigene Seite im Projekt und Sie können sie anzeigen, indem Sie unten rechts in Ihrem Editor auf das Symbol RASTERANSICHT (das wie vier Quadrate aussieht) klicken. Überprüfen Sie die Designs und nehmen Sie die erforderlichen Anpassungen vor.

Massenveröffentlichung von Designs in Social Media

Nachdem Sie Ihre Massendesigns aus der bereitgestellten Tabelle erstellt haben, können Sie Ihre neu erstellten Zitate auch ganz einfach in Massen direkt auf Ihren bevorzugten Social-Media-Plattformen planen. In Canva haben Sie hierfür mehrere Möglichkeiten:

- ✔ **Verwenden Sie den Inhaltsplaner von Canva.** Mit dem Inhaltsplaner von Canva können Sie Ihre in großen Mengen erstellten Designs planen und direkt auf Ihren Social-Media-Plattformen veröffentlichen. Um auf den Inhaltsplaner zuzugreifen, klicken Sie auf der Canva-Startseite in der linken Navigationsleiste auf das Apps-Symbol und suchen Sie in der Seitenleiste nach Inhaltsplaner. Folgen Sie dann den Anweisungen, um jeden Beitrag so zu planen, dass er automatisch auf den von Ihnen ausgewählten Social-Media-Plattformen geteilt wird. In Kapitel 5 finden Sie ausführlichere Anweisungen zur Verwendung des Inhaltsplaners.

- ✔ **Planen Sie Beiträge aus dem Canva-Editor.** Sie können Ihre in großen Mengen erstellten Designs auch planen, indem Sie in Ihrem Canva-Editor auf die Schaltfläche Teilen und im angezeigten Dropdown-Menü auf das Symbol Planen klicken. (Die Anweisungen hierzu finden Sie wiederum in Kapitel 5.)

Deaktivieren Sie unbedingt alle Seiten außer der Seite, die Sie freigeben möchten. Bei dieser Methode müssen Sie jede Seite einzeln freigeben.

- ✔ **Verwenden Sie Metas Tool zum Massen-Upload.** Meta hat einen netten kleinen Trick, mit dem Sie alle Ihre neu erstellten Zitatbilder (oder eine beliebige Gruppe von Designdateien) auf einmal hochladen können. Gehen Sie wie folgt vor, um Metas Tool zu verwenden:

1. **Öffnen Sie Ihr dupliziertes Design in Canva und klicken Sie im Canva-Editor auf die Schaltfläche Teilen, um jedes Design als einzelnes PNG-Bild freizugeben.**
2. **Gehen Sie zu `https://business.facebook.com`, fügen Sie Ihre Facebook- und Instagram-Konten hinzu (falls Sie dies noch nicht getan haben) und klicken Sie dann auf der Meta-Business-Homepage auf das Dropdown-Menü Mehr.**
3. **Wählen Sie im Dropdown-Menü die Option Massenupload von Videos (auch wenn Ihre Designs Bilder und keine Videos sind) und klicken Sie dann auf der resultierenden Seite auf die Schaltfläche Videos hinzufügen.**

Wenn Sie von der Upload-Funktion von Meta aufgefordert werden, Bilder oder Videos von Ihrem Computer auszuwählen, achten Sie darauf, dass Ihr Dateiauswahlfenster auf Alle Dateien und nicht auf Videodateien eingestellt ist, damit Sie auch Bilder auswählen können!

4. **Klicken Sie bei gedrückter Strg-Taste auf jedes Design, das Sie gerade erstellt haben. Es wird dann im Meta-Tool angezeigt, damit Sie es planen und bearbeiten können.**

Mit diesem Tool zum Massen-Upload von Meta können Sie die Grafiken auswählen, die Sie gerade aus Canva gespeichert haben, ihnen als separate Social-Media-Beiträge jeweils Text und andere Elemente hinzufügen und ganz einfach Massen-Uploads planen.

Integration von Canva mit Marketing-Tools

Canva ist ein vielseitiges Tool, aber seine wahre Stärke entfaltet es erst in Kombination mit anderen Marketing-Tools. Wenn Sie Canva mit diesen Tools verbinden, können Sie Ihren gesamten Marketing-Workflow automatisieren und optimieren, von der Inhaltserstellung bis hin zur Verteilung und Analyse. In diesem Abschnitt erkläre ich, wie Sie diese Integrationen nutzen können, um Effizienz und Produktivität zu steigern.

Integration von Canva in E-Mail-Marketing-Plattformen

E-Mail-Marketing ist ein Eckpfeiler jeder erfolgreichen Marketing-Strategie. Sie können Canva in Plattformen wie Mailchimp (`https://mailchimp.com`) oder Constant Contact (`www.constantcontact.com`) integrieren und jede Kampagne in Ihrem herkömmlichen E-Mail-Verwaltungstool optisch viel ansprechender gestalten. Das Ziel besteht darin, höhere Konversionsraten durch Kundenreaktionen auf Ihre E-Mails zu erzielen und so den Erfolg Ihres Unternehmens steigern.

Hier ist ein Pfad für den Entwurf einer E-Mail-Kampagne in Canva und zum Integrieren in Ihr bevorzugtes E-Mail-Verwaltungs- oder Kampagnentool:

- ✔ **Entwerfen Sie Ihre E-Mail-Vorlage in Canva.** Beginnen Sie mit dem Entwurf eines E-Mail-Headers oder einer vollständigen Vorlage in Canva. Suchen Sie auf der Startseite nach E-Mails und wählen Sie eine E-Mail-Vorlage aus. Überzeugen Sie sich, dass das Design die Identität Ihrer Marke widerspiegelt. Einzelheiten zum Anpassen von Vorlagen finden Sie in Kapitel 2.

- ✔ **Exportieren Sie Ihr Design.** Wenn Ihr Design fertig ist, klicken Sie oben rechts im Canva-Editor auf die Schaltfläche Teilen und wählen Sie dann im angezeigten Dropdown-Menü die Option Herunterladen. Wählen Sie das Format, das am besten zu Ihrer E-Mail-Plattform passt (zum Beispiel PNG für Bilder, PDF für vollständige Layouts).

- ✔ **Importieren Sie Ihr Design in Ihre bevorzugte E-Mail-Marketing-Plattform.** Öffnen Sie Ihre E-Mail-Marketing-Plattform (zum Beispiel Mailchimp). Erstellen Sie eine neue E-Mail-Kampagne und importieren Sie Ihr Canva-Design. Normalerweise ziehen Sie dafür die heruntergeladene Datei per Drag&Drop in den E-Mail-Editor der Plattform. Ich schlage vor, Sie lesen die Dokumentation Ihrer E-Mail-Plattform, um zu erfahren, wie Sie dies tun können, oder suchen Sie bei Google nach `Canva E-Mail-Vorlagen` plus dem Namen Ihrer bevorzugten E-Mail-Marketing-Plattform.

- ✔ **Automatisieren Sie E-Mail-Kampagnen.** Richten Sie automatisierte E-Mail-Kampagnen innerhalb Ihrer E-Mail-Marketing-Plattform ein. Sie können beispielsweise den Versand von E-Mails basierend auf dem Benutzerverhalten auslösen, etwa wenn sich Benutzer für einen Newsletter anmelden oder einen Kauf tätigen. Weitere Informationen zum Automatisieren Ihrer E-Mail-Kampagnen finden Sie in der Dokumentation Ihrer E-Mail-Marketing-Plattform.

Marketing-Analysen mit Canva-Integrationen optimieren

Die Nachverfolgung der Leistung Ihrer Marketing-Bemühungen ist entscheidend, um zu verstehen, was funktioniert und was nicht. Sie können Canva in Analysetools wie Google

Analytics (`https://marketingplatform.google.com/about/analytics/`) und HubSpot (`https://www.hubspot.com/`) integrieren, um den Prozess der Nachverfolgung und Berichterstattung zu optimieren. Hier ein paar Ideen, wie Canva Ihnen bei der Analyse und Berichterstattung Ihrer Marketing-Bemühungen helfen kann:

- ✔ **Erstellen Sie visuelle Berichte in Canva.** Verwenden Sie Canva, um visuell ansprechende Berichte zu entwerfen, die Ihre Analysedaten zusammenfassen. Sie können Diagramme, Infografiken und Präsentationen erstellen, die Ihre Marketingleistung klar darstellen. Weitere Möglichkeiten zum Erstellen visueller Berichte in Canva finden Sie in Kapitel 7.
- ✔ **Automatisieren Sie die Verteilung von Berichten.** Verwenden Sie Tools wie HubSpot, um die Verteilung Ihrer mit Canva erstellten Berichte zu automatisieren. Richten Sie in Ihrem bevorzugten E-Mail-Kampagnentool einen Workflow ein, der diese Berichte in regelmäßigen Abständen automatisch an Ihr Team oder Ihre Stakeholder sendet. Weitere Informationen finden Sie in der Dokumentation Ihres bevorzugten E-Mail-Kampagnentools.

Teil III
Das Canva-Abenteuer geht weiter!

IN DIESEM TEIL …

- ✔ Optimieren Sie Ihre Social-Media-Präsenz mit den KI-gestützten Tools und Automatisierungsfunktionen von Canva.
- ✔ Probieren Sie Teamarbeit und kollaboratives Design in Canva aus.
- ✔ Bringen Sie Ihre Canva-Kenntnisse mit Pro-Tools auf die nächste Stufe und entdecken Sie spezielle Funktionen für Benutzer im Bildungs- und Non-Profit-Bereich.

IN DIESEM KAPITEL

Sich von KI bei der Erstellung von Social-Media-Inhalten unterstützen lassen

Die Canva-Funktionen zur Massenerstellung von Designs nutzen

Workflows automatisieren

Kapitel 8
Canva in Kombination mit KI zur Rationalisierung und Automatisierung nutzen

Die Roboter übernehmen die Macht! Als Marketing-Spezialist, der sich auf KI und Automatisierung konzentriert, ist dies mein Lieblingskapitel.

In der heutigen schnelllebigen digitalen Welt der Automatisierung, KI und anderer Rationalisierungstechnologien ist Effizienz der Schlüssel. Canva bietet leistungsstarke Tools, mit denen Sie Ihren Designprozess optimieren und sich wiederholende Aufgaben automatisieren können. In diesem Kapitel erfahren Sie, wie Sie die Automatisierungsfunktionen von Canva nutzen können, um Ihren Arbeitsablauf zu vereinfachen. Und ich zeige Ihnen, wie Sie die Designerstellung mithilfe einiger meiner Lieblingstools automatisieren.

Social-Media-Präsenz durch den Einsatz von KI optimieren

Auf den Inhalt kommt es an. Aber in unserer schnelllebigen Welt mit Tools zur Inhaltsgenerierung hat künstliche Intelligenz (KI) die Nase ganz klar vorn. KI-Tools – insbesondere generative KI-Tools – wie ChatGPT und sogar Canvas eigene integrierte KI-Engine namens *Magic Design* ermöglichen es Ihnen, im Handumdrehen Hunderte von Bildern oder anderen Inhalten zu erstellen.

Canva hat kürzlich das Unternehmen Leonardo.ai gekauft. Um mehr darüber zu erfahren, wie Canvas KI-Funktionen in Zukunft funktionieren könnten, empfehle ich Ihnen, die Tools auf der Website des Unternehmens auszuprobieren (`https://leonardo.ai`). Oder sehen Sie sich Canvas-Dream-Lab-Produkt an, das bereits von Leonardo betrieben wird, um einen Eindruck von Leonardos Fähigkeiten zu bekommen. Um Dream Lab zu verwenden, besuchen Sie `https://www.canva.com/dream-lab`. Canva integriert die Tools, die es erwirbt, normalerweise schrittweise in die größere `canva.com`-Plattform.

Social-Media-Inhalte mit Bildern oder Videos erstellen

Das Erstellen konsistenter und ansprechender Inhalte für Social Media kann zeitaufwendig sein, insbesondere bei laufenden Kampagnen, die regelmäßige Postings erfordern. Die KI-gestützten Tools von Canva erleichtern Ihnen die Automatisierung des Inhaltserstellungsprozesses. In diesem Abschnitt zeige ich Ihnen, wie Sie eine Automatisierung durchführen, mit der Sie in nur wenigen Minuten Hunderte von Posts für Ihre Social-Media-Kanäle erstellen – alle mit unterschiedlichem Text und Bildern. Und ich zeige Ihnen, wie Sie dabei verschiedene Arten von KI einsetzen können.

Mit Magic Write Textinhalte generieren

Wenn Sie Ihre Designprozesse optimieren möchten, sollten Sie sich zuerst mit den integrierten KI-Tools von Canva vertraut machen. Das erste dieser Tools, Magic Write, ist ein KI-Tool, mit dem Sie schnell Textinhalte generieren, basierend auf Prompts, mit denen Sie das Tool steuern. Um Magic Write zu verwenden, gehen Sie wie folgt vor:

1. **Öffnen Sie Canva und melden Sie sich bei Ihrem Canva-Konto an.**

   Wenn Sie noch kein Konto haben, finden Sie in Kapitel 1 Hinweise zur Anmeldung und Navigation auf der Startseite.

2. **Klicken Sie auf der Canva-Startseite auf die Schaltfläche DESIGN ERSTELLEN, wählen Sie DOCS und klicken Sie auf das Dokumentsymbol.**

3. **Klicken Sie im leeren Dokument, das nun geöffnet wird, auf die Schaltfläche MAGIC WRITE oben links in Ihrer Symbolleiste.**

   Das Magic-Write-Textfeld wird angezeigt und Sie können einen Prompt eingeben. Sie können Magic Write in jedem Dokument aufrufen, das Sie beim Schreiben von Text erstellen.

4. **Geben Sie in das Textfeld MAGIC WRITE einen Prompt für den Typ des benötigten Inhalts ein und klicken Sie auf die Schaltfläche ERSTELLEN (oder drücken Sie [Strg]+[↵] auf einem PC beziehungsweise [cmd ⌘]+[↵] auf einem Mac), um Ihren Inhalt zu erhalten.**

   In dieser Übung gebe ich diesen Prompt ein:

   Erstelle 10 inspirierende Zitate für Designer im Tabellenformat, mit dem Zitat in der ersten Spalte und dem Namen des Autors in der zweiten Spalte.

Abbildung 8.1 zeigt den Prompt, den ich eingegeben habe. Eine Vorschau der Ergebnisse Ihres Prompts wird angezeigt.

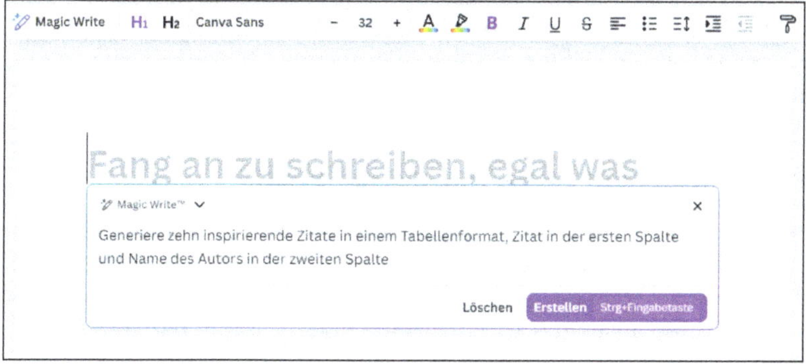

Abbildung 8.1: Erstellen einer Liste mit 10 inspirierenden Zitaten mit Magic Write

5. **Wenn Sie mit den Ergebnissen zufrieden sind, klicken Sie auf die Schaltfläche EINFÜGEN oder drücken Sie die ↵, um die Tabelle in Ihr Dokument einzufügen.**
6. **Überprüfen Sie den generierten Inhalt, klicken Sie oben rechts auf den Text UNBENANNTES DESIGN – DOKUMENT und benennen Sie das Dokument um.**

Wenn Sie die Tabelle später teilen möchten, gestalten Sie sie nach Ihren Wünschen und Ihrer Marke. In meinem Beispiel lasse ich die Tabelle so, wie sie ist, und verwende sie in späteren Abschnitten dieses Kapitels. Wenn Sie möchten, können Sie mein endgültiges Dokument (siehe Abbildung 8.2) herunterladen und damit üben. Suchen Sie dafür unter `https://jessestay.com/canvabook` nach diesem Kapitel.

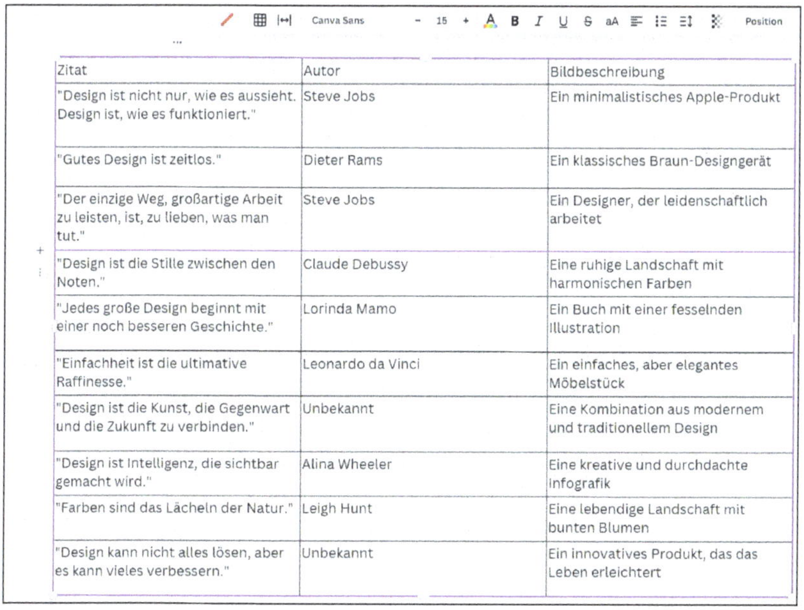

Zitat	Autor	Bildbeschreibung
"Design ist nicht nur, wie es aussieht. Design ist, wie es funktioniert."	Steve Jobs	Ein minimalistisches Apple-Produkt
"Gutes Design ist zeitlos."	Dieter Rams	Ein klassisches Braun-Designgerät
"Der einzige Weg, großartige Arbeit zu leisten, ist, zu lieben, was man tut."	Steve Jobs	Ein Designer, der leidenschaftlich arbeitet
"Design ist die Stille zwischen den Noten."	Claude Debussy	Eine ruhige Landschaft mit harmonischen Farben
"Jedes große Design beginnt mit einer noch besseren Geschichte."	Lorinda Mamo	Ein Buch mit einer fesselnden Illustration
"Einfachheit ist die ultimative Raffinesse."	Leonardo da Vinci	Ein einfaches, aber elegantes Möbelstück
"Design ist die Kunst, die Gegenwart und die Zukunft zu verbinden."	Unbekannt	Eine Kombination aus modernem und traditionellem Design
"Design ist Intelligenz, die sichtbar gemacht wird."	Alina Wheeler	Eine kreative und durchdachte Infografik
"Farben sind das Lächeln der Natur."	Leigh Hunt	Eine lebendige Landschaft mit bunten Blumen
"Design kann nicht alles lösen, aber es kann vieles verbessern."	Unbekannt	Ein innovatives Produkt, das das Leben erleichtert

Abbildung 8.2: Eine generierte Tabelle nicht nur mit Zitaten, sondern auch Autoren und Bildern

Wenn Sie die vorherigen Schritte befolgen, erstellen Sie ein Dokument in Canva. Um dieses Dokument im DOCX- oder PDF-Format zur Verwendung in anderen Tools wie Microsoft Word herunterzuladen, klicken Sie einfach oben rechts in Ihrem Editor auf die Schaltfläche TEILEN, dann auf die Option HERUNTERLADEN und wählen aus den angezeigten Optionen das gewünschte Downloadformat aus.

Mit Magic Media Bilder suchen oder generieren

Im vorherigen Abschnitt können Sie die Schritte zum Erstellen einer Reihe von Zitaten befolgen, die Sie in Social-Media-Posts verwenden können. In diesem Abschnitt zeige ich Ihnen, wie Sie mit dem Magic-Media-Tool von Canva dynamisch generierte Bilder für diese Zitate erstellen. Magic Media ist ein KI-Tool, das Ihnen hilft, Bilder basierend auf Ihren Prompts zu finden oder zu generieren. So legen Sie los:

1. **Öffnen Sie ein Projekt, das eine Tabelle mit einer Textspalte enthält, die Sie in Social-Media-Beiträge einfügen können.**

   Ihr Projekt wird im Canva-Editor geöffnet. Für diese Übung öffne ich das Projekt, das ich im vorherigen Abschnitt begonnen habe.

2. **Bewegen Sie den Mauszeiger über die obere rechte Seite der Tabelle und klicken Sie auf das Pluszeichen (+) im Kreis (siehe Abbildung 8.3), wodurch eine dritte Spalte in der Tabelle erstellt wird.**

Zitat	Autor	Bildbeschreibung
"Design ist nicht nur, wie es aussieht. Design ist, wie es funktioniert."	Steve Jobs	Ein minimalistisches Apple-Produkt
"Gutes Design ist zeitlos."	Dieter Rams	Ein klassisches Braun-Designgerät

Abbildung 8.3: Durch Klicken auf das Pluszeichen (+) in der oberen rechten Ecke der Tabelle wird eine Spalte hinzugefügt.

   Sie können diese Spalte zum Ablegen Ihrer Bilder nutzen.

3. **Klicken Sie auf das Symbol ELEMENTE in der linken Navigationsleiste, um die Seitenleiste ELEMENTE zu öffnen.**

4. **Klicken Sie im Abschnitt KI-BANDGENERATOR auf die Schaltfläche EIGENE ERSTELLEN, wie in Abbildung 8.4 gezeigt.**

   Die Seitenleiste MAGIC MEDIA wird angezeigt und sieht ähnlich aus wie in Abbildung 8.5 gezeigt. In dieser Seitenleiste können Sie verschiedene visuelle Elemente auswählen, die Sie erstellen möchten – Bilder, Grafiken oder Videos. Für die hier gezeigten Schritte lasse ich die Standardoption BILDER ausgewählt.

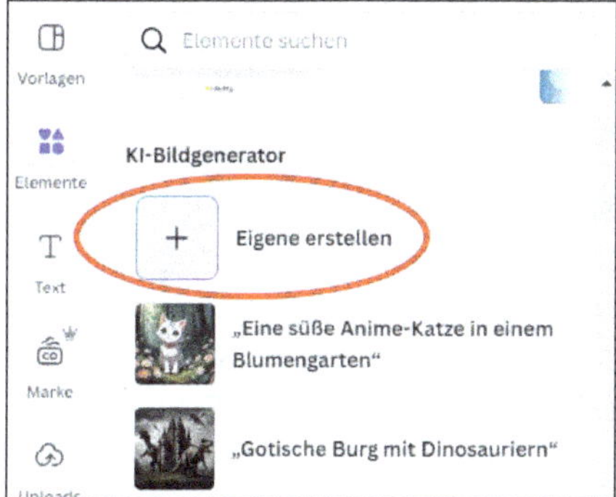

Abbildung 8.4: Klicken Sie unter »KI-Bildgenerator« auf die Option »Eigene erstellen«, um Ihr eigenes KI-Kunstwerk zu erstellen.

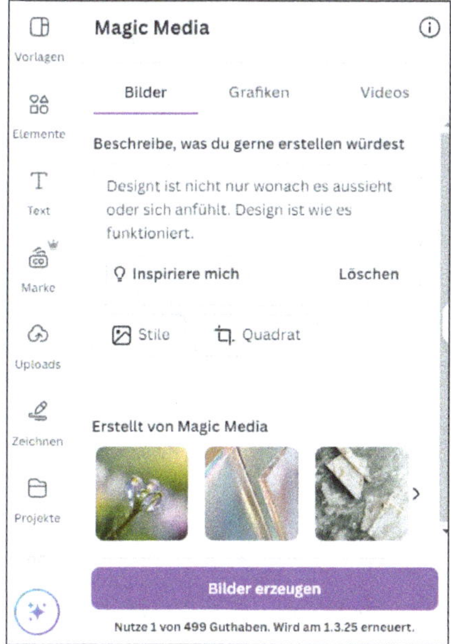

Abbildung 8.5: Das erste Zitat zum Einfügen in die Tabelle

5. **Geben Sie im Textfeld BESCHREIBE, WAS DU GERNE ERSTELLEN WÜRDEST einen Prompt ein, der die Art der Bilder beschreibt, die Sie für die dritte Spalte Ihrer Tabelle benötigen.**

   Für diese Übung belasse ich die Stilauswahl bei KEINER und kopiere das erste Zitat aus meiner Tabelle, um es in das Textfeld einzufügen (siehe Abbildung 8.5).

6. **Klicken Sie auf die Schaltfläche BILD GENERIEREN, um KI-generierte Bilder zu erhalten.**

7. **Überprüfen Sie die generierten Bilder, klicken Sie auf Ihr bevorzugtes Bild und ziehen Sie es in die rechte Spalte in der Zeile mit Ihrem ausgewählten Zitat.**

8. **Wiederholen Sie die Schritte 5, 6 und 7 für jede Zeile in Ihrer Tabelle.**

   Hinweis: Canva arbeitet mit einem KI-Creditsystem für Magic Media. Als Pro-Benutzer erhalten Sie 500 Credits pro Monat für die Nutzung des Tools (eine 30-tägige kostenlose Testversion von Canva Pro erhalten Sie über den Link unter `https://jessestay.com/canvapro`). Jedes Mal, wenn Sie auf die Schaltfläche BILD GENERIEREN klicken, verbrauchen Sie einen Credit. Die Credits werden am Ende jedes Monats wieder auf 500 hochgesetzt.

Sie können die Schritte dieses Abschnitts für andere visuelle Optionen verwenden, Ü Sie beispielsweise in Schritt 4 einfach die Option VIDEOS anstelle der Option BILDER auswählen. Wenn Sie VIDEOS auswählen, erstellt Canva automatisch dynamische Kurzvideos basierend auf jedem Zitat für Ihre Social-Media-Beiträge. Der restliche Prozess (der in den verbleibenden Kapitelabschnitten behandelt wird) zum Automatisieren und Planen von Massenbeiträgen ist für Videos und Bilder genau derselbe.

Mit dem Tool »Mehrere Designs erstellen« Social-Media-Posts automatisieren

Angenommen, Sie haben ein Projekt mit einer Tabelle voller Zitate, Autoren und Bilder, die Sie in Social-Media-Beiträge umwandeln möchten (siehe Abbildung 8.2). Mit Canva können Sie die dynamische Vorlagenerstellung und in diesem Fall die Erstellung von Social-Media-Beiträgen ganz einfach mit einem Tool namens MEHRERE DESIGNS ERSTELLEN automatisieren. Mit MEHRERE DESIGNS ERSTELLEN können Sie schnell mehrere Designs erstellen, indem Sie eine Vorlage und eine Kalkulationstabelle oder eine normale Tabelle einsetzen, die Ihren Inhalt enthält. (Ich beschreibe MEHRERE DESIGNS ERSTELLEN ausführlicher in Kapitel 7.)

Inhalte vorbereiten und verknüpfen

So können Sie eine Tabelle voller Zitate automatisch in Social-Media-Beiträge umwandeln:

1. **Bereiten Sie den Inhalt Ihrer Social-Media-Beiträge in Form einer Tabelle oder eines Arbeitsblatts vor, das den Text und die Bilder enthält, die Sie in Ihre Beiträge aufnehmen möchten.**

   Sie können den Schrittlisten in den vorherigen Abschnitten dieses Kapitels folgen oder eine Anwendung wie Google Sheets oder Microsoft Excel verwenden.

   Der Inhalt, den Sie in den Schritten in den vorherigen Abschnitten vorbereitet haben – und den Sie hier nutzen können –, besitzt Spalten für Zitat, Autor und Bild-URL.

2. **Erstellen Sie in Canva ein neues Design, das Platzhalter für Ihren Text und Ihre Bilder enthält und als Vorlage für Ihre Social-Media-Beiträge dienen kann.**

Weitere Informationen zum Erstellen und Anpassen von Vorlagen finden Sie in Kapitel 2. Ich schlage vor, auf der Startseite nach einem Social-Media-Zitatbild zu suchen und aus der angezeigten Liste eine Vorlage auszuwählen. Sie können auch das von Ihnen erstellte Social-Media-Zitatprojekt einsetzen, wenn Sie den Anweisungen in Kapitel 5 folgen. Abbildung 8.6 zeigt das Social-Media-Post-Projekt, das ich als Beispiel in Kapitel 5 erstellt habe.

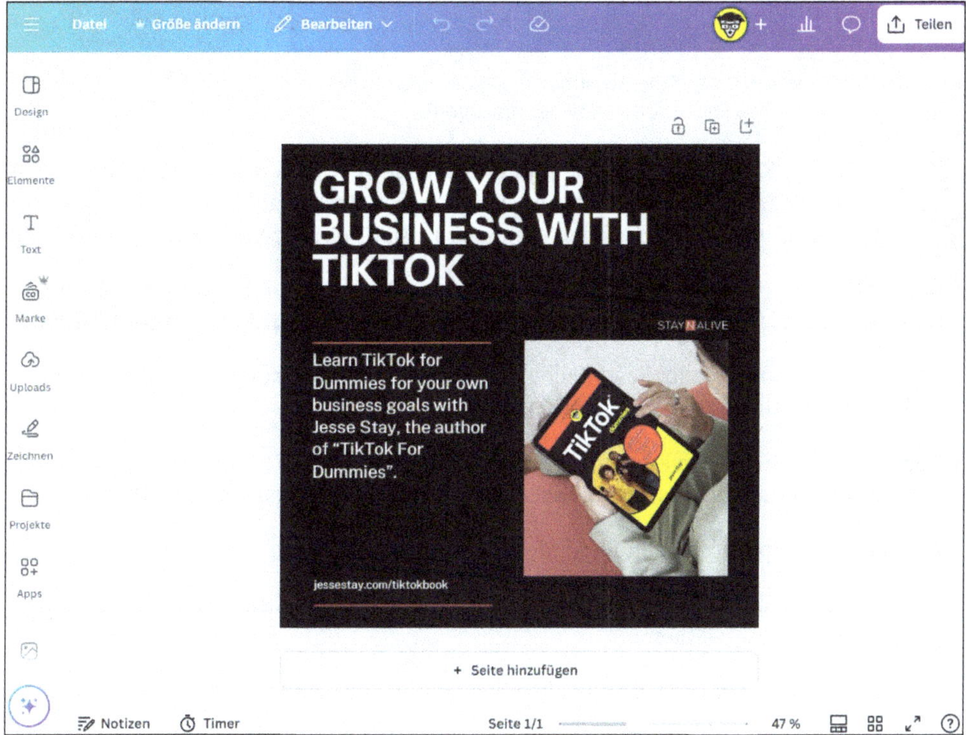

Abbildung 8.6: Mein Social-Media-Zitatprojekt aus Kapitel 5

Unter `https://jessestay.com/canvabook` finden Sie alle im Buch verwendeten Vorlagen.

3. **Klicken Sie im Canva-Editor auf das Symbol Apps in der linken Navigationsleiste, um die Seitenleiste Apps zu öffnen und Mehrere Designs erstellen auszuwählen oder zu suchen.**

   Klicken Sie für diese Übung auf die Option Daten manuell eingeben. Eine zweispaltige Tabelle mit den Spalten Name und E-Mail wird angezeigt.

4. **Ändern Sie die Spalte Name in Zitat und die Spalte E-Mail in Autor. Klicken Sie dazu auf jede Beschriftung und geben Sie den entsprechenden Namen für die Spalte ein.**

5. **Klicken Sie auf die Schaltfläche Bild hinzufügen, um der Tabelle eine dritte Spalte hinzuzufügen, wie in Abbildung 8.7 gezeigt.**

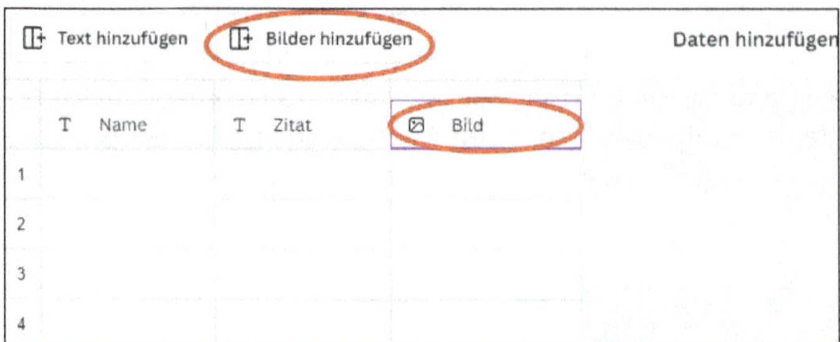

Abbildung 8.7: Wenn Sie auf die Schaltfläche »Bilder hinzufügen« klicken, wird eine dritte Spalte für Ihre Bilder hinzugefügt.

Möchten Sie stattdessen eine separate Tabelle verwenden, können Sie diese hochladen, statt die Daten manuell einzugeben. In Kapitel 7 erfahren Sie, wie Sie eine Tabelle zum Erstellen mehrerer Designs einsetzen.

6. **Falls Ihr Projekt nicht bereits auf einer separaten Registerkarte oder im Browserfenster geöffnet ist, öffnen Sie es mit der Tabelle mit Zitaten, Autoren und Bildern.**

   Sie können diese Inhaltstabelle erstellen, indem Sie den Anweisungen in den vorherigen Abschnitten dieses Kapitels folgen.

7. **Übertragen Sie die Daten aus der Tabelle Ihres Projekts in die Tabelle, die Sie in der Seitenleiste MEHRERE DESIGNS ERSTELLEN angelegt haben (siehe Schritte 3–5).**

   Sie können jede Spalte mit den folgenden Schritten übertragen:

   - Klicken Sie auf die oberste Zelle in einer Spalte der Tabelle Ihres Projekts, um diese Tabellenzelle auszuwählen.
   - Halten Sie die ⇧ gedrückt und klicken Sie auf die letzte Zelle in derselben Spalte.
   - Drücken Sie Strg+C, um alle Zellen in dieser Spalte zu kopieren (oder klicken Sie mit der rechten Maustaste und wählen Sie KOPIEREN aus dem Dropdown-Menü).
   - Klicken Sie in Ihrer MEHRERE DESIGNS ERSTELLEN-Tabelle auf der anderen Registerkarte oder im anderen Browserfenster in die oberste Zelle der entsprechenden Spalte und fügen Sie den zuvor kopierten Inhalt ein, indem Sie Strg+V drücken oder mit der rechten Maustaste klicken und im Dropdown-Menü den Eintrag EINFÜGEN auswählen.
   - Wiederholen Sie Schritt 4 für die anderen beiden Spalten Ihrer Projekttabelle.

   Nach Abschluss der Inhaltsübertragung sollte Ihre endgültige Tabelle ungefähr wie in Abbildung 8.8 gezeigt aussehen.

8. **Klicken Sie auf die Schaltfläche FERTIG.**

   Eine neue Seitenleiste MEHRERE DESIGNS ERSTELLEN wird angezeigt. Von dort aus können Sie die Daten aus Ihrer Tabelle mit Elementen in Ihrer Social-Media-Bildvorlage verknüpfen. In Abbildung 8.9 sehen Sie meine Vorlage.

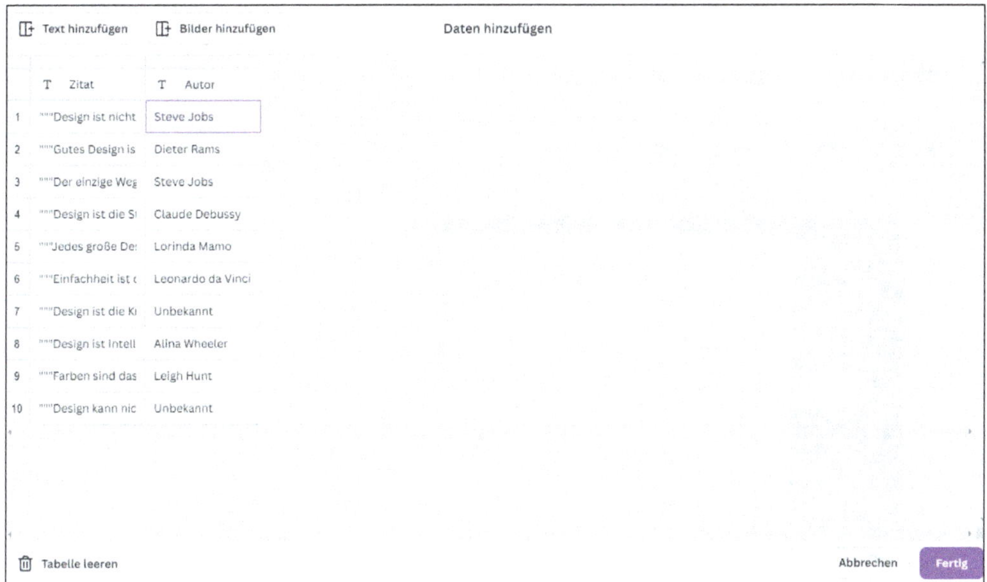

Abbildung 8.8: Die endgültige Tabelle zum Erstellen mehrerer Designs, die jetzt Ihren Inhalt enthält

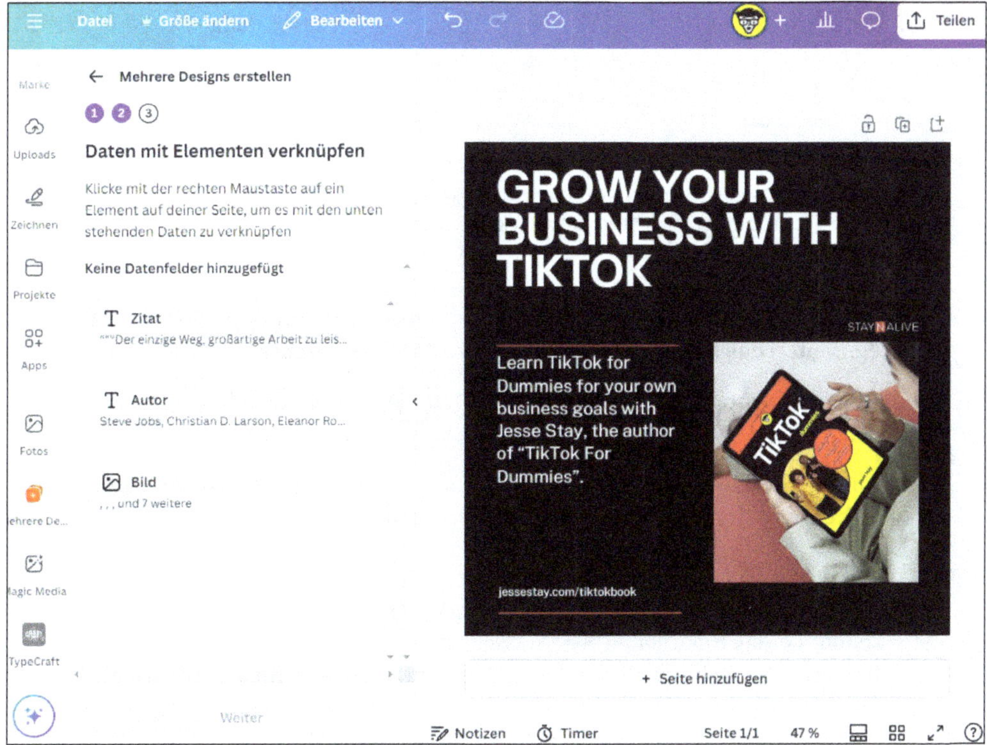

Abbildung 8.9: Die Seitenleiste »Mehrere Designs erstellen« wird mit Ihrer geöffneten Social-Media-Vorlage angezeigt.

9. **Klicken Sie in Ihrer Post-Vorlage mit der rechten Maustaste auf das Element, das Sie verknüpfen möchten, und wählen Sie im Dropdown-Menü die Option DATEN VERBINDEN aus (siehe Abbildung 8.10).**

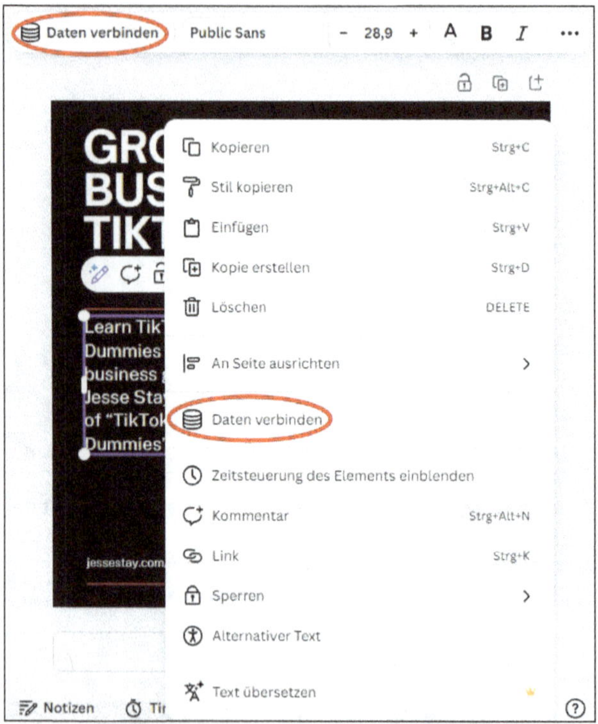

Abbildung 8.10: Klicken Sie mit der rechten Maustaste auf das Element, das Sie verbinden möchten, und klicken Sie auf »Daten verbinden«.

10. **Klicken Sie im angezeigten Fenster DATEN VERBINDEN auf den Namen des Datenelements, das Sie mit Ihrer Vorlage verbinden möchten.**

    Abbildung 8.11 zeigt, dass ich die erstellten Daten mit dem Textfeld in meiner Vorlage verbinde.

11. **Wiederholen Sie die Schritte 9 und 10, um die anderen Spalten Ihrer Tabelle mit entsprechenden Elementen in Ihrer Vorlage zu verbinden.**

Wenn die Option DATEN VERBINDEN nicht angezeigt wird, wenn Sie mit der rechten Maustaste auf das Bild in Ihrer Vorlage klicken, beheben Sie das so: Löschen Sie das Bild, gehen Sie zur Seitenleiste ELEMENTE und wählen Sie unter RAHMEN ein Rahmenelement aus, das der Form Ihres Bildes entspricht. Ziehen Sie den Rahmen in Ihr Dokument, ändern Sie seine Größe und klicken Sie dann auf das Symbol MEHRERE DESIGNS ERSTELLEN in der linken Navigationsleiste, um wieder zu dieser Seitenleiste zurückzukehren. Klicken Sie mit der rechten Maustaste auf Ihren neuen Rahmen und voilà – die Option DATEN VERBINDEN sollte jetzt angezeigt werden!

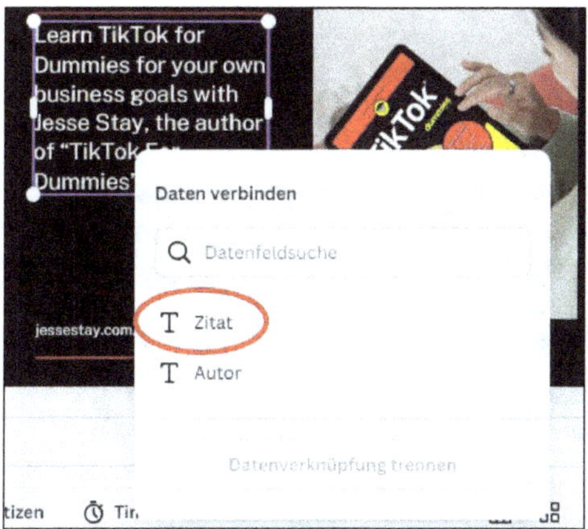

Abbildung 8.11: Klicken Sie auf »Zitat«, um den Textblock in Ihrer Vorlage mit der Spalte in Ihrer Tabelle zu verbinden.

Massenbeiträge generieren und planen

Nachdem Sie alle Zeilen Ihrer Social-Media-Zitatvorlage mit der Tabelle verknüpft haben, die Ihren Inhalt enthält (siehe vorheriger Abschnitt) – und Sie mit dem Design zufrieden sind –, klicken Sie auf die Schaltfläche WEITER unten in der Seitenleiste MEHRERE DESIGNS ERSTELLEN. Canva erstellt einzelne Beiträge für jede Zeile Ihrer Inhaltstabelle, indem Ihre Vorlagenelemente automatisch mit diesem Inhalt gefüllt werden. Sie haben jetzt einen automatisch generierten Satz benutzerdefinierter Zitat-Beiträge, die beispielsweise in einer Anordnung von Miniaturansichten angezeigt werden können (siehe Abbildung 8.12).

Und da Ihre Designs nun zum Posten auf Ihrem Social-Media-Konto bereit sind, können Sie mit dem Inhaltsplaner von Canva Ihre Posts planen. Weitere Informationen hierzu finden Sie im entsprechenden Abschnitt in Kapitel 5.

Mit ChatGPT Zitate für Social Media erstellen

KI wird nach und nach in jeden Beruf integriert, den Sie sich vorstellen können, und insbesondere im Marketing-Bereich. Sie können sie als Werkzeug verwenden, um Ihre Leistung weiter zu steigern. Tatsächlich habe ich für viele Kapitelübersichten in diesem Buch ChatGPT verwendet, um die Struktur der grundlegenden Themen zu erstellen, die Sie über das Buch verteilt lesen. Anschließend habe ich einfach meinen witzigen Charme und meinen Intellekt hinzugefügt, damit Ihre menschlichen Bedürfnisse erfüllt werden, während Sie Canva entdecken. Tatsächlich ist dieser Abschnitt, den Sie gerade lesen, ganz von mir, weil ChatGPT ihn nicht aufnehmen wollte!

Sie können mit ChatGPT oder ähnlichen *Large Language Models* (LLMs) auch Ihre Marketinginhalte automatisieren. (LLMs sind maschinelle Lernmodelle, die Aufgaben der natürlichen Sprachverarbeitung ausführen, zum Beispiel das Generieren, Übersetzen oder

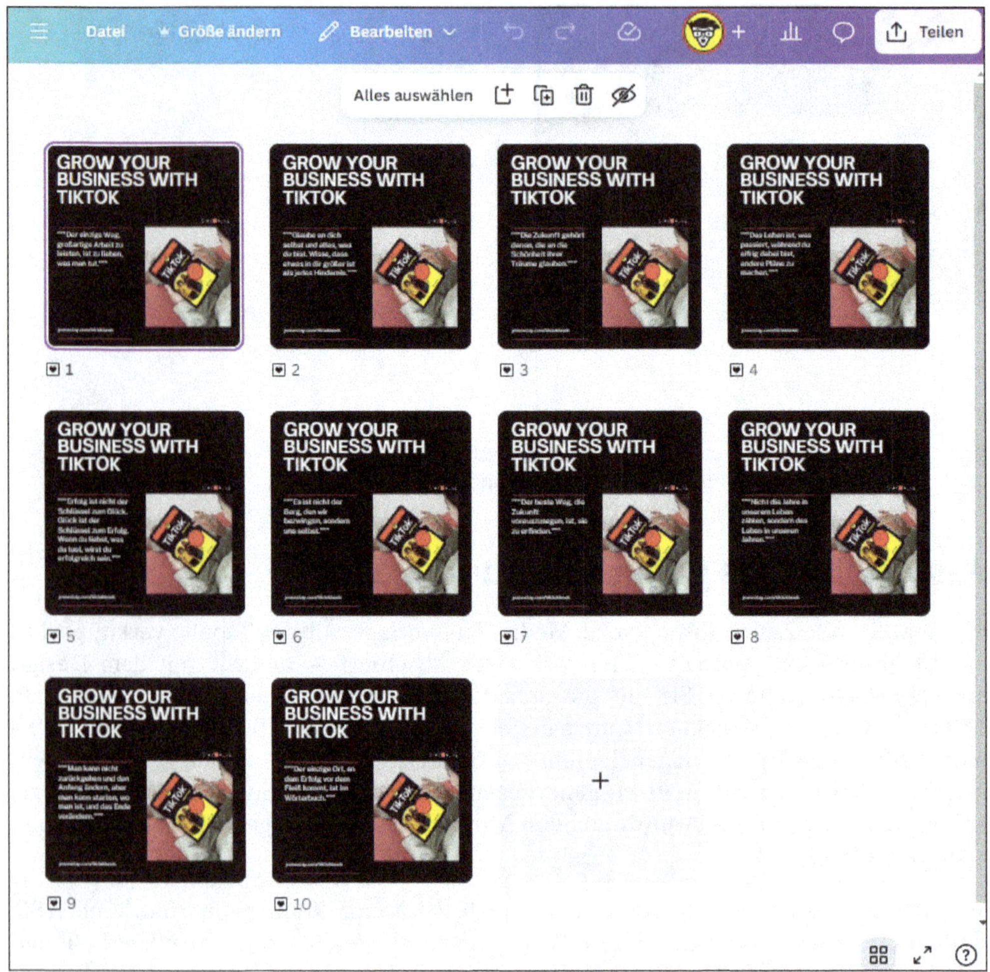

Abbildung 8.12: Mehrere Designs erstellen, um automatisch eine Reihe von Social-Media-Posts zu generieren

Zusammenfassen von Textinhalten.) So generieren Sie automatisch die Zitate-und-Autoren-Tabelle, die ich in den vorherigen Abschnitten dieses Kapitels verwendet habe:

1. **Um Zitate mit ChatGPT zu erstellen, gehen Sie zu `https://chatgpt.com` und übergeben Sie ChatGPT den folgenden Prompt:**

   Erstelle eine Tabelle mit 20 inspirierenden Zitaten für Grafikdesigner, mit dem Zitat in der linken Spalte und dem Autor des Zitats in der rechten Spalte.

   Sie können Ihre Zitattabelle ganz nach Ihren Wünschen anpassen.

2. **Nachdem ChatGPT die Tabelle mit Zitaten und Autoren in zwei Spalten bereitgestellt hat (siehe Abbildung 8.13), kopieren Sie die gesamte Tabelle zur Verwendung in Ihre Canva-Designs.**

Generiere eine Tabelle mit 20 inspirierenden Zitaten für Grafikdesigner, mit dem Zitat in der linken Spalte und dem Autor des Zitats in der rechten Spalte

Hier ist eine Tabelle mit 20 inspirierenden Zitaten für Grafikdesigner:

Zitat	Autor
„Design ist nicht nur, wie es aussieht und sich anfühlt. Design ist, wie es funktioniert."	Steve Jobs
„Kreativität ist Intelligenz, die Spaß hat."	Albert Einstein
„Die beste Kunst ist die, die uns hilft, die Welt mit anderen Augen zu sehen."	Paul Klee
„Gutes Design ist so wenig Design wie möglich."	Dieter Rams
„Design ist die stille Botschaft, die du sendest."	Wally Olins
„Wenn du nicht einfach etwas Neues schaffst, kopierst du nur."	David Carson
„Die Kunst des Designs ist es, das Unsichtbare sichtbar zu machen."	Thomas Mann
„Design ist der stille Botschafter deiner Marke."	Paul Rand
„Form folgt der Funktion – das ist der Grundsatz des Designs."	Louis Sullivan
„Design ist, wenn du eine Entscheidung triffst, und es geht darum, die richtige Entscheidung zu treffen."	Massimo Vignelli
„Ich versuche nicht, ein Grafikdesigner zu sein, sondern ein Kommunikationsdesigner."	Milton Glaser
„Der Designprozess ist ein kontinuierlicher Dialog mit der Form."	Bruce Mau
„Design ist die Kunst, etwas zu machen, das sowohl funktional als auch ästhetisch ist."	Jeffery Zeldman
„Kreativität ist die Fähigkeit, Dinge anders zu sehen und zu denken."	Albert Einstein

Message ChatGPT

+ Attach Search Reason

Abbildung 8.13: Mit ChatGPT eine Tabelle mit Zitaten generieren

Sie können auch Links zu Stockfotos aus der Fotobibliothek von Canva kopieren und diese in der zusätzlichen Spalte `Bild-URL` aus Ihrer Originaltabelle einfügen, um sie später in Ihre Zitatvorlagen aufzunehmen.

Wenn Sie sich besonders kreativ fühlen, können Sie versuchen, herauszufinden, wie Sie ChatGPT (oder Ihre bevorzugte generative KI) dazu bringen, die Bilder zu erstellen, die in Ihre Tabelle aufgenommen werden sollen!

Ihren Workflow mit Canva optimieren und automatisieren

Tools für die Zusammenarbeit und das Workflow-Management sind vielleicht einige der herausragendsten Funktionen von Canva. Ich beschreibe diese Funktionen ausführlich in anderen Kapiteln (zum Beispiel Kapitel 9), aber hier möchte ich auf einige davon hinweisen, um zu zeigen, wie Sie in Canva auch dadurch Zeit sparen, dass Sie Ihren Design-Workflow verbessern.

Teamprojekte und Kooperationen organisieren

Effektive Zusammenarbeit ist unerlässlich, wenn Sie möglichst effiziente Designprozesse benötigen. Canva bietet Tools zur Verwaltung von Teamprojekten. Hier nur einige der Dinge, die damit möglich sind:

- ✔ **Ein Team erstellen.** Um in Canva ein Team einzurichten, wählen Sie die Option EINSTELLUNGEN aus dem Dropdown-Menü oben rechts auf der Startseite. Wählen Sie dann die Option PERSONEN auf der linken Seite und laden Sie Mitglieder per E-Mail zum Team ein. Ich gehe in Kapitel 9 ausführlicher auf diese Funktion ein. ***Hinweis:*** Sie müssen Ihr Konto auf Canva Teams aktualisieren, um auf diese Funktionen zugreifen zu können (unter `https://jessestay.com/canvateams`).
- ✔ **Rollen und Berechtigungen zuweisen.** Für jedes neue Projekt, das Sie entwerfen, können Sie Teammitgliedern Rollen zuweisen (zum Beispiel Markendesigner, Mitglied, Administrator) und Berechtigungen festlegen, um den Zugriff auf diese Projekte zu steuern. Sie finden diese Elemente ebenfalls im Bereich EINSTELLUNGEN unter der Option PERSONEN. Weitere Informationen finden Sie in Kapitel 9.
- ✔ **Designs teilen.** Um Designs mit Teammitgliedern oder anderen Personen, deren E-Mail-Adresse Sie kennen, zu teilen, klicken Sie oben links auf die Schaltfläche TEILEN, geben Sie den Namen des Teammitglieds oder eine beliebige E-Mail-Adresse in das Textfeld ein und wählen Sie die entsprechende Berechtigungsstufe (ANZEIGEN, KOMMENTIEREN und BEARBEITEN sind einige der Optionen). Weitere Informationen zum Teilen Ihrer Designs finden Sie in Kapitel 9.

Marken mit den Markenunterlagen von Canva verwalten

Konsistenz ist der Schlüssel zu einer starken Marke. Canva verfügt über eine Funktion namens Markenunterlagen, mit der Sie die Einheitlichkeit aller Ihrer Designs wahren können. In Kapitel 4 gehe ich näher auf die Erstellung und Verwendung von benutzerdefinierten Markenunterlagen ein. In diesem Kapitel zeige ich Ihnen einige Möglichkeiten, wie Sie Ihre Marke mit Canva besser verwalten:

- ✔ **Richten Sie Ihre Markenunterlagen ein.** Greifen Sie von der Startseite aus auf Markenunterlagen zu, indem Sie in der linken Navigationsleiste auf das Symbol MARKE klicken, um die Seitenleiste MARKE zu öffnen. In dieser Seitenleiste können Sie die Logos Ihrer Marke hochladen, Markenfarben und Schriftarten auswählen, um Ihre Markenunterlagen zu erstellen.

- ✔ **Wenden Sie Markenelemente an.** Verwenden Sie die Elemente aus den erstellten Markenunterlagen in Ihren Designs, indem Sie beim Arbeiten im Editor Elemente aus der Seitenleiste MARKE auswählen.
- ✔ **Speichern Sie Vorlagen.** Sie können häufig verwendete Vorlagen mit Ihren bereits enthaltenen Markenelementen speichern, damit Ihr Team oder Ihr gesamtes Unternehmen problemlos darauf zugreifen kann.

Designprozesse automatisieren

Die Automatisierungstools von Canva optimieren Designprozesse und sparen Zeit und Aufwand. Hier nur einige dieser Tools, mit denen Sie Designprozesse automatisieren können und wo Sie sie in diesem Buch finden:

- ✔ **Verwenden Sie GRÖẞE ÄNDERN.** Mit diesem Tool können Sie ein Design schnell an mehrere Plattformen anpassen. Klicken Sie nach dem Erstellen eines Designs oben links im Canva-Editor auf das Menü GRÖẞE ÄNDERN und wählen Sie die gewünschten Formate aus. Mehr über dieses Tool erfahren Sie in Kapitel 5.
- ✔ **Erstellen Sie Vorlagen, um Geschwindigkeit und Konsistenz zu gewährleisten.** Erstellen und speichern Sie Vorlagen für wiederkehrende Projekte wie Social-Media-Beiträge oder E-Mail-Header. Ich zeige Ihnen in mehreren Kapiteln, wie Sie mit Vorlagen arbeiten.
- ✔ **Planen Sie Social-Media-Beiträge mit Canva.** Das Planen von Social-Media-Beiträgen sorgt für eine konsistente Online-Präsenz. Um einen Social-Media-Beitrag in Canva zu planen, gehen Sie von der Startseite aus zum Inhaltsplaner, indem Sie in der linken Navigationsleiste auf das Symbol APPS klicken. Sie finden die Inhaltsplaner-App in der jetzt angezeigten Seitenleiste. Weitere Informationen zum Inhaltsplaner von Canva finden Sie in Kapitel 5.
- ✔ **Integrieren Sie Canva mit Marketing-Tools.** Verbinden Sie Canva mit Marketing-Tools wie Mailchimp (`https://mailchimp.com`), HubSpot (`www.hubspot.com`) oder Buffer (`https://buffer.com`), um Ihren Workflow zu optimieren. Durchsuchen Sie die Seitenleiste APPS, um diese Integrationen zu finden und zu erfahren, was jede davon für Ihr Designprojekt leisten kann. In Kapitel 7 gehe ich näher auf Marketing mit Canva ein.

Canva mit Social-Media-Management-Tools verbinden

Die Verwaltung mehrerer Social-Media-Konten kann eine große Herausforderung darstellen. Canva lässt sich nahtlos in Social-Media-Management-Tools wie Buffer (`https://buffer.com`) und Hootsuite (`www.hootsuite.com`) integrieren, was das Planen und Veröffentlichen von Posts erleichtert. Um die Integration in Ihr bevorzugtes

Social-Media-Management-Tool durchzuführen, folgen Sie diesem Prozess. Weitere Einzelheiten finden Sie in der Dokumentation des jeweiligen Tools:

- ✔ **Gestalten Sie Social-Media-Inhalte in Canva.** Erstellen Sie Social-Media-Beiträge in Canva, die zu Ihrer Marke passen. Nutzen Sie Vorlagen und Ihre Markenunterlagen, um plattformübergreifende Konsistenz zu erhalten. Weitere Einzelheiten und Tipps für Ihre Social-Media-Inhalte finden Sie in Kapitel 5.
- ✔ **Verknüpfen Sie Canva mit Ihrem bevorzugten Social-Media-Tool.** Jedes Social-Media-Management-Tool kann auf unterschiedliche Weise in Canva integriert werden, und manche lassen sich überhaupt nicht in Canva integrieren. Hootsuite bietet beispielsweise eine Möglichkeit, einen Ordner mit Ihren Canva-Designs direkt in Hootsuite zu integrieren, sodass Sie diese Designs bei Bedarf direkt dorthin ziehen können.
- ✔ Um herauszufinden, wie sich Ihr Social-Media-Management-Tool in Canva integrieren lässt, suchen Sie in der Dokumentation des Tools oder bei Google nach `Canva` und geben Sie `Canva-Integration` gefolgt vom Namen des Tools ein (suchen Sie beispielsweise nach `Canva-Integration mit Hootsuite` oder `Canva-Integration mit Buffer`).
- ✔ **Automatisieren Sie die Planung Ihrer Social-Media-Posts.** Verwenden Sie ein Social-Media-Management-Tool, um Ihre Posts auf verschiedenen Plattformen zu planen. Sie können alle Ihre Designs für die Woche oder den Monat (je nachdem, wie Ihr Tool dies zulässt) stapelweise planen, um eine durchgängige Social-Media-Präsenz zu erhalten.

IN DIESEM KAPITEL

Ihren Canva-Teambereich erstellen und Mitglieder einladen

Designs teilen und bearbeiten

Vorteile von Canva im Unternehmen erkennen

Erfolgsgeschichten von Canva entdecken

Kapitel 9
Funktionen für Zusammenarbeit und Teams

Wenn Sie meinen Anleitungen in anderen Kapiteln gefolgt sind, um mehr über die erstaunlichen Funktionen von Canva zu erfahren, haben Sie dies möglicherweise als etwas einsame Erfahrung empfunden. Aber die Arbeit mit Canva muss nicht einsam sein! In diesem Kapitel zeige ich Ihnen die wunderbare Welt der Teamarbeit und Zusammenarbeit in Canva.

Canva bietet eine Reihe von Tools, die speziell dafür entwickelt wurden, die Zusammenarbeit mit anderen zu einem Kinderspiel zu machen. Egal, ob Sie Teil eines kleinen Designteams sind oder mit einer großen Gruppe zusammenarbeiten, die Funktionen zur Zusammenarbeit in Canva sorgen dafür, dass alle auf dem gleichen Stand bleiben. In diesem Kapitel geht es um die Einrichtung Ihres Teams, das Teilen und Bearbeiten von Designs, die Verwaltung von Rollen und Berechtigungen, die Verwendung von Feedback-Tools sowie die Organisation von Teamprojekten.

Canva-Teams einrichten

Wenn Sie für eine Organisation arbeiten, die mehrere Mitarbeiter beschäftigt, arbeiten Sie wahrscheinlich auch im realen Leben mit Teams zusammen. Oder vielleicht sind Sie Lehrer und leiten eine Klasse. Canva ermöglicht es Ihnen, diese realen Teams in die virtuelle Welt zu übernehmen, indem Sie gemeinsame Projekte erstellen, an denen Ihre realen Teams teilnehmen können.

Effektive Zusammenarbeit beginnt mit der korrekten Einrichtung Ihres Teams in Canva. Dieser Abschnitt führt Sie durch die Erstellung eines Teambereichs, die Verwaltung von Teammitgliedern und die Zuweisung von Rollen und Berechtigungen.

Einen Teambereich erstellen

Sie können Ihr reales Team in einen virtuellen Canva-Arbeitsbereich übernehmen, indem Sie einen Teambereich innerhalb von Canva erstellen.

Die einzige Möglichkeit, innerhalb von Teams auf Canva zuzugreifen, ist mit einem Teams-Abonnement. Während ich dies schreibe, kosten Teams-Abonnements 30 Euro pro Monat oder 300 Euro pro Jahr für bis zu drei Teammitglieder und 10 Euro pro Monat beziehungsweise 100 Euro pro Jahr für jedes weitere Teammitglied. Mit einem Teams-Abonnement haben Sie Zugriff auf alle Pro-Funktionen, die ich in diesem Buch erwähne, sowie auf alle Funktionen für die Team-Zusammenarbeit aus diesem Kapitel. Sie können Ihr Konto auf ein Teams-Abonnement über `https://jessestay.com/canvateams` upgraden.

Wenn Sie bereits einen Teambereich in Canva haben, können Sie mit dem nächsten Abschnitt fortfahren. Andernfalls führen Sie die folgenden Schritte aus, um Ihren Teambereich einzurichten:

1. **Melden Sie sich bei Ihrem Canva-Konto an.**

   Wenn Sie kein Konto haben, finden Sie in Kapitel 1 Hinweise zur Anmeldung und Navigation auf der Startseite.

2. **Klicken Sie oben rechts auf der Canva-Startseite auf Ihr Profilbild oder Ihre Initialen.**

3. **Wählen Sie im Dropdown-Menü die Option EINSTELLUNGEN und klicken Sie dann in der linken Seitenleiste unter PERSÖNLICH auf die Option LEUTE EINLADEN (nachdem Sie jemanden hinzugefügt haben, heißt diese Option nur noch PERSONEN).**

4. **Klicken Sie auf der Seite PERSONEN auf die Schaltfläche TEAM ERSTELLEN, wie in Abbildung 9.1 gezeigt.**

   Canva fordert Sie auf, Ihr erstes Teammitglied einzuladen und Ihre 30-tägige Team-Testversion zu starten, indem Sie die E-Mail-Adresse Ihres Mitglieds eingeben. Nachdem Sie das E-Mail-Feld ausgefüllt haben, werden weitere E-Mail-Felder angezeigt, wodurch Sie bis zu drei Teammitglieder einladen können (gegen eine zusätzliche monatliche Gebühr können Sie weitere einladen, wenn Sie in Ihren Einstellungen ein Upgrade vornehmen).

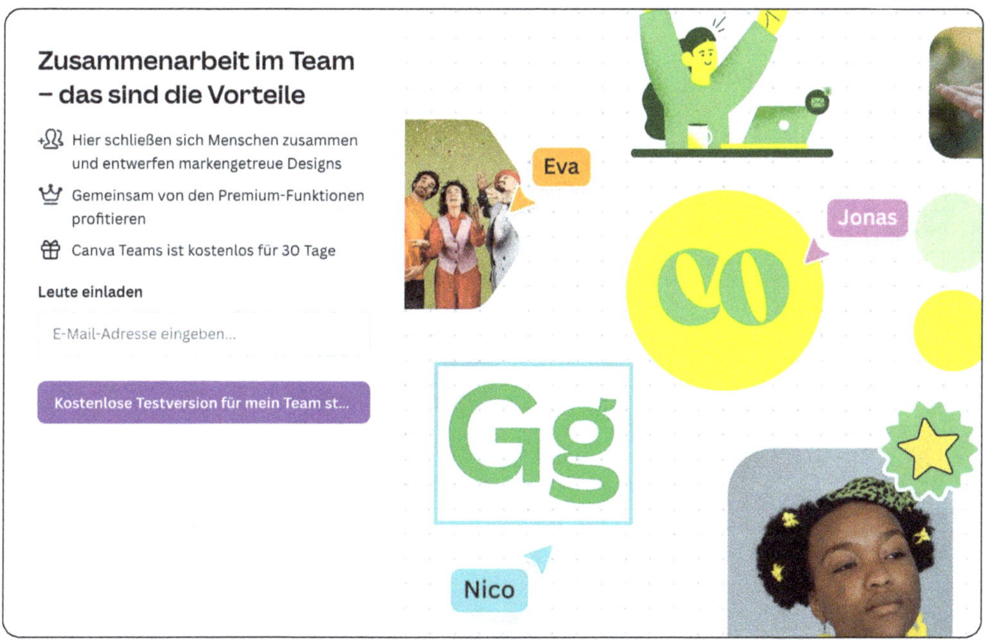

Abbildung 9.1: Klicken Sie auf die Schaltfläche »Team erstellen«, um Ihren Teambereich einzurichten.

Ich schlage vor, eine 30-tägige Testversion von Teams zu aktivieren, während Sie diesen Abschnitt des Buches lesen, damit Sie die gesamte Bandbreite der Funktionen, die Canva zu bieten hat, problemlos nutzen können. Nach Ablauf der 30 Tage können Sie entscheiden, ob es sich lohnt, Ihre kostenlose Testversion zu kündigen. Sie können jederzeit in Ihren Kontoeinstellungen unter RECHNUNGEN UND ABOS kündigen.

5. **Klicken Sie auf die Schaltfläche KOSTENLOSE TESTVERSION STARTEN oder eine ähnlich lautende Schaltfläche, wie in Abbildung 9.2 gezeigt, und folgen Sie den Anweisungen, um Ihren Teambereich zu erstellen und Ihre 30-tägige kostenlose Testversion zu starten.**

   Ihr Team wird dann in der linken Seitenleiste unter Ihren Einstellungen angezeigt und die Seite PERSONEN wird für Ihr neues Team geladen.

6. **Klicken Sie in der linken Seitenleiste auf TEAMDETAILS und dann auf die Schaltfläche BEARBEITEN neben dem Standardteamnamen (Canva benennt das Team standardmäßig nach Ihnen).**

   Ich habe beschlossen, mein Team *Dummie's Team* zu nennen, wie in Abbildung 9.3 gezeigt.

7. **Geben Sie Ihren Teambereichsnamen ein und klicken Sie auf die Schaltfläche SPEICHERN, um die Einrichtung abzuschließen.**

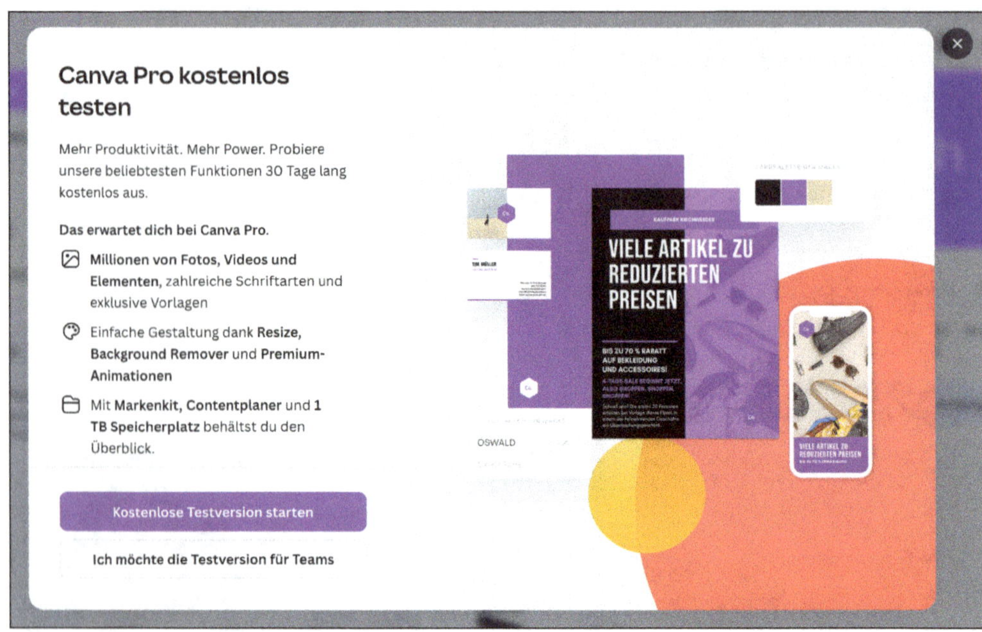

Abbildung 9.2: Starten Sie Ihre kostenlose Teams-Testversion in Canva.

Abbildung 9.3: Ändern des Namens Ihres Teams in Canva

Teammitglieder hinzufügen

Nachdem Ihr Teambereich bereit ist, können Sie weitere Mitglieder hinzufügen (sofern Sie Ihr Team beim Einrichten des Teambereichs nicht vollständig ausgefüllt haben; siehe vorheriger Abschnitt).

Um weitere Mitglieder einzuladen, gehen Sie wie folgt vor:

1. **Klicken Sie in Ihrem Canva-Konto auf EINSTELLUNGEN und dann in der linken Seitenleiste auf PERSONEN, um zu Ihrer PERSONEN-Seite zu gelangen.**

2. **Klicken Sie auf den Link PERSONEN EINLADEN.**

   Sie können auch auf eine beliebige Schaltfläche EINLADEN klicken, die Sie irgendwo in Canva finden, und Sie durchlaufen einen sehr ähnlichen Vorgang.

3. **Geben Sie beliebig viele E-Mail-Adressen der Personen ein, die Sie zum Teambereich einladen möchten.**

   An dieser Stelle können Sie auf den Abwärtspfeil neben einer E-Mail-Adresse klicken und aus dem angezeigten Dropdown-Menü eine Rolle auswählen, wenn Sie dies jetzt tun möchten. Diese Aufgabe behandele ich im nächsten Abschnitt. ***Hinweis:*** Wenn Canva erkennt, dass Sie bereits mit Personen zusammenarbeiten, bietet es diese möglicherweise als anklickbare Optionen an, sodass Sie ihre E-Mail-Adresse nicht nachschlagen müssen.

4. **Klicken Sie auf die Schaltfläche BESTÄTIGEN UND EINLADEN (siehe Abbildung 9.4).**

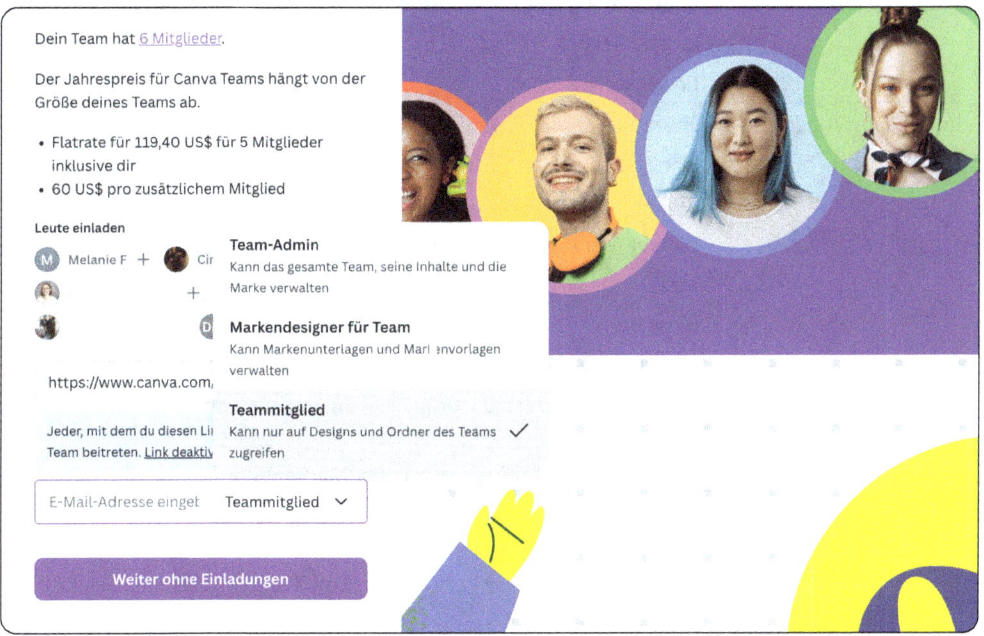

Abbildung 9.4: Geben Sie die E-Mail-Adressen potenzieller Teammitglieder ein.

Canva sendet den potenziellen Mitgliedern, deren E-Mail-Adressen Sie in Schritt 3 eingeben, eine Einladung zum Beitritt zu Ihrem Team.

Fügen Sie Ihrem Team eine Beschreibung hinzu, bevor Sie Personen einladen, damit diese wissen, warum sie die Einladung zum Canva-Team erhalten haben.

Sie können auch auf die Schaltfläche EINLADUNGSLINK ERHALTEN klicken. Dann erhalten Sie einen Link, den Sie kopieren und in Chat-, Text- oder E-Mail-Nachrichten einfügen können – oder in jede andere Quelle, aus der Sie Teammitglieder anwerben möchten.

Rollen und Berechtigungen zuweisen

Nachdem Sie nun alle gewünschten Teammitglieder in Ihrem Canva-Teambereich haben, können Sie entscheiden, welche Art von Zugriff Sie jedem Teammitglied gewähren möchten. Dazu weisen Sie Rollen und Berechtigungen für den Zugriff auf die Designs zu, die Sie für Ihr Team in Canva eingerichtet haben.

Tabelle 9.1 bietet einen Überblick über die Rollen und Berechtigungen für den Zugriff der Teammitglieder.

Rollenname	Rollenberechtigungen
Eigentümer	Führt alle Aktionen eines Administrators aus, und zusätzlich: Erstellt Teams Löscht Teams
Administrator (oder Lehrer)	Führt alle Aktionen eines Mitglieds aus, und zusätzlich: Hat Zugriff auf die Mitgliederteamverwaltung und -erkennung Richtet Team-Markenunterlagen ein und bearbeitet sie Richtet Markenkontrollen ein und bearbeitet sie Veröffentlicht Markenvorlagen Plant Posts in Social Media über den Inhaltsplaner Verschiebt Elemente in Ordner, löscht Ordner, verschiebt Ordner
Mitglied (oder Student)	Greift auf Ordner und Designs zu, die mit allen im Team geteilt werden Erstellt Designs mithilfe von Team-Markenunterlagen und Markenvorlagen
Brand Designer	Richtet Team-Markenunterlagen ein und bearbeitet sie Erstellt Designs unter Verwendung von Team-Markenunterlagen Plant Posts in Social Media über den Inhaltsplaner Veröffentlicht Markenvorlagen

Tabelle 9.1: Rollen und Berechtigungen für Teams in Canva

Gehen Sie wie folgt vor, um die Rollen Ihrer Teammitglieder einzurichten:

1. **Gehen Sie in den Einstellungen Ihres Canva-Kontos zur Registerkarte PERSONEN, indem Sie in der linken Seitenleiste auf die Option PERSONEN klicken.**

   Der Teambereich wird auf der Seite PERSONEN angezeigt. Neben der E-Mail-Adresse jedes Teammitglieds wird die zugewiesene Rolle angezeigt, sofern das Mitglied eine hat. Diese Rollen steuern, was jedes Teammitglied innerhalb des Teams tun kann (siehe Tabelle 9.1).

2. **Um die Rolle eines Teammitglieds festzulegen oder zu ändern, klicken Sie auf den Abwärtspfeil neben dessen E-Mail-Adresse und wählen eine Rolle aus dem angezeigten Dropdown-Menü aus.**

Sie verwalten die individuellen Berechtigungen für jedes Teammitglied, wenn Sie eine Rolle auswählen, und Sie können sie jederzeit ändern, indem Sie aus dem Dropdown-Menü eine andere Rolle auswählen, wie in Abbildung 9.5 dargestellt.

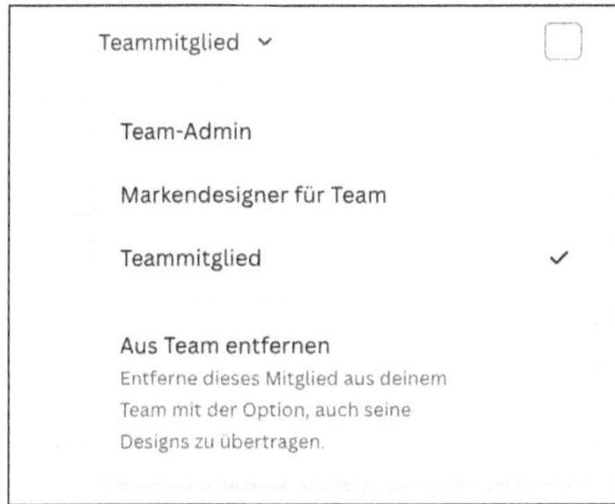

Abbildung 9.5: Verwalten der entsprechenden Rollen und zugehörigen Berechtigungen für Teammitglieder

Zusätzlich zu den Berechtigungen, die der Rolle jedes Teammitglieds zugewiesen werden, können Sie auch Standardberechtigungen vergeben, die Ihrem gesamten Team oder bestimmten Rollen innerhalb des Teams Zugriff auf allgemeine Funktionen gewähren.

Die allgemeinen Berechtigungen umfassen Elemente wie

- ✔ Beschränkung der Teammitgliedschaft auf Personen mit dem E-Mail-Domänennamen Ihres Unternehmens
- ✔ Eine Einladung oder eine Anfrage ist erforderlich, um dem Team beizutreten.
- ✔ Festlegen, ob Teammitglieder ein Team freiwillig verlassen können oder von einem Administrator entfernt werden müssen
- ✔ Festlegen, welche Teamrollen die Rollen anderer Teammitglieder ändern, Markenvorlagen veröffentlichen und Gruppen erstellen dürfen

So legen Sie den Zugriff auf allgemeine Funktionen für verschiedene Teamrollen fest:

1. **Greifen Sie auf die Einstellungen Ihres Canva-Teams zu, indem Sie oben rechts auf Ihr Profilsymbol klicken und EINSTELLUNGEN wählen oder oben rechts in Canva auf das Zahnradsymbol klicken. Klicken Sie dann in der angezeigten linken Seitenleiste auf BERECHTIGUNGEN.**

   Die Seite BERECHTIGUNGEN wird angezeigt und zeigt standardmäßig die Registerkarte ZUGRIFF an.

2. **Klicken Sie auf der Registerkarte Zugriff auf die Dropdown-Menüs für jede angezeigte Option, um die Berechtigungen anzugeben, die allen oder ausgewählten Teammitgliedern gewährt werden sollen.**

   Sie können beispielsweise Optionen wie Wer kann diesem Team beitreten? auswählen oder Wer kann eine Gruppe verlassen?. Beachten Sie auch, dass auf der Seite Berechtigungen auch eine Registerkarte Magic und KI vorhanden ist.

3. **Klicken Sie auf die Registerkarte Magic und KI, um die KI-Funktionen zu erkunden, wie in Abbildung 9.6 gezeigt.**

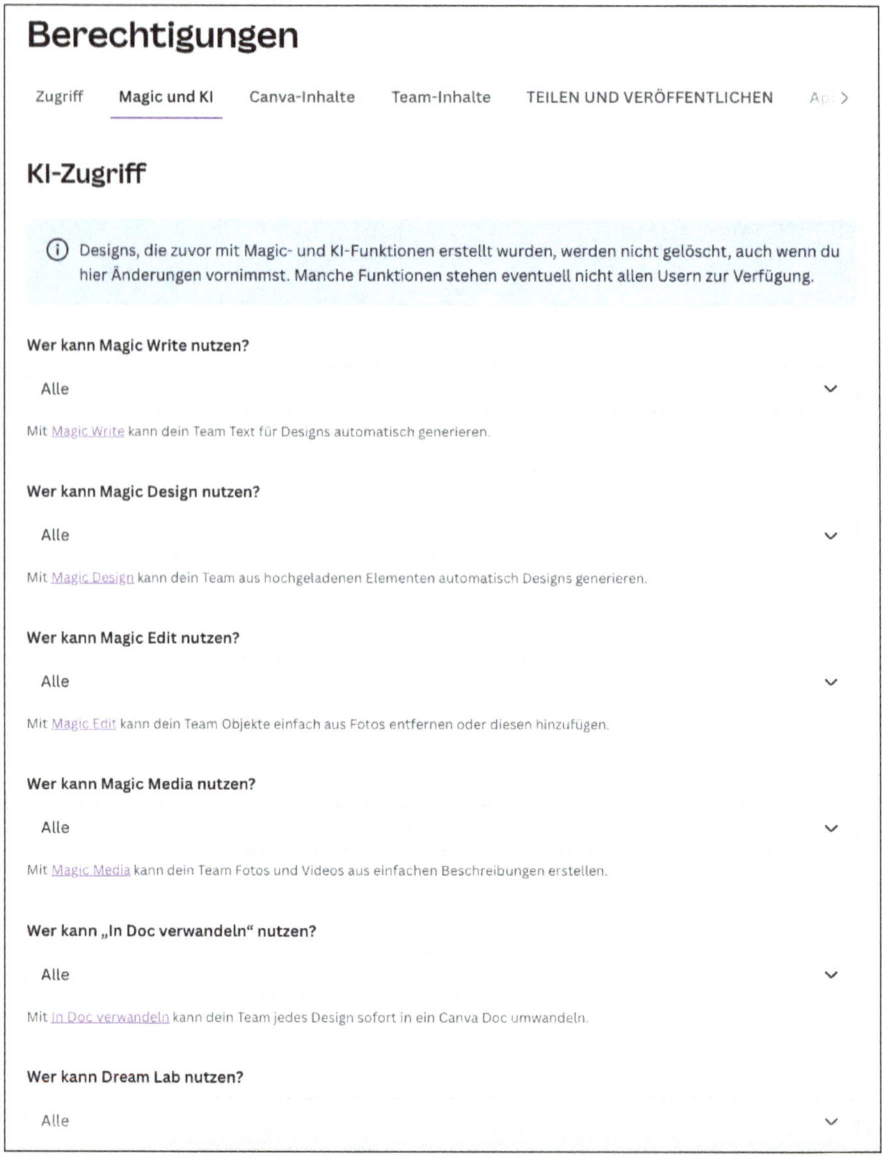

Abbildung 9.6: Die Registerkarte »Magic und KI« unter »Berechtigungen«

Auf dieser Registerkarte legen Sie fest, welche Teamrollen Zugriff auf alle verschiedenen Magic- und KI-Funktionen in Canva haben. In den Kapiteln 8 und 10 beschreibe ich diese ausführlicher.

4. **Klicken Sie bei jeder Auswahl eines KI-Zugriffs auf den Abwärtspfeil und wählen Sie aus dem angezeigten Dropdown-Menü aus, wer Zugriff hat.**

5. **Klicken Sie auf der Seite Berechtigungen auf die Registerkarte Teaminhalte, wie in Abbildung 9.7 gezeigt.**

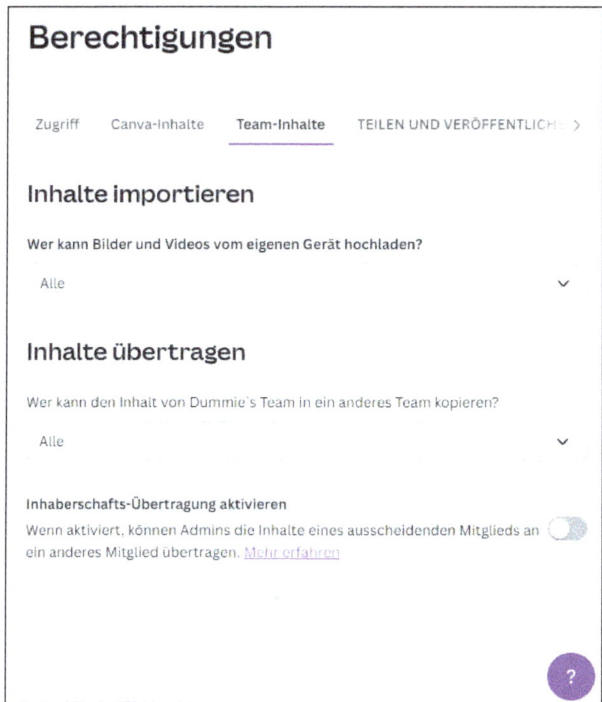

Abbildung 9.7: Die Registerkarte »Team-Inhalte« unter »Berechtigungen«

Von dieser Registerkarte aus können Sie steuern:

- welche Rollen Bilder von ihren eigenen Geräten auf Canva hochladen dürfen
- wer Dateien aus Apps in Canva importieren kann
- ob Administratoren hochgeladene Medien von einem Teammitglied, das Ihr Team verlassen hat, an ein anderes Teammitglied übertragen können

6. **Klicken Sie auf der Seite Berechtigungen auf die Registerkarte Teilen und veröffentlichen (siehe Abbildung 9.8) und klicken Sie auf den Abwärtspfeil für Wer kann Beiträge mit dem Contentplaner planen.**

Abbildung 9.8: Die Registerkarte Teilen und veröffentlichen unter Berechtigungen

Ein Dropdown-Menü wird angezeigt und Sie können eine Menüoption auswählen.

7. **Aktivieren Sie die Option Verwalten, wo Ihr Team Designs veröffentlichen kann, wenn Sie die Veröffentlichung von Designs weiter kontrollieren möchten.**

   Sie können angeben, in welchen Anwendungen (zum Beispiel nur Facebook oder nur TikTok) Teammitglieder Teamdesigns veröffentlichen können.

8. **Klicken Sie auf die Registerkarte Integrationen und dann auf Integrationen verwalten, um zur Seite Integrationen verwalten zu gelangen, die in Abbildung 9.9 dargestellt ist.**

9. **Aktivieren Sie die Option Integrationsbeschränkungen aktivieren, wenn Sie eine bestimmte Drittanbieterintegration auswählen möchten, und legen Sie dann fest, welche Rollen in Ihrem Team Zugriff auf diese Integration mit Canva haben.**

   Wenn Sie beispielsweise die Slack-Integration aktivieren (mit einem Häkchen markieren), können Sie entscheiden, welche Ihrer Teammitglieder Designs über die Slack-Integration teilen können.

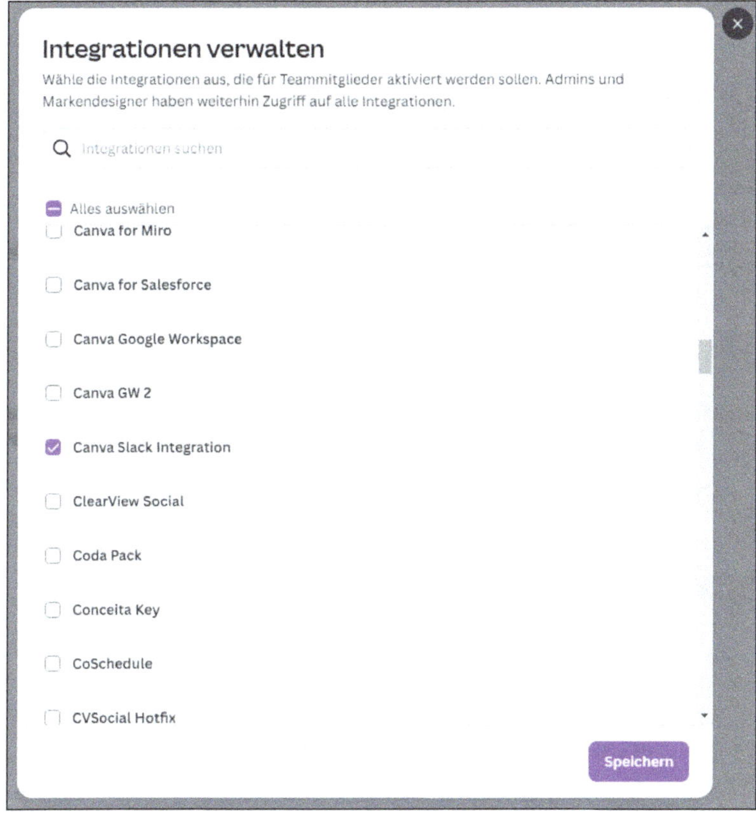

Abbildung 9.9: Aktivieren der Slack-Integration auf der Registerkarte »Integrationen verwalten«.

Gemeinsam Entwerfen in Echtzeit

Dank der Funktionen für die Echtzeit-Zusammenarbeit von Canva können mehrere Teammitglieder gleichzeitig an einem Design arbeiten. In diesem Abschnitt erfahren Sie, wie Sie Designs teilen und gemeinsam bearbeiten, Kommentarfunktionen verwenden und den Versionsverlauf verwalten.

Designs teilen und gemeinsam bearbeiten

Für jedes Design, das Sie in Canva erstellen, können Sie Funktionen aktivieren, die es Ihnen ermöglichen, gemeinsam mit Ihren Teammitgliedern zu arbeiten. Öffnen Sie zunächst ein Design in Canva, das Sie mit Ihrem Team teilen möchten. Für das Beispiel in diesem Abschnitt verwende ich das Social-Media-Kampagnenprojekt, das ich in Kapitel 8 erstellt habe. Sie können jedoch jedes Ihrer Designs auswählen.

Anschließend können Sie mit den folgenden einfachen Schritten die Optionen zum Teilen Ihres Designs einrichten:

1. **Klicken Sie oben rechts im Canva-Editor auf die Schaltfläche TEILEN.**

   Das Dialogfeld PERSONEN MIT ZUGRIFF wird angezeigt (siehe Abbildung 9.10). In diesem Dialogfeld können Sie die E-Mail-Adressen Ihrer Teammitglieder eingeben oder das Design für das gesamte Team freigeben.

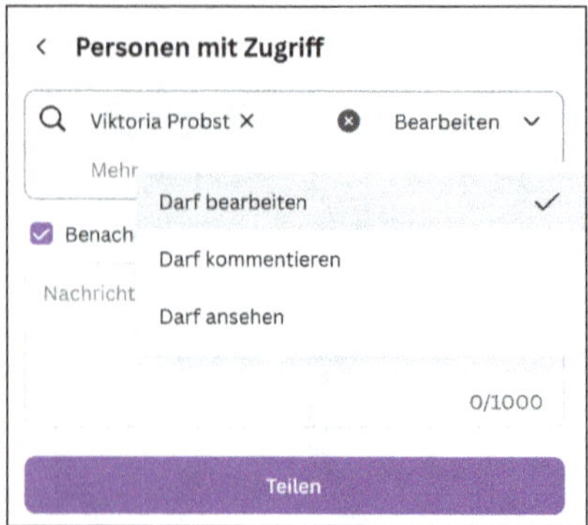

Abbildung 9.10: Auswahl der entsprechenden Berechtigungen für Ihr freigegebenes Design

2. **Legen Sie Bearbeitungsberechtigungen fest, die bestimmen, wer in Ihrem Team Zugriff auf das Design hat:**

   - Klicken Sie im Dialogfeld PERSONEN MIT ZUGRIFF auf das Textfeld oben, um eine Liste der Teammitglieder anzuzeigen.
   - Wählen Sie die entsprechende Berechtigungsstufe für jedes Teammitglied (oder ein ganzes Team) aus, indem Sie auf die Dropdown-Liste neben dem Namen klicken.

     Zu den Berechtigungsstufen gehören ***`Kann anzeigen`***, ***`Kann kommentieren`***, ***`Kann bearbeiten`*** und ***`Nicht teilen`***. Abbildung 9.10 zeigt die Liste der Optionen. Nachdem Sie eine Berechtigung ausgewählt haben, wird sie automatisch für diese Person oder dieses Team gespeichert.

Darüber hinaus können Sie im Dialogfeld PERSONEN MIT ZUGRIFF jeden (unabhängig davon, ob er zu Ihrem Team gehört oder nicht) zum Bearbeiten einladen, indem Sie seine E-Mail-Adresse eingeben. Sie können auch einen Link zur Zusammenarbeit (an Ihrem Design) kopieren, um ihn mit anderen außerhalb Ihres Teams zu teilen. Sie müssen Berechtigungen (`Kann anzeigen`, `Kann kommentieren`, `Kann bearbeiten`) festlegen, die die Zugriffsebene für diejenigen bestimmen, mit denen Sie den Link teilen.

Kommentierung und Feedbackschleifen

Effektives Feedback ist in jedem Gemeinschaftsprojekt unverzichtbar. In Kapitel 5 zeige ich, wie Sie Kommentare nutzen können, um gemeinsam an einem Social-Media-Beitrag zu arbeiten.

Ich empfehle Ihnen, in diesem Kapitel noch mehr Beispiele nachzuschlagen. In diesem Abschnitt biete ich die Grundlagen, wie Sie Kommentare zu jedem Design in Canva zu einem wertvollen Tool für die Zusammenarbeit machen können.

Kommentare hinzufügen

So fügen Sie einem Design in Canva Kommentare hinzu:

1. **Wählen Sie ein beliebiges Designelement aus und klicken Sie auf das Kommentarsymbol, das in der Symbolleiste über dem Element angezeigt wird.**

   Abbildung 9.11 zeigt die Symbolleiste mit dem Kommentarsymbol (das wie eine Sprechblase aussieht) auf der linken Seite.

Abbildung 9.11: Klicken Sie auf das Kommentarsymbol, um einen Kommentar zu hinterlassen.

2. **Geben Sie Ihr Feedback in das Kommentarfeld ein, wie in Abbildung 9.12 gezeigt.**

Abbildung 9.12: Geben Sie Ihr Feedback als Kommentar ein.

✔ Im Kommentarfeld können Sie:

- bestimmte Teammitglieder taggen, indem Sie @ gefolgt von ihrem Namen eingeben und auf ihren Namen klicken. Aktivieren Sie dann das Kontrollkästchen neben ZUWEISEN AN [NAME DES EMPFÄNGERS DER ZUWEISUNG], um das Design den markierten Personen zuzuweisen. ***Hinweis:*** Wenn Sie in Canva keine Teammitglieder eingerichtet haben, können Sie niemanden taggen oder ihm Kommentare zuweisen.

- auf den Abwärtspfeil rechts neben dem Textfeld DIESES DESIGN TEILEN klicken und aus dem angezeigten Dropdown-Menü eine Zugriffsebene (Berechtigungen) auswählen. Sie können den von Ihnen markierten Personen die Berechtigungen `Kann bearbeiten`, `Kann kommentieren` oder `Nicht teilen` geben.

3. **Nachdem Sie Teammitglieder markiert und Berechtigungen für das ausgewählte Designelement zugewiesen haben, klicken Sie auf die Schaltfläche mit dem Pfeil nach oben, um Ihren Kommentar zum Design abzusenden.**

Kommentare auflösen

Wenn Ihnen ein Kommentar zugewiesen wird – wie ich im vorherigen Abschnitt gezeigt habe –, können Sie angeben, dass Sie den Kommentar geprüft und die Aufgabe abgeschlossen haben, indem Sie den Kommentar als erledigt markieren.

Gehen Sie wie folgt vor:

1. **Klicken Sie oben rechts in der oberen Symbolleiste Ihres Canva-Editors auf das Kommentarsymbol.**

   Das Dialogfeld KOMMENTARE wird geöffnet und zeigt alle Kommentare zu Ihrem Design an.

2. **Nachdem Sie das Feedback bearbeitet haben, klicken Sie auf das Häkchen AUFLÖSEN im Kommentar, um ihn als abgeschlossen zu markieren. (Siehe Abbildung 9.13.)**

   Sie gehen auf das Feedback ein, indem Sie beispielsweise den Text des Kommentars bearbeiten oder mit Ihren eigenen Ideen antworten. Sowohl die Person, die den Kommentar abgegeben hat, als auch die Person, die dem Kommentar zugewiesen ist, können einen Kommentar beantworten.

Versionsverlauf und Revisionen zur Nachverfolgung Ihrer Arbeit nutzen

Manchmal mache ich Fehler und muss zu einer bestimmten Version meines Designs zurückkehren. Früher (ich fühle mich alt!) waren Änderungen für immer verloren, wenn man nicht auf SPEICHERN geklickt hat. Dieser potenzielle Verlust galt für jedes Dokument – und für die Spielphase des Nintendo-Spiels »Super Mario Bros«.

Abbildung 9.13: Klicken Sie auf »Auflösen«, nachdem das Feedback bearbeitet wurde.

Sie müssen sich jedoch keine Gedanken darüber machen, in Canva die Schaltfläche SPEICHERN zu vergessen, da die Plattform automatisch speichert, während Sie mit Ihrem Design und Ihrer Entwicklung fortfahren. Mit der Versionsverlaufsfunktion von Canva können Sie im Laufe der Zeit an einem Design vorgenommene Änderungen verfolgen und zu jeder früheren Version Ihres Designs zurückkehren – wie Marty in *Zurück in die Zukunft*!

Sie können in Canva natürlich auf SPEICHERN für Ihre Designs klicken, müssen dies aber nicht, da Canva sie automatisch für Sie speichert. Ich gehe davon aus, dass Canva deshalb eine Schaltfläche SPEICHERN hat, damit Sie sich keine Sorgen machen. Um ein Design in Canva zu speichern, klicken Sie im Editor links in der oberen Menüleiste auf das Menü DATEI und dann im Dropdown-Menü auf SPEICHERN.

Um auf den Versionsverlauf eines beliebigen Designs zuzugreifen, gehen Sie wie folgt vor:

1. **Öffnen Sie das Design, das Sie überprüfen möchten, im Canva-Editor.**
2. **Klicken Sie oben links auf das Menü DATEI und wählen Sie im Dropdown-Menü VERSIONSVERLAUF aus.**

   Der Versionsverlauf für Ihr Design wird geöffnet (siehe Abbildung 9.14).

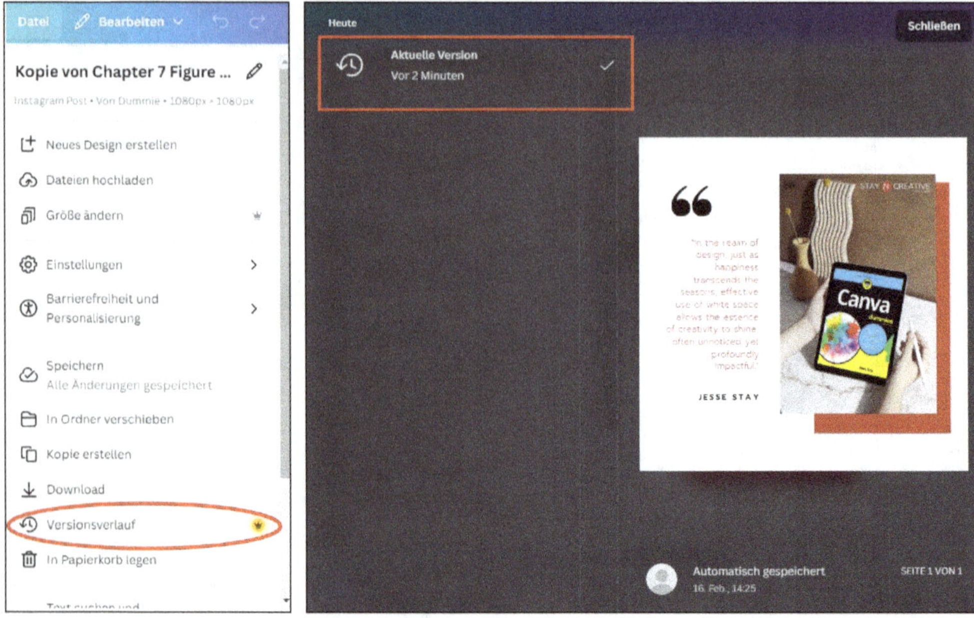

Abbildung 9.14: Wählen Sie »Versionsverlauf« im Menü »Datei«, um auf den Verlauf eines Designs zuzugreifen.

3. **Um frühere Versionen des Designs zu überprüfen, durchsuchen Sie die Designliste, die durch AUTOMATISCH GESPEICHERT (sowie Datum und Uhrzeit) gekennzeichnet ist.**

   Sie können:

   - *die Änderungen anzeigen,* indem Sie auf das Datum jeder Revision klicken.
   - *eine frühere Version wiederherstellen,* indem Sie während der Anzeige oben rechts auf die Schaltfläche DIESE VERSION WIEDERHERSTELLEN klicken.

Sie können auf den Abwärtspfeil auf der Schaltfläche DIESE VERSION WIEDERHERSTELLEN klicken, um die Option zum Erstellen einer separaten Kopie mit der älteren Version zu erhalten, damit Sie das aktuelle Design nicht ersetzen.

Canva im Unternehmen verwenden

Wenn Ihr Team wächst, benötigen Sie möglicherweise erweiterte Funktionen, um größere Projekte zu verwalten und die Einhaltung der Markenrichtlinien sicherzustellen. In diesem Abschnitt erfahren Sie, wie Sie die erweiterten Funktionen von Canva für große Teams nutzen, Markenkontrollen integrieren und Support und Schulungen auf Unternehmensebene implementieren.

Eine umfassende Enterprise-Unterstützung (ein Canva-Upgrade, das im Rahmen dieses Buches nicht beschrieben werden kann) und ihre Implementierung beinhalten die Einrichtung von Canva für die Arbeit in einer normalerweise sehr großen Organisation mit vielen Teams, Rollen und Berechtigungen. Für die meisten Unternehmensanwendungen von Canva ist eine Enterprise-Lizenz erforderlich, und ein Vertreter von Canva muss die Einrichtung für Ihre Organisation übernehmen und sie durch diesen Prozess führen. Daher kann ich hier nicht wirklich auf die Details bei der Einrichtung einer Unternehmensumgebung eingehen. Ich versuche, zu zeigen, wie einzelne Mitarbeiter Funktionen auf Unternehmensebene nutzen können, nachdem die Einrichtung erfolgt ist. Und ich helfe Ihnen, zu verstehen, warum Canva in großen Organisationen so wertvoll ist!

Erweiterte Funktionen für große Teams nutzen

Je größer Ihre Organisation, desto größer und komplexer können Ihre Teamstrukturen sein. Die Teams bei Canva (mit 4.500 Mitarbeitern weltweit) haben all dies durchdacht, und die Funktionen, die ich in diesem Buch beschreibe, eignen sich sowohl für große als auch für kleine Teams. Hier einige Möglichkeiten, wie Ihr Team in einer größeren Organisation davon profitieren kann:

- ✔ **Entdecken Sie erweiterte Tools.** Canva bietet erweiterte Tools wie Markenunterlagen, Magic Resize und Massenaktionen, um Ihren Designprozess zu optimieren. Weitere Einzelheiten zu diesen Funktionen finden Sie in den Kapiteln 4, 5, 7 und 11. Ihre Design- und IT-Teams können mit Canva-Vertretern zusammenarbeiten, um diese Funktionen für Ihr Unternehmen einzurichten.

- ✔ **Richten Sie Markenkontrollen ein.** Die Wahrung der Markenintegrität gilt für jede Organisation, ist aber besonders wichtig für große Unternehmen mit vielen Marken und detaillierten Markenrichtlinien.

  Canva bietet die Markenunterlagen-Funktion, die Ihre IT-Abteilung oder Ihre Design-/Branding- und Rechtsteams unternehmensweit steuern und implementieren können. Zum Einrichten von Markenunterlagen gehört das Festlegen von Standardschriftarten, Farben, Logos und so weiter, auf die jedes Team im gesamten Unternehmen für seine Designs zugreifen kann. Mit Markenunterlagen können Sie Markenrichtlinien für alle Designs festlegen und durchsetzen.

Wenn Sie in einem Unternehmen oder einer anderen Umgebung mit großen Teams arbeiten, sollten Sie Canva für eine Enterprise-Lizenz kontaktieren. Sie erhalten dann individuelle Unterstützung von Canva-Mitarbeitern für Ihr Unternehmen. Diese individuellen Implementierungen ermöglichen weitaus mehr Teams und Benutzer zu einem reduzierten Preis und berücksichtigen die Anforderungen großer Teams. Weitere Informationen finden Sie unter `www.canva.com/enterprise`.

Integration von Markenkontrollen und Compliance

Markenkonsistenz ist für große Teams von entscheidender Bedeutung, um so mehr in großen Unternehmen. Nicht selten kann ein Abweichen von der Markenidentität einer großen Organisation – selbst von kleinen Teams innerhalb der Organisation – rechtliche und finanzielle Konsequenzen haben, wie etwa den Verlust des Markenzeichens. Sie können sich mit dem Canva-Enterprise-Vertreter oder dem internen Canva-Experten

Ihres Unternehmens darüber beraten, wie Sie die Canva-Tools am besten für Markenkonsistenz nutzen. Befolgen Sie außerdem die Anweisungen zu den Markenunterlagen-Tools, um Ihre Markenunterlagen zu erstellen und Markenelemente zu verwenden, wie in Kapitel 4 beschrieben.

Implementierung von Support und Schulung auf Unternehmensebene

Für große Teams sind eine angemessene Schulung und Unterstützung von entscheidender Bedeutung. Wenden Sie sich an Ihren Canva-Enterprise-Vertreter, Ihren internen Canva-Experten oder besuchen Sie einfach `canva.com/help`, um weitere Ressourcen zu erhalten. In diesem Abschnitt liste ich einige Tipps auf, die Ihnen dabei helfen, dass Ihre Organisation von Grund auf optimal in Canva geschult wird.

Sie können:

- ✔ **Auf die Schulungsressourcen von Canva zugreifen.** Canva bietet eine Vielzahl von Schulungsressourcen, darunter Tutorials, Webinare und Live-Schulungen. Besuchen Sie die Design School von Canva (`www.canva.com/designschool/`), um auf diese Ressourcen zuzugreifen.
- ✔ **Supportsysteme implementieren.** Richten Sie interne Supportkanäle ein, zum Beispiel einen dedizierten Slack- oder Teams-Kanal, damit Ihr Designteam Tipps austauschen und Probleme beheben kann.
- ✔ **Kopien von *Canva für Dummies* kaufen und in Ihrem Unternehmen bereitstellen.** Ich bin vielleicht voreingenommen, wenn ich diesen speziellen Tipp gebe, aber dieses Buch kann ein hervorragendes Nachschlagewerk sein, um Mitarbeitern in Unternehmen jeder Größe beizubringen, wie sie die Branding- und Kollaborationstools von Canva richtig nutzen. Auf der Website zu diesem Buch unter `https://jessestay.com/canvabook` finden Sie Informationen dazu, wie Sie das Buch in großen Mengen kaufen können.

Erfolgsgeschichten: Teams, die mit Canva erfolgreich sind

Ich habe viele Beispiele für die Zusammenarbeit über Canva gezeigt. In diesem Abschnitt finden Sie Fallstudien mit einigen Beispielen aus der Praxis, wie Teams mit Canva ihre Ziele erreichen.

Amnesty International (NGO)

Amnesty International ist eine globale gemeinnützige Organisation, die sich weltweit für Menschenrechte einsetzt. Ihr Schwerpunkt liegt auf der Bekämpfung von Ungerechtigkeiten und der Unterstützung der Unterdrückten durch Kampagnen und Lobbyarbeit.

- ✔ **Die Herausforderung:** Amnesty International benötigte eine schnelle Möglichkeit, Bilder und Poster zu erstellen und zu teilen, um ihre Menschenrechtsarbeit zu unterstützen. Es musste schnell handeln, insbesondere während Krisen, aber dennoch sicherstellen, dass seine Botschaften überall einheitlich dargestellt werden.
- ✔ **Die Lösung:** Mit Canva konnte Amnesty International vorgefertigte Vorlagen verwenden, um schnell Designs zu erstellen und zu teilen. Diese Funktion erleichterte den Teams weltweit die Zusammenarbeit und sorgte dafür, dass alles markenkonform blieb, selbst in Notfällen (Quelle: `www.canva.com/canva-for-nonprofits/case-studies/amnesty/`).

George Lee und Balboa High (Bildungseinrichtung)

George Lee ist ein Pädagoge in San Francisco, der in seinen Lehrmethoden Wert auf kreatives, projektbasiertes Lernen legt.

- ✔ **Die Herausforderung:** Als die Schulen wegen COVID-19 geschlossen wurden, suchte George Lee nach einer Möglichkeit, wie seine Schüler von zu Hause aus weiter lernen konnten. Er wollte, dass sie trotz der räumlichen Trennung gemeinsam an Projekten arbeiten konnten.
- ✔ **Die Lösung:** Canva for Education bot Georges Schülern eine einfache Möglichkeit, ihre Projekte in Online-Teams zu erstellen und zu teilen. Die Schüler konnten gleichzeitig an denselben Designs arbeiten, was ihnen half, in Verbindung zu bleiben und auch von zu Hause aus weiter zu lernen (Quelle: `www.canva.com/education/case-studies/balboa-high/`).

HubSpot (Corporate-Marketing-Team)

HubSpot ist ein führendes Softwareunternehmen, das Tools für Inbound-Marketing, Vertrieb und Kundenservice bereitstellt, um Unternehmen durch die Gewinnung, Einbindung und Begeisterung von Kunden beim Wachstum zu unterstützen.

- ✔ **Die Herausforderung:** HubSpot musste sicherstellen, dass alle Marketingmaterialien gleich aussehen, auch wenn die Teams in verschiedenen Teilen der Welt arbeiten.
- ✔ **Die Lösung:** Dank der Tools zur Zusammenarbeit von Canva konnten die Teams von HubSpot unabhängig von ihrem Standort gemeinsam an denselben Designs arbeiten. Sie konnten gemeinsam genutzte Markenunterlagen und Vorlagen verwenden, damit alle Designs markenkonform blieben, was für ihre globalen Marketingkampagnen wichtig war (Quelle: `www.canva.com/for-teams/case-studies/hubspot/`).

Mud Magazine (Kleinunternehmen)

Mud Magazine ist eine digitale Publikation, die jungen Kreativen eine Stimme geben möchte, insbesondere der Generation Z (Jahrgang 1997–2012). Das von Hector Silva gegründete Magazin konzentriert sich darauf, die Geschichten, Erfahrungen und Talente junger Künstler, Autoren und Influencer zu präsentieren. *Mud Magazine* gewann schnell an Bedeutung aufgrund seiner greifbaren Inhalte und auffälligen Bilder, die bei einem wachsenden Publikum Anklang fanden. Die Publikation zielt darauf ab, junge Menschen durch authentisches Storyboarding und kreativen Ausdruck zu stärken und zu verbinden.

- ✔ **Die Herausforderung:** Hector Silva, der Gründer des *Mud Magazine,* hatte am Anfang nicht viel mehr als einen Traum und die Leidenschaft, jungen Kreativen eine Stimme zu geben. Er brauchte jedoch eine Möglichkeit, auffällige, professionelle Inhalte zu erstellen, um seine Marke bekannter zu machen und ein größeres Publikum anzusprechen.
- ✔ **Die Lösung:** Mit Canva konnte Hector alles von Social-Media-Grafiken bis hin zu kompletten Magazinseiten gestalten, ohne dass er dafür fortgeschrittene Designkenntnisse benötigte. Dank der integrierten Designvorlagen und Massenverteilungstools konnte *Mud Magazine* professionelle Grafiken erstellen, seine Leserschaft vergrößern und das Engagement deutlich steigern. All diese Faktoren trugen zum Erfolg des Magazins bei (Quelle: `www.canva.com/for-teams/case-studies/mud-magazine/`).

IN DIESEM KAPITEL

Erweiterte Tools und App-Integrationen von Canva verwenden

Einen Blick auf die Funktionen von Canva Pro werfen

Canva in einem Bildungsumfeld einsetzen

Canva für gemeinnützige Organisationen erkunden

Kapitel 10
Über die Grundlagen hinaus: Canva-Expertise erwerben

Wenn Sie die vorherigen Kapitel gelesen haben, sind Sie mit den Grundlagen von Canva vertraut. Können Sie sich vorstellen, Ihre Designs auf die nächste Stufe zu heben und sie noch viel besser aussehen zu lassen?

In diesem Kapitel zeige ich Ihnen einige erweiterte Canva-Funktionen, die Ihnen dabei helfen. Egal, ob Sie an einem Projekt für Ihr Unternehmen arbeiten oder als Lehrer Ihre nächste Unterrichtsstunde vorbereiten, mit diesen Tools können Sie mühelos professionelle, ansprechende Designs erstellen.

Die erweiterten Tools von Canva nutzen

Es ist Zeit, sich den Reihen von Gandalf (aus *Der Herr der Ringe*), Dr. Strange (aus *Marvel Comics*) oder sogar Harry Potter (Sie wissen schon!) anzuschließen. Sind Sie bereit, ein Canva-Zauberer zu werden? Canva bietet so viel mehr als vorgefertigte Vorlagen und Dokumente, die jeder für die Arbeit, Social Media und andere Anwendungsfälle bearbeiten kann. Diese Funktionen sind für Muggel!

Mit Canva sind auch ganz einfach sehr fortgeschrittene Foto- und Grafikbearbeitungen möglich. Vom magischen Hinzufügen und Entfernen von Elementen aus Fotos mit Magic Studio bis hin zu einer riesigen Bibliothek von Apps, mit denen Sie Ihre Designs nach

Herzenslust anpassen können, gibt es nicht viel, was auf anderen Designplattformen möglich ist, was Sie nicht einfacher in Canva erledigen können.

Darüber hinaus machen interaktive Funktionen wie Live-Präsentationen Canva zu *der* App mit allem, was Sie brauchen, um intelligenter und kreativer zu arbeiten – und das zu geringen Kosten. Machen Sie sich bereit für die Magie.

Fotos mit Magic Studio bearbeiten und verbessern

Manchmal müssen Sie Ihre Fotos optimieren, um sie perfekt zu machen. Magic Studio ist Canvas leistungsstarkes KI-gesteuertes Fotobearbeitungstool, mit dem Sie die Fotoqualität verbessern, Ablenkungen entfernen und sogar kreative Änderungen vornehmen können – alles mit minimalem Aufwand und der Leistung künstlicher Intelligenz (KI). Ich verwende es sogar, um Fotos für meine Kunden aufzupolieren, egal ob ich Produktbilder verbessern oder eine kreative Note für soziale Medien hinzufügen muss.

In diesem Abschnitt zeige ich Ihnen einige meiner Lieblingsfunktionen in Magic Studio. Und ich empfehle Ihnen, Magic Studio selbst zu erkunden und Ihre bevorzugten Verwendungsmöglichkeiten für das Tool zu finden.

Gehen Sie wie folgt vor, um mit der Fotoverbesserung zu beginnen:

1. **Klicken Sie auf der Canva-Startseite auf die Schaltfläche Design erstellen und klicken Sie in den Optionen links auf Hochladen, um Ihr Bild als eigenes Dokument hochzuladen. Klicken Sie dann auf die Schaltfläche In neuem Design verwenden.**

   Hinweis: Sie können das Bild auch direkt bearbeiten, ohne den Canva-Editor aufzurufen, indem Sie auf die Schaltfläche Bild bearbeiten statt auf die Schaltfläche In neuem Design verwenden klicken. Damit öffnet sich Magic Studio direkt und Ihr Bild wird in Ihrer Upload-Seitenleiste gespeichert. Wenn Sie diese Methode wirklich ausprobieren möchten, können Sie hier mit Schritt 3 beginnen.

   Sie können unter `https://jessestay.com/canvabook` das in diesem Beispiel verwendete Bild herunterladen und damit spielen (siehe Abbildung 10.1).

2. **Klicken Sie auf Ihr hochgeladenes Bild (oder auf ein beliebiges Bild in einer beliebigen Vorlage, wenn Sie ein vorhandenes Design einsetzen) und klicken Sie dann in der angezeigten Symbolleiste auf Bearbeiten.**

   Nachdem Sie auf Bearbeiten geklickt haben, wird Magic Studio in der Seitenleiste links neben Ihrem ausgewählten Bild angezeigt. Im Abschnitt Magic Studio können Sie horizontal scrollen, um Optionen wie BG Remover, Magic Eraser und andere anzuzeigen, wie in Abbildung 10.2 dargestellt.

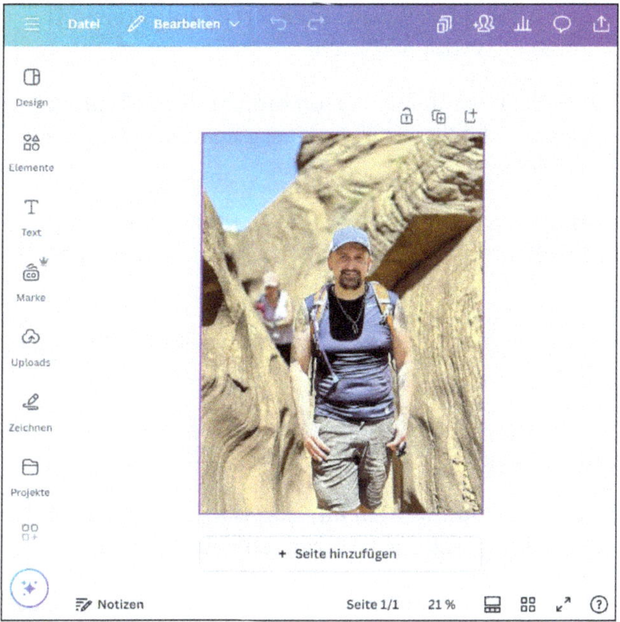

Abbildung 10.1: Mein hochgeladenes Originalbild

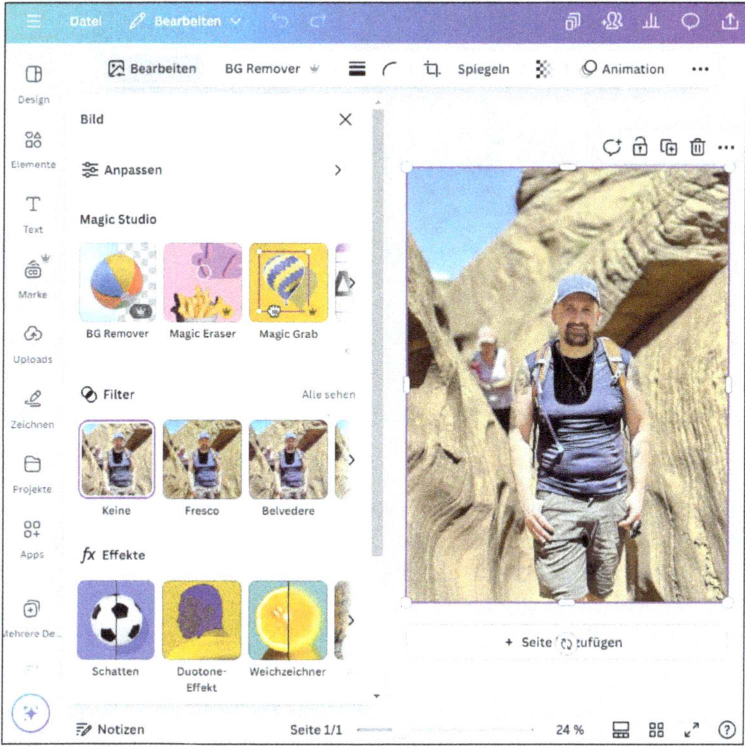

Abbildung 10.2: Die verschiedenen Optionen von Magic Studio werden in der linken Seitenleiste angezeigt.

3. **Klicken Sie auf Magic Eraser und wählen Sie aus mehreren Optionen, mit denen Sie einen Bereich des Fotos auswählen können.**

   In diesem Beispiel lösche ich die verschwommene Person hinter mir in einem der wunderschönen Canyons hier in Utah. Mit der Schaltfläche Klick analysiert Magic Eraser Ihr Bild auf potenziell störende Objekte.

4. **Nachdem Magic Eraser die Bildanalyse abgeschlossen hat, identifiziert es ein Objekt, das Sie möglicherweise löschen möchten (durch Hinzufügen einer violetten Markierung).**

   In diesem Beispiel wird die verschwommene Person hinter mir violett markiert, wie links in Abbildung 10.3 gezeigt.

5. **Klicken Sie auf die Schaltfläche Löschen, während das (korrekt identifizierte) Objekt ausgewählt ist, und zack, fertig!**

   Jetzt bin ich auf dem Bild (rechts in Abbildung 10.3) nur noch allein zu sehen, und ich möchte mit anderen Magic-Studio-Tools weitere Änderungen vornehmen.

Abbildung 10.3: Die violett hervorgehobene Person verschwindet wie von Zauberhand, wenn Sie auf »Löschen« klicken.

6. **Klicken Sie auf den nach links zeigenden Pfeil oben links im Magic Eraser, um zu Ihren Bildbearbeitungsoptionen zurückzukehren. Wählen Sie nun die Option Magic Expand im Bereich Magic Studio aus.**

   Möglicherweise müssen Sie durch die verschiedenen Magic-Studio-Optionen nach rechts scrollen.

   Es wird eine neue Reihe von Optionen angezeigt, die mehrere Möglichkeiten zur Größenanpassung des Fotos als Maßverhältnisse bieten (siehe Abbildung 10.4). In diesem Fall möchte ich mein Hochformatfoto in ein Querformat ändern, daher wähle ich die Option 16:9. Abbildung 10.4 zeigt einen Überblick über die Bildgröße, die sich bei dieser Auswahl ergibt.

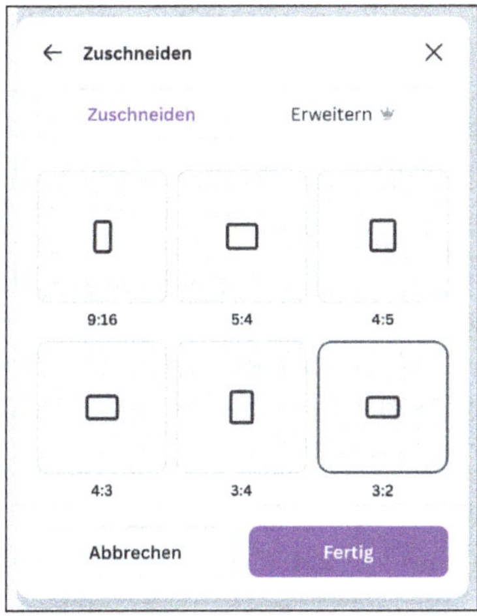

Abbildung 10.4: Klicken Sie auf die Schaltfläche »Magic Expand«, um die Größe Ihres Bildes zu ändern.

7. **Klicken Sie auf die Schaltfläche MAGIC EXPAND für die von Ihnen gewählten Abmessungen und klicken Sie sich dann durch die verschiedenen Bilder, die Magic Expand in der linken Seitenleiste vorschlägt (siehe Abbildung 10.5).**

Abbildung 10.5: Mein fertiges Foto, jetzt im Querformat, sieht ungefähr so aus.

Sie können auf die Schaltfläche NEUE ERGEBNISSE GENERIEREN (ebenfalls in der linken Seitenleiste) klicken, wenn Sie mit keinem der vorgeschlagenen Ergebnisse zufrieden sind. Manchmal führen bestimmte Fotos nicht zu zufriedenstellenden Ergebnissen. Versuchen Sie es also mit einem anderen Foto, wenn die Ergebnisse nicht Ihren Wünschen entsprechen.

8. **Wenn Sie ein Bild gefunden haben, mit dem Sie zufrieden sind, klicken Sie auf die Schaltfläche FERTIG.**

   In diesem Fall wähle ich 16:9, wähle das vorgeschlagene Bild mit dem violetten Rand aus und erhalte ein Foto im Querformat, das dem in Abbildung 10.5 gezeigten Bild entspricht.

Nachdem Sie unerwünschte Objekte entfernt und die Größe Ihres Fotos angepasst haben, können Sie zur ursprünglichen Bearbeitungsseite des Fotos zurückkehren (klicken Sie oben auf den nach links zeigenden Pfeil) und mit Filtern oder Effekten spielen. Alternativ können Sie auf ANPASSEN klicken, um Dinge wie Helligkeit und Bildtemperatur zu ändern, damit Ihr neu optimiertes Bild genau Ihren Wünschen entspricht.

Ich habe eine lustige Facebook-Gruppe als eine Art Spiel erstellt, das Sie mit anderen Canva-Benutzern und Lesern dieses Buches spielen können. Um zu spielen, gehen Sie zu `https://facebook.com/groups/canvaphotoediting` und senden Sie ein beliebiges Bild ein, das die Gruppe für Sie bearbeiten soll. Sehen Sie sich dann ihre Antworten mit all den kreativen Möglichkeiten an, mit denen sie Ihr Foto in Canva bearbeitet haben. Oder sehen Sie sich die Fotos anderer an und üben Sie Ihre neuen Magic-Studio-Fähigkeiten, um Spaß mit ihren Bildern zu haben.

Aufräumen mit dem Background Remover

Der Background Remover ist eines der leistungsstärksten Tools in Canva Pro, insbesondere zum Bereinigen von Produktbildern oder zum Erstellen von schicken Logos ohne störende Hintergrundeffekte. Ich verwende es häufig beim Gestalten von Produktfotos für Websites und Anzeigen, die ich für meine Webmarketing-Kunden erstelle. Es ist schnell und Sie benötigen keine fortgeschrittenen Kenntnisse (für die Verwendung komplexer Fotobearbeitungssoftware wie Photoshop), um damit zu arbeiten.

Mit Canva können Sie ganz einfach einen Hintergrund aus jedem Bild entfernen. In diesem Fall demonstriere ich dies anhand einer einfachen Produktaufnahme eines T-Shirts. Auf diesem Foto soll nur das Model zu sehen sein, ohne Hintergrund – und so geht das:

1. **Öffnen Sie Canva, wählen Sie eine Vorlage und laden Sie an einer beliebigen Stelle in der Vorlage ein Foto von Ihrem Gerät oder aus der Stock-Bibliothek von Canva hoch.**

   Siehe linke Seite von Abbildung 10.6.

2. **Klicken Sie auf das Bild, um es auszuwählen und die Symbolleiste aufzurufen.**

3. **Klicken Sie in der Symbolleiste auf BILD BEARBEITEN und dann in der angezeigten Seitenleiste unter MAGIC STUDIO auf BG REMOVER.**

   Als Abkürzung können Sie in der Symbolleiste auf BG REMOVER klicken (siehe rechts in Abbildung 10.6) und die restlichen Schritte in diesem Abschnitt überspringen, sofern Sie nicht Teile des Hintergrunds anpassen müssen, um sie zu entfernen.

   Canva erkennt das Motiv automatisch und entfernt den Hintergrund (auch rechts in Abbildung 10.6).

Abbildung 10.6: Mein Produktbild mit und ohne Hintergrund

4. **Klicken Sie erneut auf BG REMOVER, um die BG-Remover-Einstellungen zu laden und zu verwenden.**

   Mit dem angezeigten Pinselwerkzeug können Sie beispielsweise Bereiche retuschieren und feinabstimmen, in denen der Hintergrund nicht ganz perfekt gelöscht werden konnte.

5. **Speichern Sie das saubere, isolierte Bild, damit Sie es später in Ihren Designs einsetzen können.**

Präsentieren Sie alles in Canva, um Ihr Publikum zu fesseln

Canva bietet oben im Menü TEILEN die Option PRÄSENTIEREN, mit der Sie aus jedem Canva-Design (nicht nur aus Canva-Präsentationsvorlagen) professionelle, interaktive Präsentationen erstellen können (siehe Abbildung 10.7), die andere live ansehen können, wenn Sie sie teilen. Weitere Informationen zum Vorbereiten und Teilen von Präsentationen finden Sie in Kapitel 6.

Egal, ob Sie einen Verkaufsvortrag halten, Ideen mit einem Team teilen oder vielleicht (wie ich am Ende dieses Kapitels zeige) eine Unterrichtsstunde für Schüler vorbereiten, die Präsentationsfunktion kann für Sie von Nutzen sein. Diese Funktion hilft Ihnen, Ihr Publikum mit Funktionen wie Canva Live einzubinden, mit denen Zuschauer in Echtzeit Kommentare oder Fragen hinterlassen können – während Sie präsentieren.

Im folgenden Beispiel verwende ich eine Standardpräsentationsvorlage, die ähnlich wie andere Foliensätze oder Präsentationsprogramme (wie Microsoft PowerPoint) funktioniert.

Abbildung 10.7: Meine Präsentationsvorlage wurde in den Canva-Arbeitsbereich geladen.

Sie können diese Option jedoch auf jede Art von Vorlage in Canva anwenden. Gehen Sie wie folgt vor, um Canva zur Präsentation Ihrer Designs zu verwenden:

1. **Öffnen Sie Canva, klicken Sie auf der Startseite auf die Schaltfläche DESIGN ERSTELLEN und dann in der linken Seitenleiste auf PRÄSENTATIONEN.**

2. **Wählen Sie eine der zahlreichen Präsentationsvorlagen von Canva aus oder beginnen Sie mit Ihrer eigenen leeren Vorlage. Füllen Sie das Design mit dem Text und den visuellen Informationen, die Sie präsentieren möchten.**

   Um mit derselben Vorlage zu arbeiten, die ich in diesem Beispiel verwende (siehe Abbildung 10.7), finden Sie die freigegebenen Vorlagen für Kapitel 10 dieses Buches unter `https://jessestay.com/canvabook`.

3. **Nachdem Sie Ihre fertige Präsentation in Canva geladen haben, klicken Sie oben rechts in Ihrem Canva-Editor-Arbeitsbereich auf die Schaltfläche ZEIGEN.**

   Ein neues Dialogfeld (siehe Abbildung 10.8) mit vier Optionen wird angezeigt:

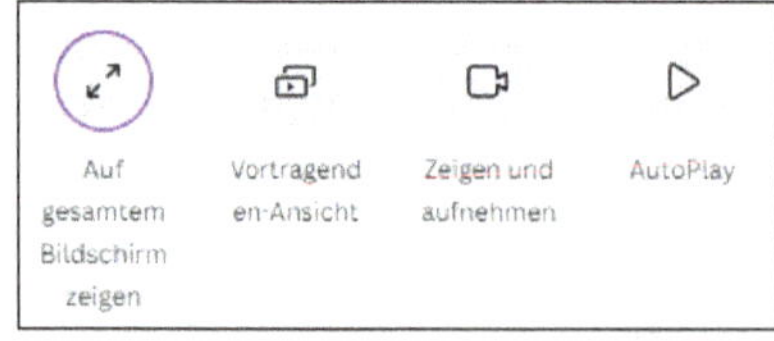

Abbildung 10.8: Das Dialogfeld »Präsentieren« bietet mehrere Präsentationsoptionen.

- **AUF GESAMTEM BILDSCHIRM ZEIGEN.** Mit dieser Option laden Sie die Präsentation so, wie Ihr Publikum sie sieht, wenn Sie sie auf einem Projektor anzeigen oder live streamen möchten.
- **VORTRAGENDEN-ANSICHT.** Mit dieser Option können Sie Ihrem Publikum eine Live-Version ohne Notizen zeigen, während Sie selbst Notizen ansehen können.
- **ZEIGEN UND AUFZEICHNEN.** Verwenden Sie diese Option, um sich selbst beim Sprechen aufzunehmen (sowohl Video als auch Audio), während Sie die Präsentation halten. Dies ist beispielsweise ein praktisches Tool zum Erstellen eines Online-Kurses.
- **AUTOPLAY.** Mit dieser Option können Sie eine Zeitleiste festlegen, die die Folien automatisch in Intervallen abspielt. Dies kann für Veranstaltungen wie Hochzeiten nützlich sein, bei denen Sie eine Reihe von Folien teilen möchten, die automatisch auf einem Bildschirm abgespielt werden. ***Hinweis:*** Wird nur angezeigt, wenn Sie mehr als eine Folie haben.

4. **Klicken Sie auf das Symbol für Ihre bevorzugte Präsentation und dann auf die Schaltfläche ZEIGEN.**

   Für dieses Beispiel klicke ich auf das Symbol AUF GESAMTEM BILDSCHIRM ZEIGEN. Ihr aktuelles Design wird im Vollbildmodus auf Ihrem Desktop geöffnet. In einer Leiste unten können Sie aus verschiedenen Optionen wählen.

Die App-Integrationen von Canva: Entfesseln Sie mehr Leistung

Die App-Integrationen von Canva, die über das APPS-Symbol in der linken Navigationsleiste der Canva-Startseite oder im Editor verfügbar sind, ermöglichen es Ihnen, Ihre Designarbeit mit anderen Tools und Diensten von Drittanbietern zu verbinden – alles innerhalb von Canva. Ich fand diese Verbindungen besonders nützlich, um Bilder und Dokumente aus Cloud-Diensten zu ziehen oder lustige Elemente wie GIFs hinzuzufügen.

Hier einige der nützlicheren Apps, mit denen ich gearbeitet habe:

- ✔ **Google Drive:** Laden Sie Ihre Designs hoch und greifen Sie einfach auf die in Google Drive gespeicherten Dateien zu.
- ✔ **Dropbox:** Ähnlich wie Google Drive ermöglicht Dropbox Ihnen, Dateien abzurufen, ohne sie separat herunterladen zu müssen.
- ✔ **Pexels und Pixabay:** Diese Apps geben Ihnen Zugriff auf Millionen von kostenlosen Stockfotos und Videos, die Sie in Ihren Designs einsetzen können.
- ✔ **QR-Code-Generator:** Müssen Sie einen QR-Code für einen Flyer oder eine Visitenkarte erstellen? Der QR-Code-Generator von Canva erledigt das in Sekundenschnelle.
- ✔ **Giphy:** Fügen Sie animierte GIFs direkt in Ihre Designs ein. Sie sind perfekt, um Social-Media-Posts etwas zusätzlichen Spaß zu verleihen.

Canva bietet Hunderte weitere App-Integrationen! Nehmen Sie sich Zeit und erkunden Sie alle Apps, die Canva zur Ergänzung Ihres Designerlebnisses bietet. Schauen Sie in der Zwischenzeit auf `https://jessestay.com/canvabook` vorbei, wo ich einige meiner Lieblings-Apps aufliste, wenn Sie auf der Website nach Kapitel 10 suchen.

Um eine App-Integration in Canva zu verwenden, gehen Sie wie folgt vor:

1. **Klicken Sie auf das Apps-Symbol in der linken Navigationsleiste im Canva-Editor.**
2. **Wählen Sie eine App aus der Seitenleiste aus. Hier finden Sie Apps wie Google Drive, Dropbox, Giphy und andere.**
3. **Verbinden Sie die App mit Ihrem Canva-Konto.**

   Befolgen Sie die Anweisungen zum Verknüpfen Ihrer Konten.
4. **Befolgen Sie in der von Ihnen ausgewählten App die Anweisungen zum Ausführen der App-eigenen Aufgaben.**

   Beispielsweise können Sie Dateien, GIFs oder Fotos aus einigen Apps per Drag&Drop direkt in Ihr Design ziehen.

Entdecken Sie die exklusiven Funktionen von Canva Pro

Canva bietet je nach Art des Kontos, für das Sie sich anmelden, zusätzliche Funktionsebenen. Das kostenlose Basismodell von Canva ist recht eingeschränkt, weshalb ich davon ausgehe, dass Sie die Pro-Version nutzen, während Sie die Schritte in diesem Buch nachvollziehen. Es gibt zusätzliche Funktionsebenen für Teams (wie ich Ihnen in Kapitel 9 zeige), gemeinnützige Organisationen und Pädagogen (eine besonders nützliche Ebene), auf die Sie upgraden können. Ein Upgrade auf Canva Pro oder die Verwendung von Canva for Education oder Nonprofits schaltet zusätzliche Funktionen frei, mit denen Sie Ihren Arbeitsablauf je nach Art der Organisation, die Sie vertreten, optimieren können. Diese Funktionen verleihen Ihren Designs eine professionelle Note, die für Ihre Art von Organisation einzigartig ist.

Canva Pro eröffnet eine Welt voller Möglichkeiten. Funktionen wie Magic Resize, der Inhaltsplaner und eine unbegrenzte Inhaltsbibliothek machen die Anmeldung bei Canva Pro zu einer lohnenden Investition, wenn Sie es mit dem Designen ernst meinen. Tatsächlich werden Sie die Einschränkungen sofort bemerken, wenn Sie versuchen, mit dem kostenlosen Canva zu arbeiten. Die kleinen Kronensymbole auf jedem Element oder jeder Vorlage, die Sie in Ihren Designs verwenden möchten, bedeuten, dass für diese Elemente ein kostenpflichtiges Abonnement erforderlich ist (siehe Abbildung 10.9). Ohne Pro-Abonnement von Canva können Sie diese Elemente oder Vorlagen nicht nutzen!

Ich verwende die Pro-Funktionen ständig für meine eigene Marke und meine Kunden, um stundenlanges manuelles Anpassen der Größe und Planung zu sparen. Die Investition lohnt sich, deshalb gehe ich davon aus, dass Sie mindestens eine Pro-Mitgliedschaft nutzen, um die Beispiele aus diesem Buch nachzuvollziehen.

Abbildung 10.9: Das Kronensymbol in Canva weist auf eine Funktion hin, die ausschließlich der Pro-Version (oder der Teams-Version) vorbehalten ist.

Wenn Sie sich nicht sicher sind oder kein Geld für Pro ausgeben möchten, empfehle ich Ihnen, sich zumindest anzumelden, während Sie dieses Buch lesen. Die Pro-Version von Canva kann als kostenlose 30-tägige Testversion genutzt werden, siehe `https://jessestay.com/canvapro`.

Tabelle 10.1 zeigt eine einfache Zusammenfassung aller Funktionen, die Sie mit Canva Pro erhalten, verglichen mit der kostenlosen Version von Canva. Um sich für Canva Pro anzumelden, gehen Sie zu `https://jessestay.com/canvapro` und suchen Sie nach dem Link zur Anmeldung bei Canva Pro. Unter `https://www.canva.com/de_de/preise/` finden Sie eine vollständige Aufschlüsselung.

Merkmal	Kostenloses Canva	Canva Pro
Vorlagen	Über 2 Millionen kostenlose Vorlagen	Über 4,5 Millionen Premium-Vorlagen
Bilder und Grafiken	Tausende kostenlose Fotos, Grafiken und Videos	Über 100 Millionen erstklassige Stockbilder, Videos und Audiodateien
Schriftarten	Begrenzte Auswahl an Schriftarten	Über 3.000 Premium-Schriftarten
Markenunterlagen	Grundlegend (begrenzte Farben, Schriftarten, keine Logos); es gibt die Möglichkeit, Inhalte hochzuladen, aber keine Kontrolle über die Verwendung Ihrer Marke.	Mehrere Markenunterlagen mit benutzerdefinierten Logos, Farben und Schriftarten; bessere Kontrolle über die Verwendung Ihrer Marke
Magic Resize	Nicht verfügbar	Automatische Größenanpassung von Designs für verschiedene Formate
Background Eraser	Nicht verfügbar	Verfügbar
Animationen und GIFs	Begrenzte Animationen	Premium-Animationen und mehr Kontrolle
Ordner und Organisation	Zwei Ordner zum Organisieren von Designs	Unbegrenzte Ordner für die Designorganisation
Zusammenarbeit im Team	Kostenloses Teamkonto, eingeschränkte Funktionen	Zusammenarbeit in Echtzeit mit unbegrenzten Teams und gemeinsamen Projekten
Speicher	5 GB Cloud-Speicher	1 TB Cloud-Speicher

Merkmal	Kostenloses Canva	Canva Pro
Terminplanung und Inhaltsplaner	Nicht verfügbar	Social-Media-Planung über den Inhaltsplaner
Download-Formate	Standardformate (PNG, JPEG, PDF)	Premium-Formate (transparente Hintergründe, Videos, GIFs und so weiter)
Benutzerdefinierte Vorlagen	Nicht verfügbar	Möglichkeit zum Erstellen und Speichern benutzerdefinierter Vorlagen
Zugriff auf Premium-Elemente	Beschränkt	Über 610.000 Premium-Elemente
Ordner für Teams	Nicht verfügbar	Verfügbar für Zusammenarbeit und Organisation
Kundenservice	Grundlegend	24/7-Support mit vorrangigem Zugriff
Versionsverlauf	Nicht verfügbar	Anzeige und Zurücksetzen auf vorherige Designversionen
Exportieren mit transparentem Hintergrund	Nicht verfügbar	Verfügbar
Designs in Sondergrößen	Verfügbar, aber begrenzt	Vollständig anpassbare Größenoptionen
Kosten	Frei	Circa 12 Euro/Monat oder 120 Euro/Jahr

Tabelle 10.1: Funktionen im kostenlosen Canva im Vergleich zu Pro-Funktionen

Canva für den Bildungsbereich nutzen

Canva for Education ist eine unglaubliche Ressource für Lehrer und Schüler und bietet mehr als nur einfache Design-Tools. Es ist eine visuelle Kollaborationsplattform, die Schüler einbinden und Lehrern helfen soll, interaktivere Unterrichtseinheiten zu gestalten und Kreativität im Klassenzimmer zu fördern. In diesem Abschnitt führe ich Sie durch einige der wertvollsten Funktionen und zeige Ihnen, wie Sie diese in Ihre Lehr- oder Lernumgebung integrieren.

Zusammenarbeit im Klassenzimmer und projektbasiertes Lernen

Eines der herausragenden Merkmale von Canva for Education (`https://canva.com/education`) ist seine Fähigkeit, die Zusammenarbeit zwischen Lehrern und Schülern zu unterstützen. Egal, ob Sie an einem Gruppenprojekt arbeiten, Ideen sammeln oder Unterrichtseinheiten visuell präsentieren, Canva hilft jedem, in Echtzeit einen Beitrag zu leisten.

Nützliche Funktionen für die Zusammenarbeit mit Ihren Schülern und im Klassenzimmer sind:

- ✔ **Projekte im Klassenzimmer.** Lehrer können Arbeitsbereiche einrichten, in denen Schüler gemeinsam an Präsentationen, Infografiken oder Berichten arbeiten. Jeder kann gleichzeitig seinen Beitrag leisten, wodurch es nicht mehr nötig ist, Dokumente per E-Mail hin und her zu schicken.
- ✔ **Feedback in Echtzeit.** Lehrer und Mitschüler können Kommentare direkt zum Entwurf hinterlassen und sofortiges Feedback erhalten. Dies ist besonders bei Gruppenarbeiten hilfreich, da die Schüler auf der Grundlage der Lehrereingaben schnell Änderungen vornehmen können.
- ✔ **Hausaufgabe: Zusammenarbeit im Klassenzimmer.** Probieren Sie diese unterhaltsame Art der Zusammenarbeit mit Canva in Ihrem Klassenzimmer aus: Weisen Sie ein Gruppenprojekt zu, bei dem die Schüler gemeinsam eine Infografik über ein historisches Ereignis erstellen. Die Schüler können verschiedenen Abschnitten zugeordnet werden, und Sie als Lehrer können Feedback und Anleitung geben.

So können Sie in Canva mit Ihrer Klasse zusammenarbeiten:

- ✔ **Erstellen Sie einen Klassenraum:** Gehen Sie als Lehrer zu Ihrem Canva-for-Education-Konto und erstellen Sie einen Klassenraum. Laden Sie Ihre Schüler ein, indem Sie einen Link teilen oder ihre E-Mail-Adressen hinzufügen.
- ✔ **Weisen Sie Projekte zu:** Sie können gemeinsame Ordner und Projekte einrichten, in denen die Schüler zusammenarbeiten.
- ✔ **Überprüfen und kommentieren Sie:** Während die Schüler arbeiten, können Sie mithilfe der Kommentarfunktion direkt Feedback zu ihren Entwürfen geben.

Interaktive Whiteboards für den Unterricht und die Mitarbeit in der Klasse

Canva bietet interaktive Whiteboards, die sich sowohl für Präsenzunterricht als auch für virtuelle Klassenzimmer eignen. Lehrer können dynamische, visuell ansprechende Whiteboards erstellen, um Konzepte zu erklären oder Brainstorming-Sitzungen zu veranstalten. Schüler können ihre Ideen in Echtzeit hinzufügen, was das Lernen interaktiver und unterhaltsamer macht.

Hier einige Möglichkeiten, interaktive Whiteboards in Ihrem Klassenzimmer einzusetzen:

- ✔ **Brainstorming-Sitzungen.** Sie können zu einem Thema wie beispielsweise Umweltwissenschaften ein Whiteboard erstellen, auf dem die Schüler Herausforderungen und mögliche Lösungen auflisten und Bilder, Text oder sogar kurze Videos hinzufügen.
- ✔ **Gruppendiskussionen.** Sie können ein interaktives Whiteboard verwenden, um Debatten oder Gruppendiskussionen zu ermöglichen, sodass die Schüler ihre Punkte und Ideen visuell organisieren können.

- ✔ **Interaktive Mindmaps.** Sie können während einer Unterrichtsstunde zu Themen wie beispielsweise Ökosystemen eine Mindmap auf dem Whiteboard erstellen. Die Schüler können Textfelder für verschiedene Ökosystemelemente hinzufügen und diese verknüpfen, um Beziehungen darzustellen.

Gehen Sie wie folgt vor, um ein interaktives Whiteboard zu erstellen:

1. **Klicken Sie auf der Canva-Startseite auf die Schaltfläche DESIGN ERSTELLEN und dann links auf das Whiteboard-Symbol.**

   Auf der resultierenden Seite können Sie aus vorgefertigten Whiteboard-Vorlagen wählen oder eine leere Vorlage aus den Optionen oben auf der Seite auswählen (siehe Abbildung 10.10). Für dieses Beispiel wähle ich TEAM- (ODER KLASSEN-)WHITEBOARD, um ein leeres Team-Whiteboard zu erstellen.

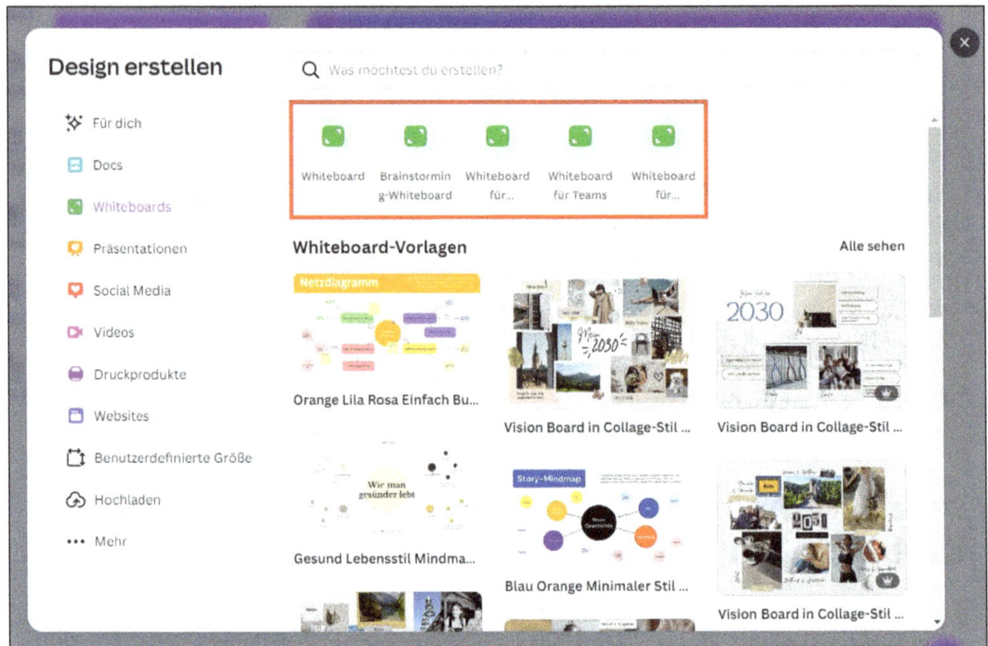

Abbildung 10.10: Wählen Sie aus der Liste oben eine leere Whiteboard-Vorlage aus.

2. **Fügen Sie auf dem Whiteboard Ihrer Wahl (leer oder mit Vorlage) Text, Bilder, Formen und so weiter hinzu, genau wie bei jedem anderen Design.**

   Nutzen Sie den Text und die visuellen Elemente, die Sie Ihrem Unterrichtsplan oder Ihrer Brainstorming-Notiz hinzufügen, um Konzepte zu erklären oder zu visualisieren.

3. **Klicken Sie oben rechts in Ihrem Canva-Arbeitsbereich auf die Schaltfläche TEILEN, damit Sie das Whiteboard mit Ihrer Klasse teilen können.**

   Hierzu können Sie die Teilnehmer entweder per E-Mail-Adresse einladen oder den Namen aus einer von Ihnen angelegten Liste der Teilnehmer auswählen. Die Teilnehmer können nun in Echtzeit eigene Beiträge zum Whiteboard hinzufügen.

Mithilfe des Timer-Symbols unten auf einem interaktiven Whiteboard setzen Sie den Schülern Zeitlimits für die Erledigung ihrer Aufgaben in Echtzeit auf Ihrem Whiteboard.

Wenn Sie `https://jessestay.com/canvabook` besuchen und unter Kapitel 10 nachschauen, finden Sie dort einen Link zu einem interaktiven Whiteboard für dieses Buch. Fügen Sie Ihren eigenen Beitrag hinzu, unterschreiben Sie mit Ihrem Namen oder machen Sie mit dem Whiteboard, was Sie wollen, um in Echtzeit mit anderen Lesern dieses Buches zu interagieren!

Vorgefertigte Vorlagen für Unterrichtspläne, Arbeitsblätter und Zertifikate

Canva bietet eine umfangreiche Bibliothek mit Vorlagen speziell für den Bildungsbereich. Diese Vorlagen decken alles ab, von Unterrichtsplänen und Arbeitsblättern bis hin zu Zertifikaten und Postern für den Unterricht. Lehrer können die Vorlagen entweder unverändert nutzen oder sie an ihre spezifischen Anforderungen anpassen.

Es gibt verschiedene praktische Vorlagentypen, die für Sie als Lehrer hilfreich sein können (und sie sind auch für Nicht-Lehrer verfügbar). Durchsuchen Sie die Vorlagen von Canva für den Bildungsbereich (klicken Sie auf das Vorlagensymbol in der linken Navigationsleiste und suchen Sie in der angezeigten Seitenleiste nach `Bildung`, wenn Sie die bereits in Ihrem Canva-for-Education-Konto verfügbaren Vorlagen nicht finden). Wählen Sie eine Vorlage aus, die zu Ihrer Unterrichtsstunde oder Veranstaltung passt.

Hier finden Sie Vorlagen für

- ✔ **Unterrichtspläne.** Optimieren Sie Ihre Planung durch die Verwendung professionell gestalteter Unterrichtsplanvorlagen, die sich leicht ändern und ausdrucken lassen.
- ✔ **Arbeitsblätter.** Ob Matheaufgaben oder Schreibanregungen, Canva bietet anpassbare Arbeitsblätter, die Sie an jedes Fach und jede Klassenstufe anpassen können.
- ✔ **Zertifikate.** Belohnen Sie Ihre Schüler mit personalisierten Zertifikaten für Erfolge, beispielsweise die Teilnahme an einer Wissenschaftsmesse oder den Abschluss eines Projekts.

Nachdem Sie eine Vorlage ausgewählt haben, können Sie den Text ändern, eigene Bilder hinzufügen und die Designelemente Ihren Anforderungen entsprechend anpassen. Wenn Sie mit dem Ergebnis zufrieden sind, können Sie Ihr Design im PDF-Format herunterladen oder direkt von Canva aus ausdrucken.

- ✔ **Projekt: Zertifikate für Ihre Schüler erstellen.** Schüler lieben es, belohnt zu werden! Eine großartige Möglichkeit hierfür ist die Verwendung einer Zertifikatsvorlage, um personalisierte Auszeichnungen für Schüler zu erstellen, die bei einem Klassenprojekt hervorragende Leistungen erbracht haben. Durch die Anpassung des Designs bekommt es eine persönliche Note und das Projekt wird für die Schüler bedeutungsvoller.

Visuelle Präsentationen und Infografiken

Visuelles Lernen steigert nachweislich das Engagement der Schüler. Canva for Education erleichtert Lehrern und Schülern die Erstellung beeindruckender Präsentationen und Infografiken. Die zugehörigen Tools von Canva helfen Ihnen dabei, komplexe Themen in leichter verdauliche Teile zu zerlegen, damit sie verständlicher sind.

Dies sind die wichtigsten Vorteile der Präsentations- und Infografik-Tools von Canva für Pädagogen:

- ✔ **Präsentationen.** Canva bietet vorgefertigte Vorlagen für pädagogische Präsentationen, die Lehrer für ihre Unterrichtsstunden anpassen können. Die eigentliche Präsentation kann wie im Abschnitt *Präsentieren Sie alles in Canva, um Ihr Publikum zu fesseln* weiter vorn in diesem Kapitel beschrieben stattfinden.
- ✔ **Infografiken.** Schüler können ihre Projekte mit Infografiken optimieren, um Forschungsdaten visuell darzustellen oder wichtige Punkte einer Einheit zusammenzufassen. Schüler können diese Projekte alleine erstellen oder über einen gemeinsamen Canva-Arbeitsbereich zusammenarbeiten, wie im Abschnitt *Interaktive Whiteboards für den Unterricht und die Mitarbeit in der Klasse* in diesem Kapitel beschrieben.

Gehen Sie wie folgt vor, um in Canva eine einfache Infografik zu erstellen (weitere Einzelheiten und Anleitungen zum Erstellungsprozess finden Sie in Kapitel 4):

1. **Wählen Sie eine Infografik-Vorlage aus, indem Sie in der Suchleiste oben auf der Canva-Startseite nach `Infografik` suchen.**

   Die Canva-Bibliothek ist voller Vorlagen für lehrreiche Infografiken.

2. **Fügen Sie wichtige Informationen hinzu, zum Beispiel Datenpunkte, Bilder und Text, die für die Botschaft, die Sie visuell vermitteln möchten, relevant sind.**

   Für eine Infografik über die Umsätze von Designbüchern in den USA könnten Sie beispielsweise Bilder von Bücherstapeln in einem Balkendiagramm einfügen und unten Text einfügen, um die einzelnen US-amerikanischen Buchverkaufsregionen zu segmentieren.

3. **Passen Sie das Design an. Passen Sie Farben, Schriftarten und Bilder an, um die Infografik optisch ansprechend zu gestalten.**

   Hausaufgabe: Infografiken erstellen. Lassen Sie die Schüler eine Infografik erstellen, die ein wissenschaftliches Experiment zusammenfasst und die Hypothese, Methode und Ergebnisse in einem visuellen Format darstellt, das von diesem Buch inspiriert ist.

Quiz und Karteikarten erstellen

Canva hilft Lehrern dabei, interaktive und optisch ansprechende Quiz und Lernkarten zu erstellen, die das Lernen für Schüler spannender machen. Sie eignen sich hervorragend sowohl für formative Beurteilungen als auch als Lernhilfe.

Hier einige Möglichkeiten, wie Sie Quiz und Lernkarten von Canva in Ihrem Unterricht verwenden können:

- ✔ **Quiz.** Sie können unterhaltsame, visuelle Quiz erstellen, mit denen Schüler ihr Wissen zu einem Thema testen. Fügen Sie Bilder, Grafiken und Antwortoptionen (Multiple-Choice, Richtig/Falsch, Lückentext und so weiter) hinzu, um für Abwechslung zu sorgen.

- ✔ **Lernkarten.** Sie können Lernkarten als großartiges Hilfsmittel zum Lernen von Vokabeln, zum Auswendiglernen historischer Fakten, zum Üben des kleinen Einmaleins und so weiter erstellen. Mit den Lernkarten von Canva können Schüler sich selbst oder andere auf interaktivere Weise testen.

Gehen Sie wie folgt vor, um mit Canva Ihre eigenen Lernkarten zu erstellen:

1. **Suchen Sie in der Suchleiste oben auf Ihrer Canva-Startseite nach `Lernkarten`. Es wird eine lange Liste mit Vorlagen angezeigt. Wählen Sie eine aus.**

   Canva bietet vorgefertigte Karteikartenvorlagen, die sich leicht anpassen lassen.

2. **Fügen Sie den Begriff, die Frage oder die Aufgabenstellung auf der Vorderseite der Kartenvorlage hinzu und schreiben Sie für jede Lernkarte die Definition, Antwort oder Lösung auf die Rückseite.**

   Sie können jederzeit eine weitere Seite mit Lernkarten hinzufügen, indem Sie unten rechts in Ihrem Arbeitsbereich auf das Symbol + (SEITE HINZUFÜGEN) klicken.

   In meinem Beispiel (siehe Abbildung 10.11) zeige ich die ersten beiden Lernkarten mit ausgefüllten Begriffen und Definitionen.

3. **Klicken Sie auf die Schaltfläche TEILEN und laden Sie Ihre ausgefüllten Lernkarten in Ihrem bevorzugten Dateiformat herunter (oder geben Sie einfach einen Link an Ihre Klasse weiter).**

   Sie können auch oben im Arbeitsbereich auf die Schaltfläche MIT CANVA DRUCKEN klicken und Canva Ihre benutzerdefinierten Lernkarten ausdrucken und direkt zu sich nach Hause liefern lassen.

   Hausaufgabe: Sprachkarten erstellen. Stellen Sie sich vor, Sie sind Sprachlehrer. Erstellen Sie Karteikarten mit einem Wort auf der einen Seite und seiner Definition oder einem Bild auf der anderen. Die Schüler können diese Karten zum Selbststudium oder in kleinen Gruppen verwenden. Oder wenden Sie sie auf kreative Weise in Ihrem realen Klassenzimmer an!

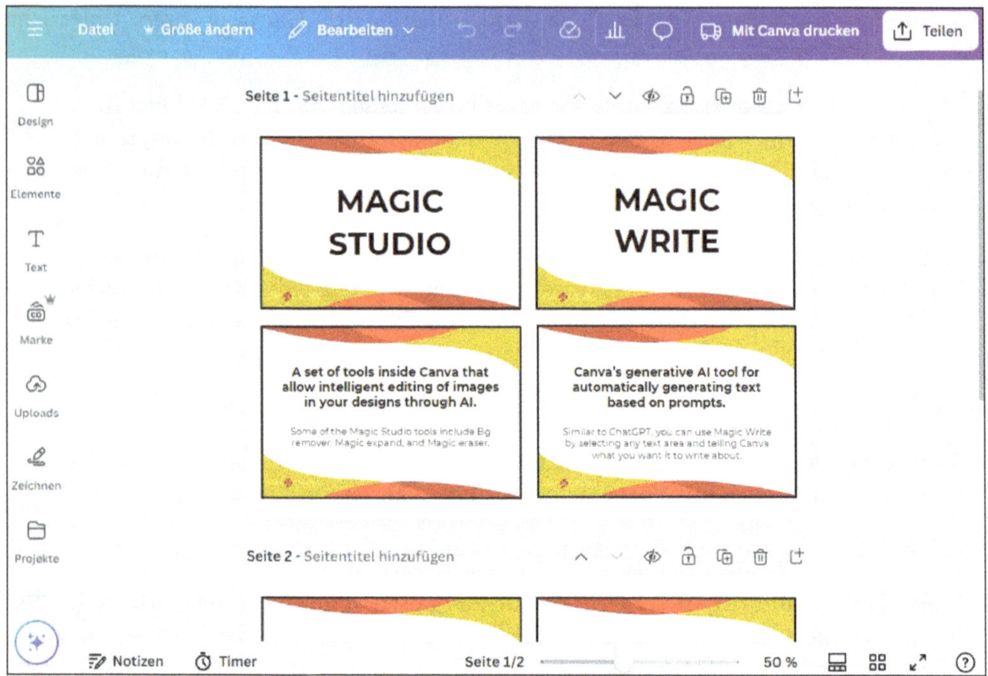

Abbildung 10.11: Ihr benutzerdefinierter Karteikartensatz

Canva für Non-Profit-Organisationen optimal nutzen

Gemeinnützige Organisationen verfügen oft über begrenzte Ressourcen. Daher kann die optimale Nutzung eines Tools wie Canva ihre Öffentlichkeitsarbeit, Kommunikation und Spendensammlung erheblich verbessern. Canva Nonprofits bietet leistungsstarken, kostenlosen Zugriff (für die ersten 80 Plätze) auf die Funktionen von Canva Pro, sodass gemeinnützige Organisationen professionelle Designs erstellen können, die Spender, Freiwillige und die Community einbeziehen.

Hier einige wichtige Funktionen, die gemeinnützige Organisationen nutzen können, um ihre Wirkung zu steigern:

- ✔ **Kostenloser Zugriff auf Canva Pro.** Non-Profit-Organisationen erhalten alle Vorteile von Canva Pro, einschließlich Zugriff auf Premium-Vorlagen, erweiterte Design-Tools und die Möglichkeit, unbegrenzt viele Designs zu erstellen. Diese Flexibilität ist perfekt, um hochwertige Inhalte zu erstellen, ohne Geld für teure Software auszugeben. Sie können auf die Schaltfläche FÜR CANVA NONPROFITS BEWERBEN klicken, um unter `www.canva.com/canva-for-nonprofits/` loszulegen.
- ✔ **Markenunterlagen für einheitliche Botschaften.** Mit der Markenunterlagen-Funktion können gemeinnützige Organisationen ihr Logo, ihre Markenfarben und Schriftarten speichern und einfach darauf zugreifen. So wird sichergestellt, dass alle

ihre Materialien – ob für Social Media, E-Mail-Kampagnen oder Veranstaltungen – professionell und einheitlich aussehen. Weitere Informationen zum Erstellen von Markenunterlagen finden Sie in Kapitel 4.

- ✔ **Anpassbare Vorlagen für Kampagnen.** Canva bietet Hunderte anpassbarer Vorlagen speziell für gemeinnützige Organisationen. Von Spendenkampagnen bis hin zu Jahresberichten sparen diese Vorlagen Zeit und sorgen gleichzeitig für ein ansprechendes Endprodukt. Gemeinnützige Organisationen können Vorlagen für Flyer, Broschüren, Social-Media-Beiträge und mehr schnell anpassen.

- ✔ **Magic Resize für plattformübergreifende Öffentlichkeitsarbeit.** Statt die Größe von Designs für verschiedene Plattformen manuell anzupassen, können Sie mit Magic Resize alles mit einem Klick erledigen. Non-Profit-Organisationen können damit schnell die Größe von Materialien für Instagram, Facebook und E-Mail-Newsletter anpassen und problemlos eine einheitliche Botschaft über alle Kanäle hinweg beibehalten. Weitere Informationen zu Magic Resize finden Sie in Kapitel 5.

- ✔ **Tools zur Zusammenarbeit für Teams.** Gemeinnützige Organisationen können die Funktionen zur Echtzeit-Zusammenarbeit von Canva nutzen, um mehreren Teammitgliedern oder Freiwilligen die gleichzeitige Arbeit an Designs zu ermöglichen. Dies optimiert die Kommunikation und das Feedback und erleichtert die effiziente Umsetzung von Projekten, selbst wenn das Team von unterschiedlichen Orten aus zusammenarbeitet. Weitere Informationen zur Verwendung von Canva für Teams finden Sie in Kapitel 9.

- ✔ **Inhaltsplaner zum Planen von Kampagnen.** Der Inhaltsplaner von Canva hilft gemeinnützigen Organisationen bei der Organisation und Planung von Social-Media-Posts und sorgt dafür, dass sie online sichtbar und aktiv bleiben, ohne jeden Tag manuell posten zu müssen. Dies ist besonders bei Spendenkampagnen oder Event-Promotions nützlich. Kapitel 5 behandelt den Inhaltsplaner von Canva.

- ✔ **Infografiken für visuelles Storytelling.** Infografiken sind eine hervorragende Möglichkeit, komplexe Informationen – wie die Wirkung einer gemeinnützigen Organisation oder die Ergebnisse einer Spendenkampagne – auf einfache, visuell ansprechende Weise darzustellen. Mit den benutzerfreundlichen Vorlagen von Canva können Sie Infografiken schnell und effektiv erstellen. Weitere Informationen zum Erstellen von Infografiken finden Sie in Kapitel 4.

- ✔ **Spenderengagement mit personalisierten Designs.** Canva ermöglicht es gemeinnützigen Organisationen, individuelle Dankeskarten, Zertifikate und personalisierte E-Mails zu erstellen und so starke Beziehungen zu Spendern und Unterstützern aufzubauen. Diese persönlichen Details können einen großen Beitrag zur Aufrechterhaltung kontinuierlicher Unterstützung leisten.

Teil IV
Der Top-Ten-Teil

Das Abbildungsverzeichnis dieses Buchs finden Sie auf der Website zum Buch unter www.wiley-vch.de/isbn9783527722952 oder unter www.downloads.fuer-dummies.de.

IN DIESEM TEIL ...

- ✔ Entdecken Sie professionelle Designtechniken, um die Wirkung Ihrer Canva-Kreationen zu maximieren.
- ✔ Optimieren Sie Abläufe, verbessern Sie das Branding und erstellen Sie großartige Inhalte für Ihr Unternehmen oder Ihre Organisation.

IN DIESEM KAPITEL

Designtechniken für schnelle, sichtbare Verbesserungen implementieren

Mit den Tools von Canva Ihren Workflow optimieren

Sofort die Wirkung Ihrer Designs maximieren

Kapitel 11
Zehn Canva-Designtipps für maximale Wirkung

Canva ist vollgepackt mit Funktionen, mit denen Sie schnell und einfach attraktive, professionelle Designs erstellen können. Egal, ob Sie an einer Präsentation, einem Social-Media-Beitrag oder einem Flyer für Ihr Unternehmen arbeiten, mit den zehn Tipps in diesem Kapitel erzielen Sie sofortige Ergebnisse.

Dieses Kapitel kann Ihnen Ideen für einfache Möglichkeiten liefern, mit denen Sie Ihre Designs sofort eleganter gestalten, Zeit sparen oder Ihre Botschaft hervorheben. Um eine der in den Abbildungen dieses Kapitels gezeigten Vorlagen auszuprobieren, gehen Sie zu `https://jessestay.com/canvabook` und suchen Sie nach der Kapitelnummer.

Verwenden Sie Magic Resize, um Zeit zu sparen

Wenn Sie Designs für mehrere Social-Media-Plattformen (wie Instagram, Facebook und LinkedIn) erstellen, kann die manuelle Größenanpassung Ihrer Designs für jede Plattform viel Zeit in Anspruch nehmen. Magic Resize passt die Abmessungen Ihres Designs mit nur einem Klick automatisch an die Anforderungen der verschiedenen Plattformen an.

So verwenden Sie Magic Resize:

1. **Wenn Ihr Design zur Online-Verwendung bereit ist, klicken Sie auf die Schaltfläche GRÖẞE ÄNDERN am linken Ende der oberen Menüleiste im Canva-Editor.**

   Wenn Ihr Browserfenster sehr klein ist, ist die Schaltfläche GRÖẞE ÄNDERN möglicherweise ein Symbol oben rechts im Canva-Editor, das wie ein Stapel verschachtelter Rechtecke aussieht.

   Ein Dropdown-Menü mit Auswahlmöglichkeiten wird angezeigt (siehe Abbildung 11.1).

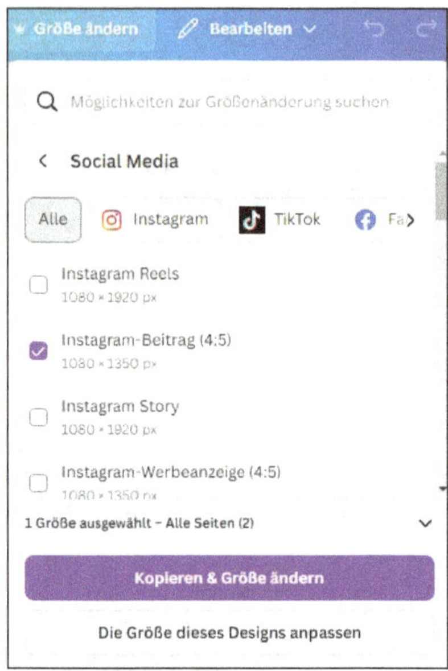

Abbildung 11.1: Verwenden Sie Magic Resize, um ein Design schnell für Social Media-Plattformen anzupassen.

2. **Scrollen Sie durch das Menü und wählen Sie die Plattformen und Formate aus, für die Sie die Größe Ihres Designs ändern möchten.**

   Sie können beispielsweise zwischen einem Instagram-Beitrag, einem Facebook-Titelbild oder einem Twitter-Video wählen.

3. **Klicken Sie auf die Schaltfläche KOPIEREN & GRÖẞE ÄNDERN. Canva erstellt Kopien Ihres Designs in den richtigen Abmessungen für jede Plattform.**

   Sie können auch auf DIE GRÖẞE DIESES DESIGNS ANPASSEN klicken, wenn Sie nur ein Format auswählen und keine Kopie möchten.

Mit Magic Resize können Sie Ihren Designs sofort zu einem professionellen Aussehen auf allen Plattformen verhelfen, ohne jedes Detail manuell anpassen zu müssen. Dieses Tool ist perfekt für jedes Unternehmen, das eine Social-Media-Kampagne vorbereitet.

Setzen Sie mit den Markenunterlagen ein einheitliches Branding um

Markenkonsistenz ist für jedes Unternehmen von entscheidender Bedeutung. Mit den Markenunterlagen-Funktionen von Canva können Sie die Schriftarten, Farben und Logos Ihres Unternehmens an einem zentralen Ort speichern, sodass Sie schnell darauf zugreifen und sie in allen Ihren Designs anwenden können. Wenn Sie detailliertere Anweisungen zum Erstellen von Markenunterlagen benötigen, lesen Sie Kapitel 4, in dem ich ausführlich darauf eingehe.

So können Sie mit den Markenunterlagenvon Canva loslegen:

1. **Klicken Sie auf der Startseite von Canva auf das Symbol MARKE in der linken Navigationsleiste, um die Seitenleiste MARKENUNTERLAGEN zu öffnen.**
2. **Klicken Sie auf die Menüoption MARKENUNTERLAGEN und dann auf die Schaltfläche + NEU HINZUFÜGEN, wenn Sie neue Markenunterlagen erstellen möchten.**
3. **Geben Sie Ihren Markenunterlagen bei entsprechender Aufforderung einen Namen und klicken Sie anschließend auf die Schaltfläche ERSTELLEN.**

   Ihre neuen Markenunterlagen sind nun erstellt und Sie befinden sich auf der Konfigurationsseite. Alle Aktualisierungen dieser Seite werden automatisch gespeichert.
4. **Laden Sie Ihr Logo hoch, wählen Sie Ihre Markenfarben und Ihre Markenschriftarten (siehe Abbildung 11.2).**

   Nachdem Sie die Markenunterlagen erstellt haben – wenn Sie im Canva-Editor entwerfen –, können Sie die Seitenleiste MARKE öffnen und einfach auf Ihre Markenelemente zugreifen.

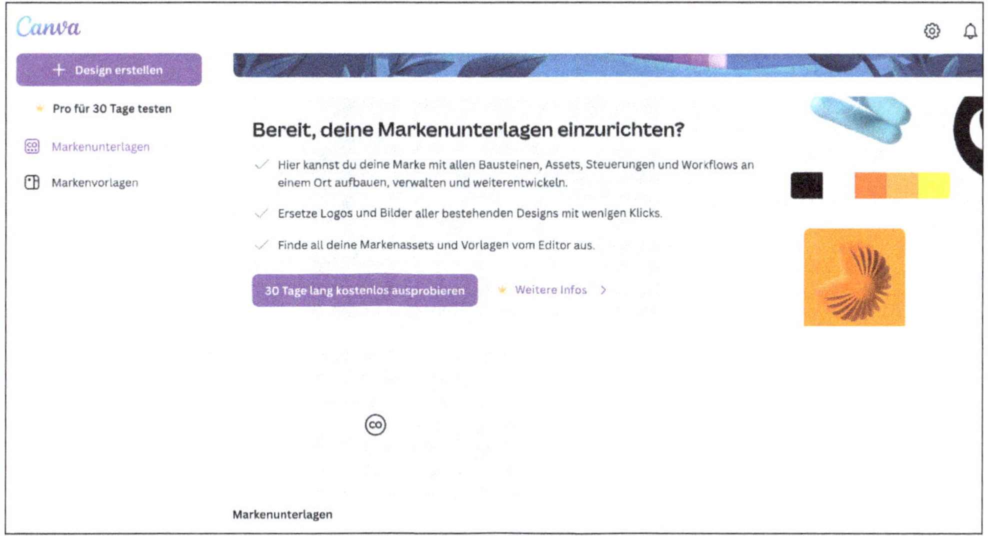

Abbildung 11.2: Erstellen Sie Markenunterlagen, um die Konsistenz zwischen den Designs zu gewährleisten.

Mit Ihrem eingerichteten Markenunterlagen können Sie professionelle, einheitliche Designs erstellen, die die Identität Ihres Unternehmens stärken. Dieses Ergebnis ist besonders nützlich für Projekte wie Broschüren und Visitenkarten, bei denen Konsistenz das Vertrauen von Kunden und Auftraggebern in Ihr Unternehmen schafft.

Verwenden Sie Vorlagen, um Ihre Designs zu starten

Canva bietet Tausende von professionell gestalteten Vorlagen für jede Art von Projekt. Vorlagen sind ein Teil dessen, was Canva zu einer so leistungsstarken Plattform macht. Egal, ob Sie einen Flyer, eine Präsentation oder einen Instagram-Beitrag entwerfen, mit einer Vorlage zu beginnen kann die Designzeit verkürzen und ein elegantes Erscheinungsbild gewährleisten. Kapitel 1 bietet eine ausführlichere Erklärung zur effektiven Verwendung von Canva-Vorlagen und Kapitel 6 beschreibt, wie Sie Vorlagen im Detail anpassen, insbesondere für Geschäftsmaterialien wie Präsentationen und Broschüren.

Gehen Sie wie folgt vor, um mit Vorlagen Zeit zu sparen:

1. **Suchen Sie nach Vorlagen, indem Sie die Art des Designs (zum Beispiel Flyer, Visitenkarte, Instagram-Beitrag) in die Canva-Suchleiste auf der Startseite eingeben.**
2. **Wählen Sie eine Vorlage, die zu Ihrem Projekt passt, und passen Sie sie dann mit Ihrem eigenen Text, Bildern und Farben an.**

   Siehe die angepasste Vorlage in Abbildung 11.3.

Abbildung 11.3: Passen Sie eine Vorlage für ein schnelles, professionelles Design an.

Canva verlangt, dass alle Vorlagendesigner ihre Vorlagen unter einer Lizenz veröffentlichen, sodass Sie Designs mit ihren Vorlagen überall wiederverwenden, herunterladen, ändern und veröffentlichen können, ohne dass Sie dazu eine Genehmigung oder Freigabe benötigen. Diese Freiheit bedeutet, dass Sie jede Vorlage in Canva nutzen können, ohne sich um Urheberrechtsverletzungen sorgen zu müssen. Folgen Sie meinen eigenen Vorlagendesigns über den Link unter `https://jessestay.com/canvabook`.

Maximieren Sie die Lesbarkeit durch die richtige Schriftartenkombination

In Kapitel 3 zeige ich Ihnen einige Drittanbietertools zur *Schriftartenkombination* (der Auswahl von Schriftarten, die in Kombination optisch ansprechend aussehen) für Ihre Marke. Sie können beim Designen auch ausschließlich Canva verwenden, um Schriftarten zu kombinieren, die gut zusammenpassen. Canva macht Schriftartenkombinationen einfach und sorgt dafür, dass Ihr Text lesbar und optisch ansprechend ist. Die Grundlagen der Typografie und der Schriftartenkombinationen behandele ich ausführlicher in den Kapiteln 2 und 3.

So setzen Sie Canva für Schriftartenkombinationen beim Designen ein:

1. **Öffnen Sie Ihr Canva-Design im Editor und wählen Sie für Ihren Text eine Schriftart aus, die Ihrer Meinung nach hervorsticht. Klicken Sie dazu in der linken Navigationsleiste auf das TEXT-Symbol und dann auf die Schaltfläche TEXTFELD HINZUFÜGEN.**

   Alternativ können Sie die Taste [T] auf Ihrer Tastatur drücken, um ein Textfeld zu öffnen.

2. **Klicken Sie in der Symbolleiste über dem resultierenden Textfeld auf den Namen der Schriftart (in Abbildung 11.4 ist es Shrikhand), die Sie im neuen, ausgewählten Textfeld einsetzen möchten.**

Abbildung 11.4: Verwenden von Schriftartenkombinationen zur Verbesserung der Lesbarkeit

Auf der linken Seite wird die Seitenleiste SCHRIFTART angezeigt und Sie können eine neue Schriftart auswählen. Suchen Sie in der linken Seitenleiste nach der Unterüberschrift EMPFOHLENE SCHRIFTARTEN. Unter dieser Unterüberschrift zeigt Canva Ihnen Schriftarten an, die die übrigen Schriftarten in Ihrem Dokument ergänzen.

3. **Passen Sie Größe, Abstand und Farben für Ihre ausgewählten Schriftarten an.**

   Diese detaillierten Anpassungen helfen, dass Ihre Überschriften und unterstützenden Schriftarten hervorstechen und Ihr Fließtext klar und lesbar bleibt.

Wenn Sie kein Grafikdesigner sind, kann die Auswahl gut harmonierender Schriftarten frustrierend sein. Durch die Verwendung geeigneter Schriftartenkombinationen kann Ihr Design professioneller und lesbarer wirken. Dies ist entscheidend für Designs, bei denen die Lesbarkeit dazu beiträgt, dass Ihre Botschaft besonders hervorgehoben wird – beispielsweise in Berichten, Präsentationen und Flyern.

Steigern Sie das Engagement mit einfachen Animationen

Durch subtile Animationen können Sie Ihre Designs ansprechender gestalten, insbesondere bei Präsentationen oder Social-Media-Posts. Mit den Animationstools von Canva können Sie mit minimalem Aufwand Bewegung hinzufügen. Während sich dieser Tipp auf grundlegende Animationsfunktionen konzentriert, enthalten die Kapitel 9 und 10 ausführlichere Anweisungen zur Verwendung der Animationstools von Canva bei kollaborativen oder fortgeschrittenen Designprojekten.

Gehen Sie wie folgt vor, um Ihren Designs einfache Animationen hinzuzufügen:

1. **Nachdem Sie Ihr Design fertiggestellt haben, klicken Sie auf ein Element (Text, Bild oder Form) und wählen die Option ANIMATION in der oberen Symbolleiste.**

   Bei der Option ANIMATION handelt es sich normalerweise um Text mit einem Symbol, das wie übereinander liegende Kreise aussieht.

2. **Wählen Sie aus verschiedenen Animationseffekten wie ÜBERBLENDEN, GLEITEN oder ZOOMEN.**

3. **Zeigen Sie eine Vorschau Ihrer Animation an und wenden Sie sie dann auf Ihr Design an, wenn sie Ihnen gefällt.**

Animationen können Präsentationen und digitale Designs dynamischer aussehen lassen, damit sie die Aufmerksamkeit Ihres Publikums auf sich ziehen. Dieser Effekt kann ideal für eine Kundenpräsentation oder eine Online-Marketingkampagne oder sogar für eine einfache Social-Media-Werbung sein, wie in Abbildung 11.5 dargestellt.

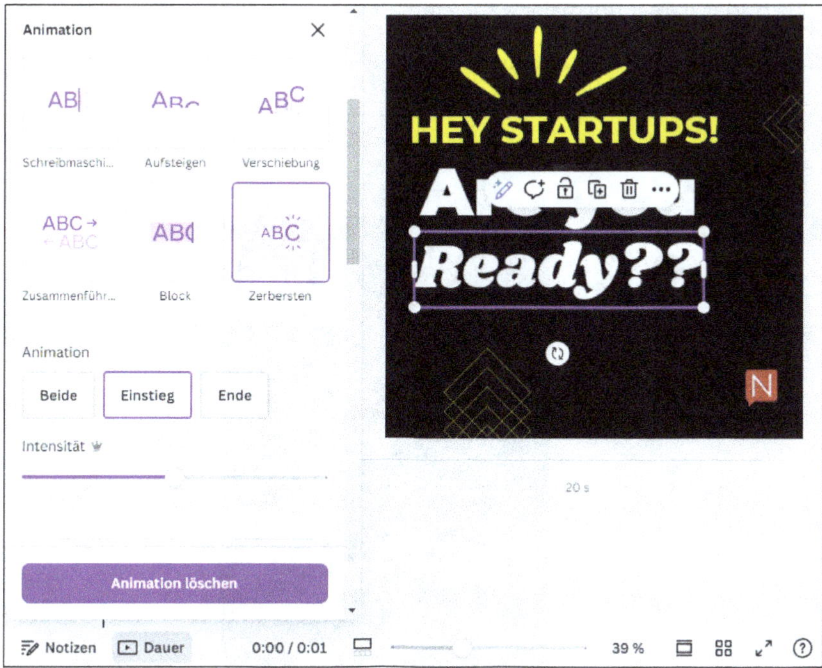

Abbildung 11.5: Fügen Sie einfache Animationen hinzu, um die Aufmerksamkeit des Betrachters zu erregen.

Verwenden Sie hochwertige Fotos, um Ihr Design aufzuwerten

Gestochen scharfe, qualitativ hochwertige Bilder steigern sofort die Professionalität Ihres Designs. Die Bibliothek von Canva umfasst Tausende hochauflösender Bilder, die kostenlos verwendet werden dürfen. Für Pro- und Team-Konten auf Canva stehen noch mehr kostenlos verwendbare Bilder zur Verfügung.

So finden Sie diese qualitativ hochwertigen Bilder in Canva:

- ✔ **Verwenden Sie die Suche nach Fotos.** Klicken Sie in Ihrem Canva-Editor auf das Symbol Fotos in der linken Seitenleiste, um den Suchbereich Fotos zu öffnen. Geben Sie Suchbegriffe ein, die sich auf den gewünschten Bildtyp beziehen (zum Beispiel `Büro`, `Natur` oder `Geschäft`).
- ✔ **Filtern Sie nach Qualität.** Nutzen Sie das Filter-Tool – klicken Sie auf das Filter-Symbol rechts neben der Suchleiste, um das in Abbildung 11.6 dargestellte Dropdown-Menü Filter anzuzeigen –, um Ihre Suche einzugrenzen. Einige der Elemente, nach denen Sie filtern können, sind
  - *Kostenlose* oder *Pro*-Bilder (Pro-Bilder sind tendenziell von höherer Qualität)
  - *Ausrichtung* (Quer- oder Hochformat)

- *Größe* (große Bilder haben normalerweise eine höhere Auflösung)
- *Ausschnitte* (Bilder mit transparentem Hintergrund)

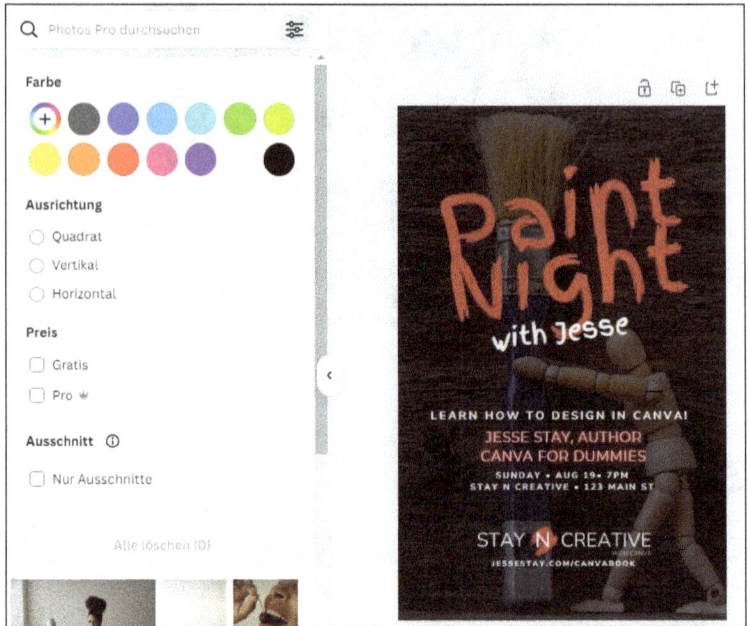

Abbildung 11.6: Filtern Sie Fotos, um hochauflösende Bilder zu erhalten.

- ✔ **Achten Sie auf große, scharfe Bilder.** Hochwertige Bilder erscheinen in der Vorschau im Allgemeinen schärfer und klarer. Bewegen Sie den Mauszeiger über ein Bild, um vor der Auswahl eine größere Vorschau anzuzeigen.
- ✔ **Laden Sie Ihre eigenen Bilder hoch.** Wenn Sie nicht finden, wonach Sie suchen, können Sie jederzeit qualitativ hochwertige Bilder von Ihrem Computer hochladen. Sie sollten eine hohe Auflösung haben (300 DPI oder höher für den Druck).

Hochwertige Bilder lassen Ihre Designs eleganter und professioneller aussehen. Egal, ob Sie einen Social-Media-Beitrag oder einen Flyer erstellen, scharfe Bilder verstärken Ihre Botschaft und Glaubwürdigkeit.

Schaffen Sie visuelle Balance mit Raster- und Rahmenwerkzeugen

Raster und Rahmen helfen Ihnen, Elemente ausgewogen und symmetrisch anzuordnen, wodurch Ihr Design übersichtlich und ästhetisch ansprechend aussieht. So können Sie Raster und Rahmen zu Ihrem Vorteil nutzen:

1. **Klicken Sie im Canva-Editor auf das Symbol ELEMENTE und suchen Sie dann nach Rastern oder Rahmen.**

2. **Ziehen Sie ein Raster oder einen Rahmen in Ihr Design und richten Sie damit Bilder, Text oder andere Elemente gleichmäßig aus, wie in Abbildung 11.7 gezeigt.**

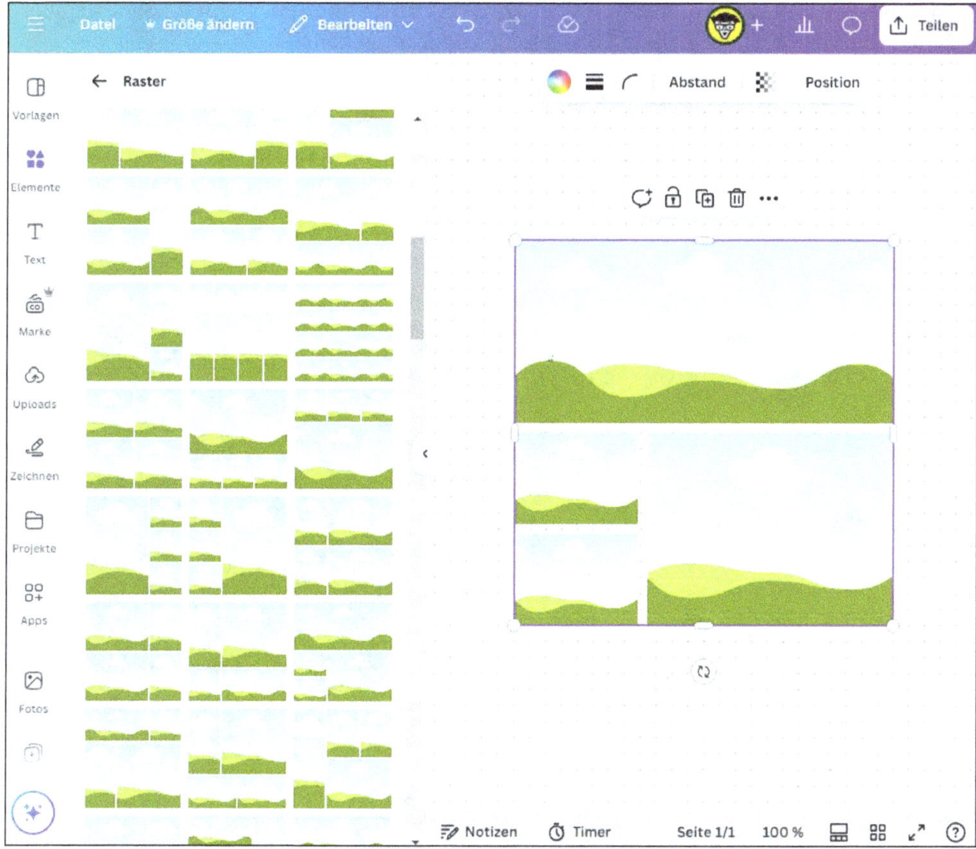

Abbildung 11.7: Verwenden Sie Raster und Rahmen, um ein ausgewogenes Präsentationslayout zu erstellen.

3. **Passen Sie das Layout an, um ein optisch ausgewogenes und augenfreundliches Design zu erstellen.**

Durch die Verwendung von Rastern und Rahmen können Sie ein saubereres, professionelleres Layout erstellen. Dieses Tool ist besonders nützlich für Broschüren, Berichte oder Grafiken für soziale Medien.

Verbessern Sie die Lesbarkeit mit dem richtigen Farbkontrast

Ein guter Farbkontrast zwischen Text und Hintergrund ist für die Lesbarkeit unerlässlich. Ohne ihn kann Ihr Publikum Ihre Nachricht möglicherweise nur schwer lesen oder sie einfach ignorieren. Hier einige Tipps zur Auswahl des besten Kontrasts zwischen Ihrem Text und dem Hintergrund Ihrer Designs:

- **Wählen Sie Textfarben, die sich vom Hintergrund abheben.** Nehmen Sie beispielsweise dunklen Text auf hellem Hintergrund oder umgekehrt.
- **Verwenden Sie das Farbwerkzeug von Canva, um mit verschiedenen Farbkombinationen zu experimentieren.** Durch das Ausprobieren von Farbkombinationen können Sie einen guten Kontrast finden, der hervorsticht, wie in Abbildung 11.8 gezeigt.

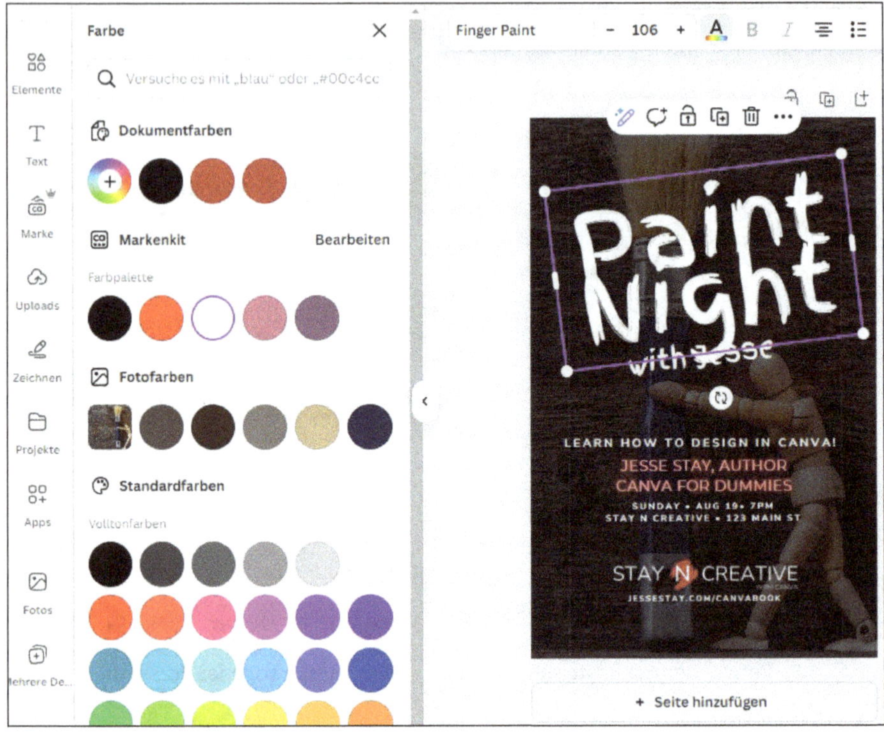

Abbildung 11.8: Verwenden Sie einen geeigneten Farbkontrast, um die Lesbarkeit des Textes zu verbessern.

- **Zeigen Sie Ihr Design in verschiedenen Größen in der Vorschau an.** So überzeugen Sie sich, dass Ihr Design auf Bildschirmen und im Druck gut lesbar ist.

Klarer, kontrastreicher Text ist leichter zu lesen und sorgt dafür, dass Ihre Botschaft wirksam ankommt. Diese Eigenschaft ist besonders wichtig für Flyer, Präsentationen und andere Druckmaterialien, bei denen die Lesbarkeit entscheidend ist.

Organisieren Sie Informationen mit Listen und Aufzählungszeichen

Wenn Sie einen Großteil dieses Buches durchlesen, werden Sie vielleicht feststellen, dass ich gerne Listen und Aufzählungen verwende. Wenn Sie Informationen in Aufzählungen oder nummerierte Listen aufteilen, ist es für Ihr Publikum einfacher, den wichtigsten Punkten zu folgen und sie zu verarbeiten.

Das Erstellen von Listen und Aufzählungspunkten ist in Canva ganz einfach:

1. **Klicken Sie im Canva-Editor bei geöffnetem Projekt auf das TEXT-Symbol in der linken Navigationsleiste, um die Seitenleiste TEXT zu öffnen. Klicken Sie dann in der Seitenleiste auf die Schaltfläche TEXTFELD HINZUFÜGEN.**

   Alternativ können Sie T auf Ihrer Tastatur drücken, um ein Textfeld zu erstellen.

2. **Klicken Sie in der Symbolleiste über Ihrem Dokument auf das Symbol AUFZÄHLUNG oder NUMMERIERTE LISTE in der oberen Leiste, um die erste Zeile zu Ihrer Liste hinzuzufügen.**

   Das Listenelement wird in Ihrem geöffneten Projekt angezeigt, wie in Abbildung 11.9 dargestellt.

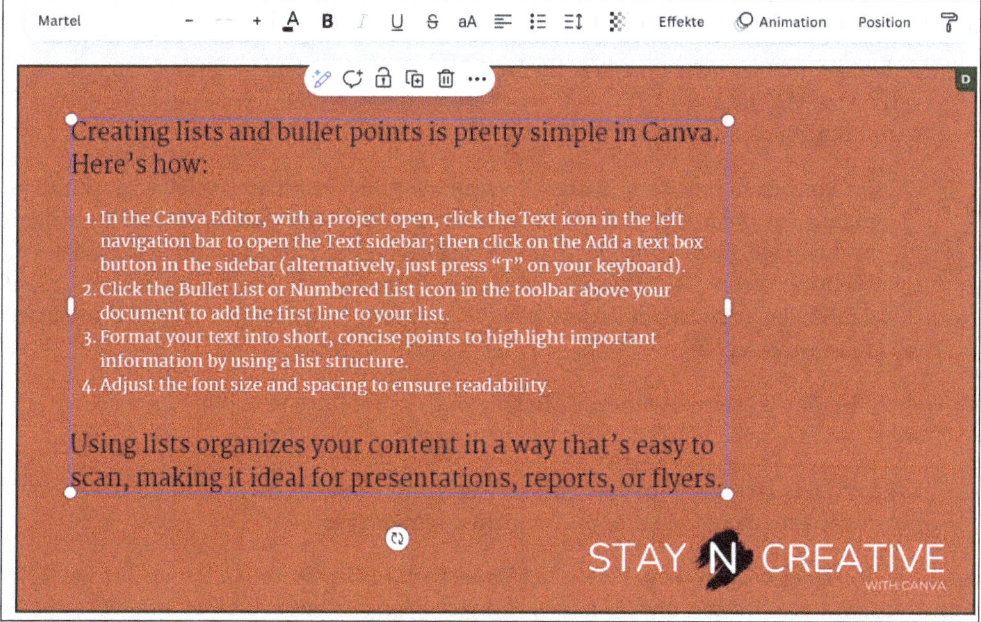

Abbildung 11.9: Organisieren Sie Informationen in einer Präsentation mithilfe einer nummerierten Liste.

3. **Formatieren Sie Ihren Text in kurzen, prägnanten Punkten, um wichtige Informationen durch Verwendung einer Listenstruktur hervorzuheben.**

4. **Passen Sie Schriftgröße und Abstand an, um die Lesbarkeit zu gewährleisten.**

Mithilfe von Listen können Sie Ihre Inhalte so organisieren, dass sie leicht zu überfliegen sind, was sie ideal für Präsentationen, Berichte oder Flyer macht.

Testen Sie Ihr Website-Design auf verschiedenen Geräten

Das Website-Design, das Sie in Canva erstellt haben, sieht auf einem Computer vielleicht großartig aus, aber wie sieht es auf einem Mobiltelefon oder Tablet aus? Durch einen Test auf verschiedenen Geräten sorgen Sie dafür, dass es zugänglich und optisch ansprechend ist, egal, wie Ihr Publikum es betrachtet. In Kapitel 7 erfahren Sie, wie Sie Designs auch an verschiedene Anzeigeplattformen (zum Beispiel Social-Media-Websites) anpassen können.

Hier einige Möglichkeiten, um mit Canva Ihre Designs auf verschiedenen Geräten zu testen:

- **Verwenden Sie die Schaltfläche VORSCHAU.** Nachdem Sie ein Design aus einer Website-Vorlage in Canva fertiggestellt haben, suchen Sie nach der Schaltfläche VORSCHAU, die Sie für Website-Designs normalerweise in der oberen rechten Ecke des Canva-Editors finden. (Diese Vorschau funktioniert nicht für andere Arten von Vorlagen.)

  Mit dieser Funktion sehen Sie, wie Ihr Design auf verschiedenen Geräteformaten angezeigt wird. Abbildung 11.10 zeigt eine Vorschau eines Website-Designs auf einem Smartphone-Bildschirm.

Sie können die meisten Designs in eine öffentlich sichtbare Website umwandeln, indem Sie oben rechts im Canva-Editor auf die Schaltfläche TEILEN und dann in den angezeigten Optionen auf WEBSITE klicken. Sie sehen eine Vorschau der Website. Wenn Sie auf diese Vorschau klicken, führt Canva Sie zu einer Seite, auf der Sie die Vorschau in verschiedenen Formaten testen können. (Abbildung 11.10 zeigt ein Beispiel.)

- **Geben Sie das Design an einen Kollegen weiter** und bitten Sie ihn, es auf seinen Geräten anzuzeigen.

- **Testen Sie das Design selbst** auf Ihrem Smartphone, um zu prüfen, wie Text, Bilder und Layout auf einem kleineren Bildschirm angezeigt werden.

Passen Sie Ihr Design nach dem Testen bei Bedarf an, insbesondere in Bezug auf Textgröße und Abstand. Das Testen und Anpassen Ihres Designs ist besonders wichtig für digitale Kampagnen und Präsentationen, die auf mehreren Gerätetypen angezeigt werden können.

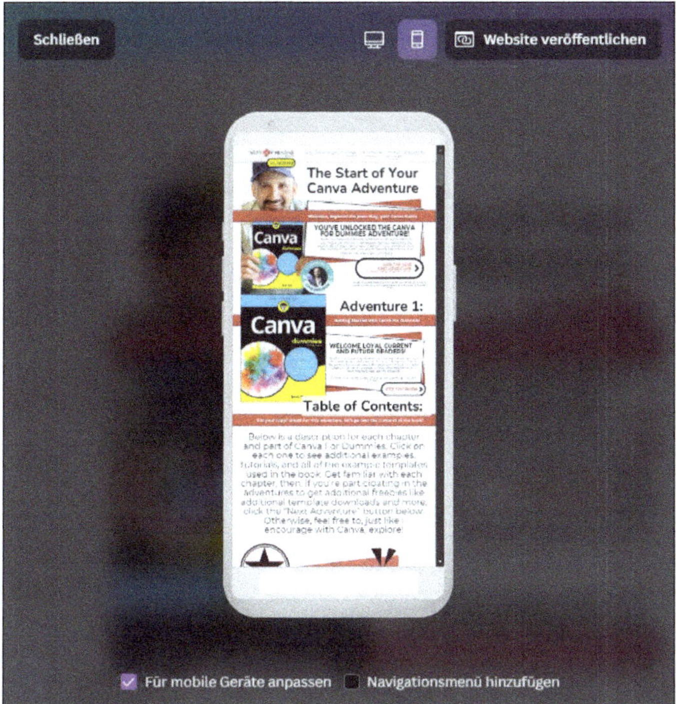

Abbildung 11.10: Zeigen Sie eine Vorschau des Website-Designs an, um das Erscheinungsbild auf verschiedenen Gerätetypen zu beurteilen.

IN DIESEM KAPITEL

Die Tools von Canva nutzen, um effektive und konsistente Materialien zu entwerfen

Wichtige Aufgaben automatisieren, um Zeit zu sparen und Abläufe zu optimieren

Branding, Marketing und Zusammenarbeit mit den leistungsstarken Funktionen von Canva verbessern

Kapitel 12
Zehn Tipps zur Verbesserung organisatorischer Arbeiten mit Canva

Ich meine es völlig ernst, wenn ich sage, dass Canva fast alles kann! Tatsächlich können Sie praktisch von Grund auf ein Unternehmen aufbauen, wenn Sie nur Canva und Ihre Kreativität nutzen. Ich biete einen 12-wöchigen Kurs an, der zeigt, wie das geht (besuchen Sie `https://jessestay.com/canvabook`, um mehr zu erfahren), aber in diesem Kapitel biete ich Ihnen viele Tipps kostenlos an.

Canva ist ein All-in-One-Tool zum Entwerfen, Vermarkten und Automatisieren von Prozessen für Ihr Unternehmen oder Ihre Organisation. In diesem Kapitel gebe ich Ihnen zehn wichtige Tipps, die Ihnen dabei helfen, mithilfe von Canva erfolgreiche Geschäfts- oder Organisationsaktivitäten aufzubauen und durchzuführen.

Erstellen Sie interaktive Team- oder Kundenschulungen mit Canva-Kursen

In diesem Kapitel beginne ich mit einer derzeit wenig bekannten Funktion von Canva: Canva-Kurse. Schulungen und berufliche Weiterbildung sind für jedes wachsende Unternehmen unerlässlich. Mit der neuen *Kursfunktion* von Canva, die 2024 eingeführt wurde, erstellen Sie direkt in Canva ansprechende und interaktive Schulungsprogramme für Ihre

Mitarbeiter oder Kunden. Dieses Tool ist ideal für Onboarding, Mitarbeiterschulungen oder sogar Kundenschulungen. Sie können Kurse erstellen, die Ihr Branding zeigen und die Designs durch eine Ressource konsistent halten, die Sie in den Markenunterlagen von Canva erstellen (mehr dazu finden Sie in Kapitel 4).

So beginnen Sie mit dem Erstellen eines Canva-Kurses:

1. **Klicken Sie auf der Startseite von Canva auf die Schaltfläche DESIGN ERSTELLEN, scrollen Sie in den Auswahlmöglichkeiten links zur Option MEHR und klicken Sie dann auf das Kurssymbol.**

   Durch diese Klickfolge wird der Editor für neue Kurse geöffnet, in dem Sie mit der Strukturierung Ihres Kurses beginnen können.

2. **Klicken Sie oben im Kurseditor auf die Schaltfläche + NEU HINZUFÜGEN.**

   Sie können den Kurs durch eine Beschreibung identifizieren. Anschließend können Sie mit dem Hinzufügen von Aktivitäten beginnen, indem Sie im angezeigten Dropdown-Menü + NEU ERSTELLEN auswählen (siehe Abbildung 12.1).

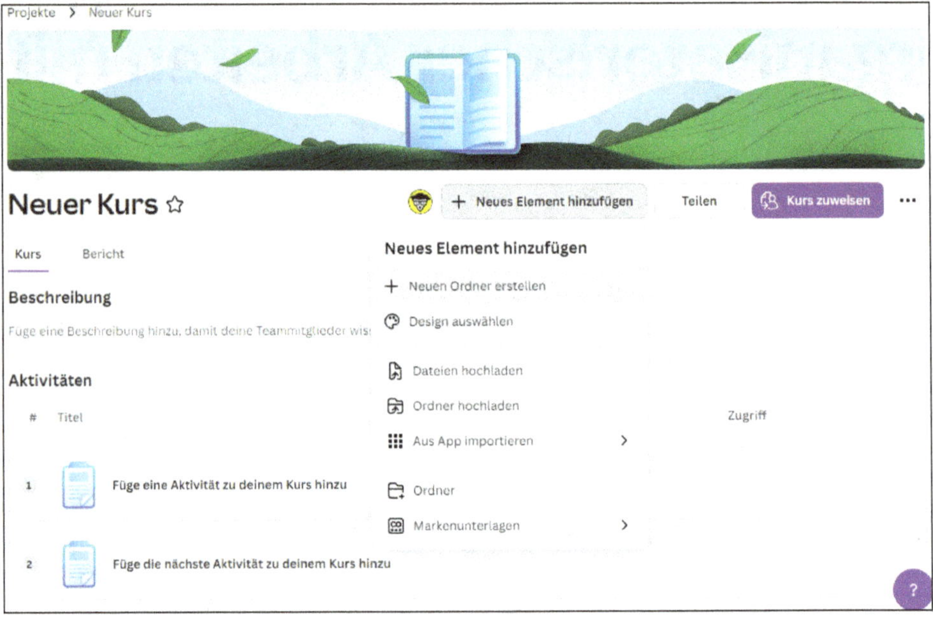

Abbildung 12.1: Erstellen Sie eine Aktivität für Ihren Kurs.

Nachdem Sie mit Ihrem Kursprojekt begonnen haben, können Sie viele Arten von Inhalten hinzufügen, um Ihre Kunden oder Mitarbeiter zu motivieren. Einige spezifische Inhaltstypen (oder *Aktivitäten,* im Fachjargon für Kurserstellung), die für einen Kurs geeignet sind, sind die folgenden:

- ✔ **Präsentationen:** Erstellen Sie eine Folienpräsentation, um die Teilnehmer durch Ihr erstes Thema zu führen. Weitere Informationen zum Erstellen einer Folienpräsentation finden Sie in den Kapiteln 6 und 10.

- **Dokumente:** Laden Sie textbasierte Inhalte hoch oder erstellen Sie sie.
- **Videos:** Fügen Sie Lehrvideos hinzu, entweder direkt aufgenommen oder hochgeladen.
- **Quiz:** Testen Sie das Wissen Ihres Publikums mit einem interaktiven Quiz.

Sie können interaktive Tests in Canva mit einer Funktion erstellen, die gerade erst eingeführt wurde (während ich dieses Kapitel schreibe)! Damit können Sie Ihre Schüler in den Kursen, die Sie in Canva erstellen, sogar benoten und bewerten. Um mehr über diese Funktion zu erfahren, sehen Sie sich den Abstimmungs-Generator von Canva unter `https://www.canva.com/poll-maker/` an. Ich habe auch ein Beispiel für eine interaktive Umfrage unter `https://jessestay.com/canvabook` eingefügt.

Natürlich bietet Canva Vorlagen für jede Art von Aktivität, und Sie können eine Reihe von Kursaktivitäten hinzufügen und jede davon individuell anpassen. Mit der Canva-Kursfunktion können Sie die Kursaktivitäten auch den Schülern zuweisen, ihren Fortschritt auf dem Kurs-Dashboard verfolgen, die Verantwortung für die Kursentwicklung mit einem Canva-Team teilen und vieles mehr. Weitere Tipps zur Zusammenarbeit mit den Team-Tools von Canva, um Kunden oder Teammitglieder in Ihre Canva-Designs einzubeziehen und zu schulen, finden Sie in Kapitel 9.

Erstellen Sie ergänzende Ressourcen wie herunterladbare Arbeitsblätter oder Designvorlagen, die Ihre Teilnehmer in realen Szenarien einsetzen können. Dadurch wird Ihr Kurs interaktiver und nützlicher.

Bauen Sie Ihre Markenidentität mit Arbeitskits von Canva auf

Canvas *Arbeitskits* sind spezielle Vorlagen- und Toolsammlungen, die verschiedenen Abteilungen in einem Unternehmen oder einer Organisation – beispielsweise Marketing, Personalwesen und Vertrieb – dabei helfen sollen, Projekte zu starten und Aufgaben effizient zu erledigen. Egal, ob Sie Social-Media-Beiträge, Marketingkampagnen oder Schulungsmaterialien für Mitarbeiter erstellen – Arbeitskits bieten alle erforderlichen Ressourcen und reduzieren den Zeitaufwand für sich wiederholende Aufgaben.

Suchen Sie auf der Startseite unter der Registerkarte VORLAGEN nach dem Abschnitt ARBEITSKITS. Hier finden Sie Kits, die für die Anforderungen verschiedener Abteilungen entwickelt wurden (siehe Abbildung 12.2). Wählen Sie ein Kit aus, das den Anforderungen Ihres Unternehmens oder Ihrer Organisation entspricht.

Wie immer ermöglicht Ihnen Canva die Anpassung, Optimierung und Zusammenarbeit, wenn Sie ein Canva-Arbeitskit zur Verwendung überall in Ihrem Unternehmen oder Ihrer Organisation erstellen.

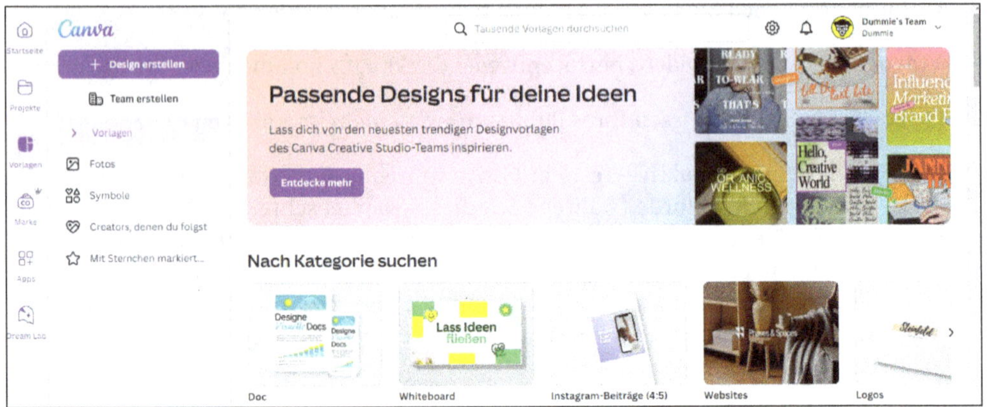

Abbildung 12.2: Canva-Arbeitskits

Richten Sie Ihre visuelle Identität auf allen Plattformen aus – Ihrer Website, Social Media und Druckmaterialien – und verwenden Sie für die Markenkonsistenz auch die Markenunterlagen-Funktion von Canva. Weitere Informationen zu den Markenunterlagen finden Sie in Kapitel 4.

Automatisieren Sie Social-Media-Inhalte mit KI

Mit den Tools Magic Write und Magic Resize von Canva können Sie die Erstellung von Social-Media-Inhalten automatisieren und sich so stundenlange manuelle Arbeit ersparen. Weitere Strategien zum Entwerfen und Automatisieren von Social-Media-Posts finden Sie in den Kapiteln 5 und (insbesondere) Kapitel 8.

Damit Sie gleich loslegen können, finden Sie hier einige Tipps, wie Sie Ihre Social Media mit Canva automatisieren:

- ✔ Setzen Sie Magic Write in Kombination mit Bulk Create (eine Anleitung hierzu finden Sie in Kapitel 8) ein, um Inhalte zu generieren, indem Sie einen Prompt eingeben, wie beispielsweise »Erstelle eine Tabelle mit 10 motivierenden Zitaten zum Thema Kreativität« (siehe Abbildung 12.3).
- ✔ Gestalten Sie Ihre Grafik und nutzen Sie Magic Resize (weitere Informationen finden Sie in Kapitel 5), um Ihren Inhalt an mehrere Plattformen anzupassen (zum Beispiel Instagram, Twitter und LinkedIn).
- ✔ Verwenden Sie den Inhaltsplaner von Canva (ebenfalls in Kapitel 5 beschrieben), um Beiträge zu planen und den Veröffentlichungsprozess zu automatisieren.

Nehmen Sie sich einmal im Monat Zeit, um Ihre Social-Media-Inhalte stapelweise zu erstellen. Automatisieren Sie die Veröffentlichung mit dem Inhaltsplaner von Canva, um Zeit zu sparen.

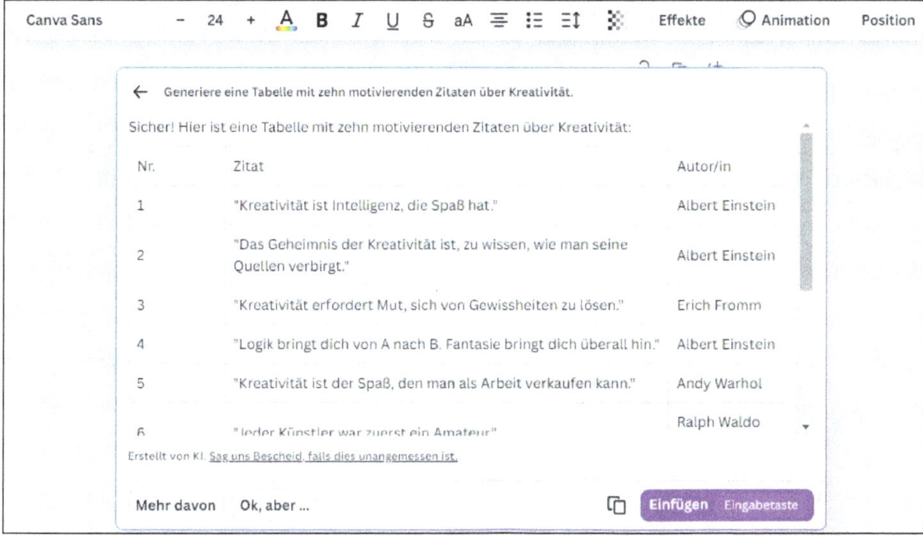

Abbildung 12.3: Verwenden Sie Magic Write mit Bulk Create, um Inhalte zu generieren.

Erstellen Sie Ihre Unternehmenswebsite mit dem Website Builder von Canva

Ihre Website ist die Online-Heimat Ihres Unternehmens. Mit dem Website Builder von Canva können Sie eine professionelle, responsive Website erstellen, ohne Programmierkenntnisse erwerben zu müssen. Weitere Informationen zum Entwerfen von Elementen für eine Website finden Sie in Kapitel 4.

Zu den grundlegenden Schritten beim Einrichten einer Website gehören:

1. **Wählen Sie eine Website-Vorlage aus, die zu Ihrem Unternehmen passt, indem Sie auf der Canva-Startseite nach `Website` suchen.**

2. **Passen Sie die Vorlage mit Ihrem Logo, Ihren Markenfarben und Inhalten wie Dienstleistungen und Erfahrungsberichten an.**

3. **Veröffentlichen Sie die Website, indem Sie eine kostenlose Canva-Domäne verwenden oder eine Verbindung zu Ihrer benutzerdefinierten Domäne herstellen.**

Optimieren Sie Ihre Abläufe mit den Druckdiensten von Canva

Benötigen Sie physische Materialien wie Visitenkarten, Broschüren oder Poster für Ihr Unternehmen oder Ihre Organisation? Mit den Druckdiensten von Canva können Sie direkt über Canva gestalten und drucken. Sie erhalten hochwertige Ausdrucke, die direkt an Ihre

Haustür geliefert werden. Weitere Informationen zum Gestalten von Druckmaterialien für Ihre Anforderungen finden Sie in Kapitel 6.

Hier die grundlegenden Schritte zur Verwendung der Druckdienste von Canva:

1. **Erstellen Sie Ihr Design mit einer Canva-Vorlage Ihrer Wahl für Visitenkarten, Broschüren, Flyer oder Werbeprodukte (Abbildung 12.4 zeigt ein Beispiel).**

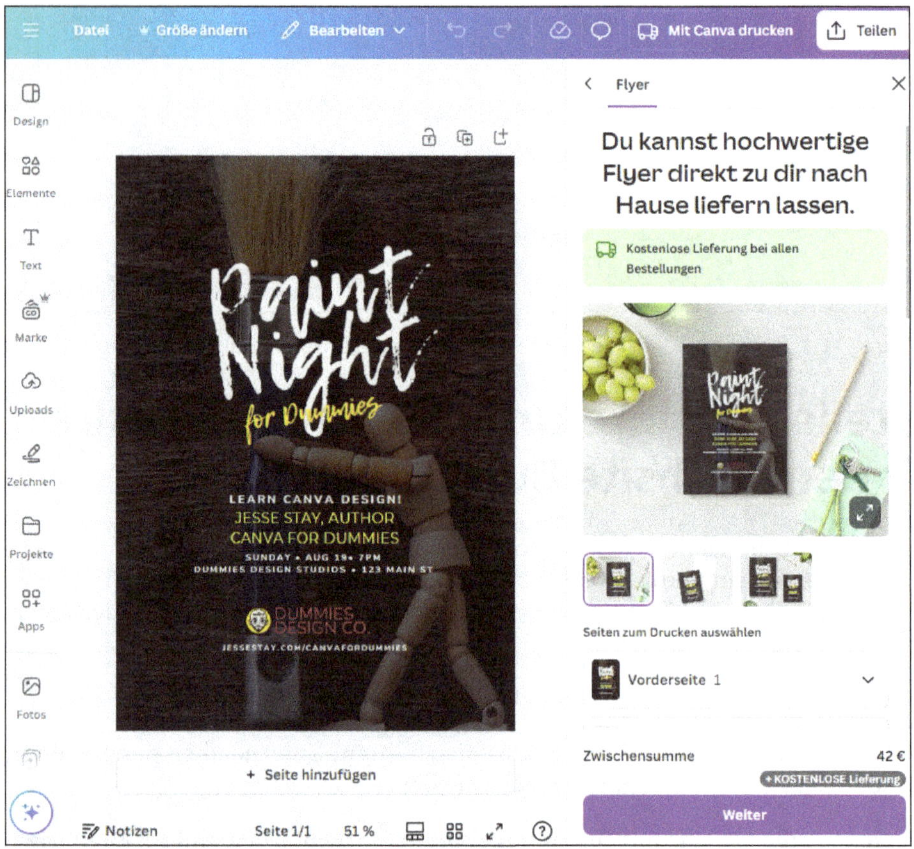

Abbildung 12.4: Bereiten Sie in Canva einen Flyer vor, um ihn an den Druckdienst von Canva zu senden.

2. **Klicken Sie oben rechts im Canva-Editor auf MIT CANVA DRUCKEN und wählen Sie aus den angezeigten Dropdown-Menüoptionen die gewünschten Druckspezifikationen aus (zum Beispiel Menge, Papiersorte und Verarbeitung).**

3. **Geben Sie Ihre Bestellung auf und Canva kümmert sich um den Rest und liefert Ihre Materialien bis an die Haustür.**

Beim Druckdienst von Canva können Sie Markenmaterialien für Veranstaltungen, Werbeaktionen oder den täglichen Gebrauch in großen Mengen bestellen und dabei die Konsistenz zwischen digitalen und physischen Formaten wahren.

Konsistenz durch benutzerdefinierte Vorlagen und die Vorlagensperre

Benutzerdefinierte Vorlagen sparen Zeit und gewährleisten Markenkonsistenz, insbesondere bei sich wiederholenden Aufgaben. Mit der Funktion VORLAGEN SPERREN können Sie wichtige Designelemente wie Logos und Markenfarben sperren, sodass die Vorlagenbenutzer sie nicht ändern können. Die Benutzer können jedoch weiterhin andere Vorlagenelemente wie Text und Bilder bearbeiten.

Verwenden Sie die Vorlagensperre in Angeboten, Präsentationen oder anderen Dokumenten, die Konsistenz erfordern. Diese Option ist besonders nützlich für größere Teams oder bei der Zusammenarbeit mit Kunden, da dadurch wichtige Elemente an ihrem Platz bleiben, während bei Bedarf dennoch Anpassungen möglich sind.

So implementieren Sie die Vorlagensperre für alle Vorlagen, die Sie in Canva erstellen:

1. **Erstellen oder öffnen Sie eine Vorlage, die Sie sperren möchten.**
2. **Gestalten Sie die Vorlage, indem Sie alle gewünschten Schlüsselelemente in Ihre Vorlage einfügen und sie an Ihre Marke anpassen.**

   Zum Beispiel:

   - Platzieren Sie Ihr Firmenlogo irgendwo auf der Seite.
   - Fügen Sie Textfelder mit den Schriftarten Ihrer Marke hinzu.
   - Fügen Sie Platzhalter für Text oder Bilder ein, die Teammitglieder später bearbeiten können (zum Beispiel ein Textfeld zum Hinzufügen von Veranstaltungsdetails oder Produktbeschreibungen).

   Wenden Sie Ihre Markenunterlagen an, um Konsistenz bei Farben und Schriftarten zu erhalten (weitere Einzelheiten zu den Markenunterlagen von Canva finden Sie in Kapitel 4).

3. **Sperren Sie wichtige Elemente Ihrer Vorlage, indem Sie auf das Element und dann auf das Schlosssymbol (es sieht aus wie ein Vorhängeschloss) in der Symbolleiste über dem ausgewählten Element klicken, oder klicken Sie auf die drei Punkte in derselben Symbolleiste und wählen Sie im Menü SPERREN aus (siehe Abbildung 12.5) und dann erneut SPERREN.**

Sie können jedes beliebige Element sperren – Text, Bilder, Formen oder sogar ganze Abschnitte Ihres Designs.

Nachdem Sie die Vorlagenelemente gesperrt haben, die Sie nicht ändern möchten – und Bereiche wie Textfelder oder Bildplatzhalter entsperrt lassen –, können Sie Ihrer Vorlage Anweisungen oder Beschriftungen hinzufügen, beispielsweise `Hier Veranstaltungsdetails hinzufügen` oder `Hier Bild ersetzen`, um den Benutzern mitzuteilen, wie sie die Vorlage effektiv nutzen.

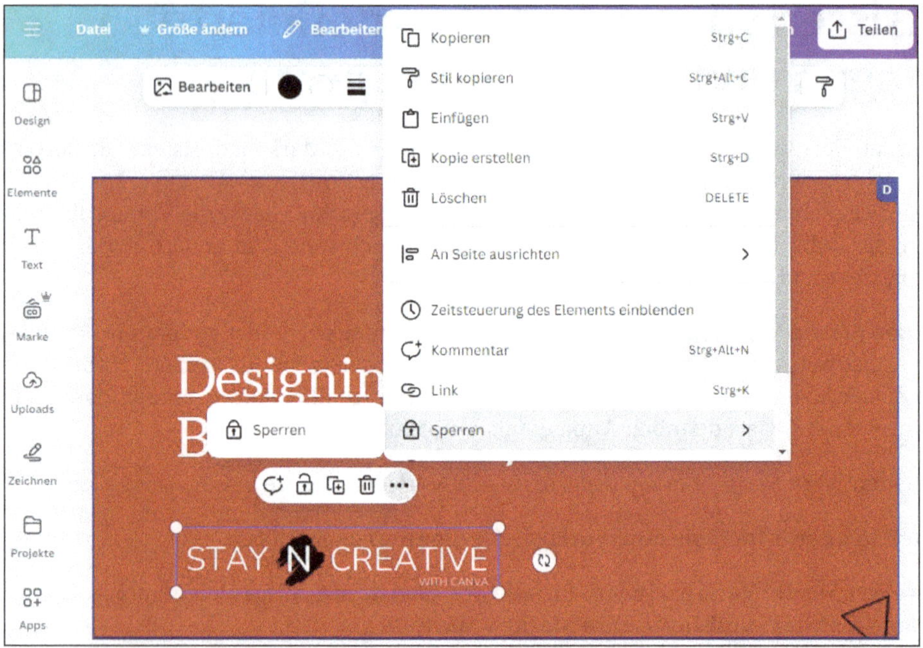

Abbildung 12.5: Sperren Sie alle Vorlagenelemente, um Design- und Markenkonsistenz sicherzustellen.

Speichern Sie Ihr bearbeitetes und gesperrtes Design unbedingt als Vorlage und geben Sie es an Teamkollegen weiter, die Designs mit einheitlichem Erscheinungsbild erstellen müssen. Sie können die Vorlage in einem freigegebenen Ordner speichern. Weitere Informationen zur Teamzusammenarbeit finden Sie in Kapitel 9.

Visualisieren Sie Ihre Produkte mit Canva-Mockups

Sie können physische Produkte mit der Mockup-Funktion von Canva als realistische 3D-Produktmodelle in Ihre Designs einfügen. Diese Funktion ist ideal für Unternehmen, die zeigen möchten, wie ihre Marke zum Beispiel auf T-Shirts, Tassen oder Produktverpackungen aussieht.

So erstellen Sie in Canva Ihre eigenen virtuellen Mockups für Ihr Produkt:

1. **Erstellen Sie ein Design oder importieren Sie eines in den Canva-Editor.**

   In den Kapiteln 1 und 2 erfahren Sie, wie Sie ein Design erstellen.

2. **Klicken Sie auf das Elemente-Symbol in der linken Navigationsleiste, um die Elemente-Seitenleiste links in Ihrem Editor zu öffnen.**

3. **Suchen Sie in der Seitenleiste nach MOCKUPS, klicken Sie auf die Option ALLE ANZEIGEN, wählen Sie den gewünschten Mockup-Typ aus und ziehen Sie ihn in Ihr Design.**

   Ihnen werden Auswahlmöglichkeiten wie Kleidung, Geräte, Verpackungen und so weiter angezeigt. Wenn Sie etwas finden, das Ihnen gefällt, ziehen Sie es in Ihr Design.

4. **Wenden Sie ein Bild Ihres Produkts auf das Mockup an, indem Sie die Seitenleisten UPLOADS oder MARKE auf der linken Seite öffnen und entweder ein vorhandenes Bild Ihres Produkts auswählen oder ein neues hochladen.**

Mit Mockups zeigen Sie Ihren Kunden, wie ihre Logos, Produkte oder Designs in realen Szenarien aussehen, und geben so Ihren Präsentationen eine besonders professionelle Note.

Erstellen Sie ansprechende Marketingvideos

Videoinhalte sind für modernes Marketing unverzichtbar. Mit dem Video-Editor von Canva erstellen Sie professionell aussehende Videos, um für Ihr Unternehmen oder Ihre Organisation zu werben. Weitere Einblicke in die Erstellung effektiver Videoinhalte finden Sie in Kapitel 4.

Gehen Sie wie folgt vor, um das meiste aus Canva herauszuholen:

- ✔ Wählen Sie eine Videovorlage aus oder beginnen Sie mit dem Video-Editor von vorne.
- ✔ Fügen Sie Ihren Designs Videoclips, Übergänge, Text und Hintergrundmusik hinzu.
- ✔ Exportieren Sie das Video und teilen Sie es in sozialen Medien, auf Ihrer Website oder in E-Mail-Kampagnen.

Kurze, ansprechende Videos (unter 60 Sekunden) funktionieren in sozialen Medien am besten. Konzentrieren Sie sich auf die Erstellung von Inhalten, die schnell Aufmerksamkeit erregen.

Erstellen Sie professionelle Angebote mit den vorgefertigten Vorlagen von Canva

Für viele Unternehmen ist die Erstellung gut gestalteter, professioneller Angebote ein wesentlicher Bestandteil der Kundengewinnung. Canva bietet eine große Auswahl vorgefertigter Angebotsvorlagen, die Sie ganz einfach an die spezifischen Anforderungen Ihres Unternehmens anpassen können. Diese Vorlagen eignen sich ideal, um auf optisch ansprechende Weise Markenzeichen, Servicedetails und Preise hinzuzufügen.

Gehen Sie wie folgt vor, um ein Angebot mit einer Canva-Angebotsvorlage zu erstellen:

1. **Suchen Sie auf der Startseite von Canva nach `Angebotsvorlagen`, stöbern Sie durch die verfügbaren Optionen und wählen Sie eine aus, die zum Ton und Stil Ihres Unternehmens passt (zum Beispiel minimalistisch, geschäftlich, kreativ).**

2. **Passen Sie das Vorlagendesign durch visuelle und interessante Elemente, darunter das Logo, die Farben und Schriftarten Ihres Unternehmens aus Ihren Markenunterlagen.**

   Weitere Informationen zum Erstellen und Anwenden der Markenunterlagen mit der Markenunterlagen-Funktion von Canva finden Sie in Kapitel 4.

   Sie können das Layout auch anpassen, um wichtige Abschnitte aufzunehmen, wie beispielsweise

   - eine Vorstellung Ihres Unternehmens oder Ihrer Dienstleistung
   - eine Aufschlüsselung der angebotenen Dienstleistungen oder Leistungen
   - Preise und Zahlungsmöglichkeiten
   - eine Handlungsaufforderung, zum Beispiel die Planung eines Meetings oder die Unterzeichnung eines Vertrags

3. **Fügen Sie kundenspezifische Details hinzu und befolgen Sie dabei diese Richtlinien:**

   - *Lassen Sie Raum, um das Angebot für jeden Kunden individuell anzupassen.* Passen Sie den Text an die Bedürfnisse des Kunden an, geben Sie seinen Firmennamen an und bieten Sie personalisierte Lösungen an, die zeigen, wie Ihr Unternehmen seine spezifischen Probleme lösen wird.
   - *Verwenden Sie die Textformatierungstools von Canva,* um Überschriften, Aufzählungspunkte und hervorgehobene Abschnitte zu erstellen, die Ihr Angebot leserfreundlich und professionell gestalten.

Wenn Ihr Team gemeinsam an dem Angebot arbeitet, nutzen Sie die kollaborativen Tools von Canva, um das Design mit anderen zu teilen. Teammitglieder können in Echtzeit Kommentare hinzufügen oder Änderungen vornehmen und so sicherstellen, dass das Angebot ausgefeilt und vollständig ist, bevor es versendet wird.

Wenn Sie mit dem Angebot zufrieden sind, laden Sie es als PDF herunter oder geben Sie es direkt von Canva aus frei, indem Sie einen Link an den Kunden senden. Sie können auch über den integrierten Präsentationsmodus von Canva dem Kunden das Angebot während eines virtuellen oder persönlichen Meetings erläutern.

Speichern Sie Ihr Angebot als Vorlage in Canva, damit Sie es in Zukunft schnell anpassen können, indem Sie die kundenspezifischen Informationen aktualisieren. Durch diese Anpassungsfähigkeit ist jedes Angebot konsistent und professionell.

Verfolgen Sie Kampagnenerfolge mit Canva Analytics

Nachdem Sie Marketing- oder Social-Media-Kampagnen gestartet haben, ist es wichtig, deren Leistung zu verfolgen. Die Analytics-Funktion von Canva bietet Einblicke in die Leistung Ihrer Designs und Beiträge auf verschiedenen Plattformen. Ideen zur Verwendung von Canva Analytics biete ich in den Kapiteln 5 und 7.

Hier ein paar Dinge, die Sie mit Canva erledigen können:

- ✔ **Überwachen des Engagements und der Reichweite** Ihrer Social-Media-Posts, E-Mail-Kampagnen oder Kundenpräsentationen
- ✔ **Verfolgen wichtiger Kennzahlen** wie Ansichten, Klicks und Engagement-Raten
- ✔ **Optimieren zukünftiger Kampagnen** auf der Grundlage der Tracking-Daten und Verbessern Ihrer Marketingstrategien

Stichwortverzeichnis

S

T

U

V

W

X

Z

www.ingramcontent.com/pod-product-compliance
Lightning Source LLC
LaVergne TN
LVHW061936220826
846092LV00004B/1022

* 9 7 8 3 5 2 7 7 2 2 9 5 2 *